U0828013

现代化新征程丛书

隆国强　总主编

CONSTRUCTION OF
MODERNIZED INDUSTRIAL SYSTEM

POLICIES, PRACTICES AND SUGGESTIONS

# 现代化产业体系建设

## 政策、实践、建议

陈　劲　编著

中国发展出版社
CHINA DEVELOPMENT PRESS

**图书在版编目（CIP）数据**

现代化产业体系建设：政策、实践、建议 / 陈劲编著. —北京：中国发展出版社，2024.6

ISBN 978-7-5177-1401-9

Ⅰ. ①现… Ⅱ. ①陈… Ⅲ. ①产业体系 - 研究 - 中国 Ⅳ. ①F121.3

中国国家版本馆 CIP 数据核字（2024）第 015338 号

**书　　　名：** 现代化产业体系建设：政策、实践、建议
**著作责任者：** 陈　劲
**责 任 编 辑：** 郭心蕊
**出 版 发 行：** 中国发展出版社
**联 系 地 址：** 北京经济技术开发区荣华中路 22 号亦城财富中心 1 号楼 8 层（100176）
**标 准 书 号：** ISBN 978-7-5177-1401-9
**经　销　者：** 各地新华书店
**印　刷　者：** 北京博海升彩色印刷有限公司
**开　　　本：** 710mm × 1000mm　1/16
**印　　　张：** 18.75
**字　　　数：** 225 千字
**版　　　次：** 2024 年 6 月第 1 版
**印　　　次：** 2024 年 6 月第 1 次印刷
**定　　　价：** 98.00 元

**联 系 电 话：**（010）68990535　68360970
**购 书 热 线：**（010）68990682　68990686
**网 络 订 购：** http://zgfzcbs.tmall.com
**网 购 电 话：**（010）88333349　68990639
**本 社 网 址：** http://www.develpress.com
**电 子 邮 件：** 174912863@qq.com

**版权所有 · 翻印必究**

本社图书若有缺页、倒页，请向发行部调换

# “现代化新征程丛书”
# 编委会


**总主编**

隆国强

**副总主编**

张　辉　薛　澜　周　波　邹　磊　朱卫江
吴红梅　李晓华　刘尚文　陈　劲　刘　庆

**执行主编**

王忠宏　梁仰椿

**编委**（按照姓氏笔画排列）

马　斌　王　勇　王　维　车海刚　方晓霞
李霄飞　沈　和　张诗雨　张录法　岳宗伟
周世锋　周健奇　庞清辉　徐东华　高旭东
梁　正　鲍　勇

**联合编制单位**

国研智库
中国社会科学院工业经济研究所
中共浙江省委政策研究室
工业和信息化部电子第五研究所（服务型制造研究院）
清华大学技术创新研究中心
清华大学人工智能国际治理研究院
上海交通大学健康长三角研究院
上海交通大学健康传播发展中心
浙江省发展规划研究院
苏州大学北京研究院
江苏省产业技术研究院
中国大唐集团有限公司
广东省交通集团有限公司
行云集团
上海昌进生物科技有限公司
广东利通科技投资有限公司

# 总　序

党的二十大报告提出，从现在起，中国共产党的中心任务就是团结带领全国各族人民全面建成社会主义现代化强国、实现第二个百年奋斗目标，以中国式现代化全面推进中华民族伟大复兴。当前，世界之变、时代之变、历史之变正以前所未有的方式展开，充满新机遇和新挑战，全球发展的不确定性不稳定性更加突出，全方位的国际竞争更加激烈。面对百年未有之大变局，我们坚持把发展作为党执政兴国的第一要务，把高质量发展作为全面建设社会主义现代化国家的首要任务，完整、准确、全面贯彻新发展理念，坚持社会主义市场经济改革方向，坚持高水平对外开放，加快构建以国内大循环为主体、国内国际双循环相互促进的新发展格局，不断以中国的新发展为世界提供新机遇。

习近平总书记指出，今天，我们比历史上任何时期都更接近、更有信心和能力实现中华民族伟大复兴的目标。中华民族已完成全面建成小康社会的千年夙愿，开创了中国式现代化新道路，为实现中华民族伟大复兴提供了坚实的物质基础。现代化新征程就是要实现国家富强、民族振兴、人民幸福的宏伟目标。在党的二十大号召下，全国人民坚定信心、同心同德，埋头苦干、奋勇前进，为全面建设社会主义现代化国家、全面推进中华民族伟大复兴而团结奋斗。

走好现代化新征程，要站在新的历史方位，推进实现中华民族伟大复兴。党的十八大以来，中国特色社会主义进入新时代，这是我国发展新的历史方位。从宏观层面来看，走好现代化新征程，需要站在新的历史方位，客观认识、准确把握当前党和人民事业所处的发展阶段，不断推动经济高质量发展。从中观层面来看，走好现代化新征程，需要站在新的历史方位，适应我国参与国际竞合比较优势的变化，通过深化供给侧结构性改革，对内解决好发展不平衡不充分问题，对外化解外部环境新矛盾新挑战，实现对全球要素资源的强大吸引力、在激烈国际竞争中的强大竞争力、在全球资源配置中的强大推动力，在科技高水平自立自强基础上塑造形成参与国际竞合新优势。从微观层面来看，走好现代化新征程，需要站在新的历史方位，坚持系统观念和辩证思维，坚持两点论和重点论相统一，以“把握主动权、下好先手棋”的思路，充分依托我国超大规模市场优势，培育和挖掘内需市场，推动产业结构优化和转型升级，提升产业链供应链韧性，增强国家的生存力、竞争力、发展力、持续力，确保中华民族伟大复兴进程不迟滞、不中断。

走好现代化新征程，要把各国现代化的经验和我国国情相结合。实现现代化是世界各国人民的共同追求。随着经济社会的发展，人们越来越清醒全面地认识到，现代化虽起源于西方，但各国的现代化道路不尽相同，世界上没有放之四海而皆准的现代化模式。因此，走好现代化新征程，要把各国现代化的共同特征和我国具体国情相结合。我们要坚持胸怀天下，拓展世界眼光，深刻洞察人类发展进步潮流，以海纳百川的宽阔胸襟借鉴吸收人类一切优秀文明成果。坚持从中国实际出发，不断推进和拓展中国式现代化。党的二十大报告系统阐述了中国式现代化的五大特征，即中国式现代化是人口规模巨大的现代化、是全体人民共同富裕的现代化、是物质文明和精神文明相协调的现代化、是人与自然和谐共生的现代化、是走和平发展道路的现代化。中国式现代化的五大特征，反映出我们的现代化新征程，是基于大国经济，按照中国特色社会主义制度的本质要求，实现长期全面、绿色可持续、和平共赢的现代化。此外，党的二十大报告提出了中国式现代化的本质要求，即坚持中国共产党领导，坚持中国特色社会主义，实现高质量发展，发展全过程人民民主，丰富人民精神世界，实现全体人民共同富裕，促进人与自然和谐共生，推动构建人类命运共同体，创造人类文明新形态。这既是我们走好现代化新征程的实践要求，也为我们指明了走好现代化新征程的领导力量、实践路径和目标责任，为我们准确把握中国式现代化核心要义，推动各方面工作沿着复兴目标迈进提供了根本遵循。

走好现代化新征程，要完整、准确、全面贯彻新发展理念，着力推动高质量发展，加快构建新发展格局。高质量发展是全面建设社会主义现代化国家的首要任务。推动高质量发展必须完整、准确、全面贯彻新发展理念，让创新成为第一动力、协调成为内生特点、绿色成为普遍形态、开放成为必由之路、共享成为根本目的，努力实现高质量发展。同时，还必须建立和完善促进高质量发展的一整套体制机制，才能保障发展方式的根本性转变。如果不能及时建立一整套衡量高质量发展的指标体系和政绩考核体系，就难以引导干部按照新发展理念来推进工作。如果不能在创新、知识产权保护、行业准入等方面建立战略性新兴产业需要的体制机制，新兴产业、未来产业等高质量发展的新动能也难以顺利形成。

走好现代化新征程，必须全面深化改革、扩大高水平对外开放。改革开放为我国经济社会发展注入了强劲动力，是决定当代中国命运的关键一招。改革开放以来，我国经济社会发展水平不断提升，人民群众的生活质量不断改善，经济发展深度融入全球化体系，创造了举世瞩目的伟大成就。随着党的二十大开启了中国式现代化新征程，需要不断深化重点领域改革，为现代化建设提供体制保障。2023年中央经济工作会议强调，必须坚持依靠改革开放增强发展内生动力，统筹推进深层次改革和高水平开放，不断解放和发展生产力、激发和增强社会活力。第一，要不断完善落实“两个毫不动摇”的体制机制，充分激发各类经营主体的内生动力和创新活力。公有制为主体、多种所有制经济共同发展是我国现代化建设的重要优势。推动高质量发展，需要深化改革，充分释放各类经营主体的创新活力。应对国际环境的复杂性、严峻性、不确定性，克服“卡脖子”问题，维护产业链供应链安全稳定，同样需要为各类经营主体的发展提供更加完善的市场环境和体制环境。第二，要加快全国统一大市场建设，提高资源配置效率。超大规模的国内市场，可以有效分摊企业研发、制造、服务的成本，形成规模经济，这是我国推动高质量发展的一个重要优势。第三，扩大高水平对外开放，形成开放与改革相互促进的新格局。对外开放本质上也是改革，以开放促改革、促发展，是我国发展不断取得新成就的重要法宝。对外开放是利用全球资源全球市场和在全球配置资源，是高质量发展的内在要求。

知之愈明，则行之愈笃。走在现代化新征程上，我们出版“现代化新征程丛书”，是为了让社会各界更好地把握当下发展机遇、面向未来，以奋斗姿态、实干业绩助力中国式现代化开创新篇章。具体来说，主要有三个方面的考虑。

一是学习贯彻落实好党的二十大精神，为推进中国式现代化凝聚共识。党的二十大报告阐述了开辟马克思主义中国化时代化新境界、中国式现代化的中国特色和本质要求等重大问题，擘画了全面建成社会主义现代化强国的宏伟蓝图和实践路径，就未来五年党和国家事业发展制定了大政方针、作出了全面部署，是中国共产党团结带领全国各族人民夺取新时代中国特色社会主义新胜利的政治宣言和行动纲领。此套丛书，以习近平新时代中国特色社会主义思想为指导，认真对标对表党的二十大报告，从报告原文中找指导、从会议精神中找动力，用行动践行学习宣传贯彻党的二十大精神。

二是交流高质量发展的成功实践，释放创新动能，引领新质生产力发展，为推进中国式现代化汇聚众智。来自20多家智库和机构的专家参与本套丛书的编写。丛书第二辑将以新质生产力为主线，立足中国式现代化的时代特征和发展要求，直面各个地区、各个部门面对的新情况、新问题，总结借鉴国际国内现代化建设的成功经验，为各类决策者提供咨询建议。丛书内容注重实用性、可操作性，努力打造成为地方政府和企业管理层看得懂、学得会、用得了的使用指南。

三是探索未来发展新领域新赛道，加快形成新质生产力，增强发展新动能。新时代新征程，面对百年未有之大变局，我们要深入理解和把握新质生产力的丰富内涵、基本特点、形成逻辑和深刻影响，把创新贯穿于现代化建设各方面全过程，不断开辟发展新领域新赛道，特别是以颠覆性技术和前沿技术催生的新产业、新模式、新动能，把握新一轮科技革命机遇、建设现代化产业体系，全面塑造发展新优势，为我国经济高质量发展提供持久动能。

“现代化新征程丛书”主要面向党政领导干部、企事业单位管理层、专业研究人员等读者群体，致力于为读者丰富知识素养、拓宽眼界格局，提升其决策能力、研究能力和实践能力。丛书编制过程中，重点坚持以下三个原则：一是坚持政治性，把坚持正确的政治方向摆在首位，坚持以党的二十大精神为行动指南，确保相关政策文件、编选编排、相关概念的准确性；二是坚持前沿性，丛书选题充分体现鲜明的时代特征，面向未来发展重点领域，内容充分展现现代化新征程的新机遇、新要求、新举措；三是坚持实用性，丛书编制注重理论与实践的结合，特别是用新的理论要求指导新的实践，内容突出针对性、示范性和可操作性。在上述理念与原则的指导下，“现代化新征程丛书”第一辑收获了良好的成效，入选中宣部“2023年主题出版重点出版物选题”，相关内容得到了政府、企业决策者和研究人员的极大关注，充分发挥了丛书服务决策咨询、破解现实难题、支撑高质量发展的智库作用。

“现代化新征程丛书”第二辑按照开放、创新、产业、模式“四位一体”架构进行设计，包含十多种图书。其中，“开放”主题有“‘地瓜经济’提能升级”“跨境电商”等；“创新”主题有“科技创新推动产业创新”“前沿人工智能”等；“产业”主题有“建设现代化产业体系”“储能经济”“合成生物”“绿动未来”“建设海洋强国”“产业融合”“健康产业”等；“模式”主题有“未来制造”等。此外，丛书编委会根据前期调研，撰写了“高质量发展典型案例（二）”。

相知无远近，万里尚为邻。丛书第一辑的出版，已经为我们加强智库与智库、智库与传播界之间协作，促进智库研究机构与智库传播机构的高水平联动提供了很好的实践，也取得社会效益与经济效益的双丰收，为我们构建智库型出版产业体系和生态系统，实现“智库引领、出版引路、路径引导”迈出了坚实的一步。积力之所举，则无不胜也；众智之所为，则无不成也。我们希望再次与大家携手共进，通过丛书第二辑的出版，促进新质生产力发展、有效推动高质量发展，为全面建成社会主义现代化强国、实现第二个百年奋斗目标作出积极贡献！

隆国强

国务院发展研究中心副主任、党组成员

2024年3月

# 前 言

党的二十大报告指出，没有坚实的物质技术基础，就不可能全面建成社会主义现代化强国。习近平总书记强调，现代化产业体系是现代化国家的物质技术基础，必须把发展经济的着力点放在实体经济上，为实现第二个百年奋斗目标提供坚强物质支撑[①]。建设现代化产业体系，是党中央从全面建设社会主义现代化国家的高度作出的重大战略部署。

当前我国已迈上全面建设社会主义现代化国家的新征程。面对复杂多变的国际、国内形势以及我国经济发展不平衡、不充分的现状，我们必须从统筹中华民族伟大复兴的战略全局和世界百年未有之大变局的高度，深刻理解加快建设现代化产业体系的重大意义。建设现代化产业体系，是构建新发展格局的坚实基础，是实现高质量发展的迫切需要，是建设现代化经济体系的重要内容，是在国际竞争中赢得战略主动的必然之举，是统筹国家产业发展与安全的重要保障，是加快形成新质生产力的关键环节。

党的二十大以来，习近平总书记在重要会议、实地考察、集体学习、发表文章中，针对现代化产业体系建设的具体问题和出现的新现象作出了一系列指示。2023 年 5 月，习近平总书记在二十届中央财经委员会第一次会议上强调，推进产业智能化、绿色化、融合化，建设

---

① 加快建设以实体经济为支撑的现代化产业体系 以人口高质量发展支撑中国式现代化［N］. 人民日报，2023-05-06（01）.

具有完整性、先进性、安全性的现代化产业体系[①]。这是对现代化产业体系内涵的深刻概括，也明确了现代化产业体系的特征要求。

笔者认为，现代化产业体系是指科技创新驱动，数字技术深度赋能，现代农·业、新型工业和现代服务业相互融合，绿色低碳发展且具有强大国际竞争力的产业体系，并保持持续转型升级、不断形成战略性新兴产业和未来产业的产业可持续发展形态，促进经济高质量发展，形成新质生产力。总体来讲，现代化产业体系建设的战略目标可概括为：在国家层面，以推动包括现代工业、现代农业和现代服务业在内的各类现代产业构成的产业体系高质量发展为战略重点，以在21世纪中叶把我国建成富强民主文明和谐美丽的社会主义现代化强国为目标引领，加快建设制造强国、质量强国、航天强国、交通强国、网络强国、数字中国；在产业层面，推动经济体系优化升级，推进产业基础高级化、产业链现代化，提高经济质量效益和核心竞争力，打赢关键核心技术攻坚战，实现高水平科技自立自强，提升产业链供应链韧性和安全水平，打造自主可控、安全可靠、竞争力强的现代化产业体系；在企业层面，在现代制造业、现代服务业、现代农业等重点领域打造一批具有行业领先优势的世界一流企业，在战略性新兴产业领域打造一批创新领军企业和专精特新企业。

本书聚焦“是什么”“做什么”的议题，从政策、实践、建议三个维度对我国现代化产业体系建设进行系统解读。从全局视角，提出推进中国式现代化要求建设具有中国特色的现代化产业体系，探讨了中国式现代化赋予我国现代化产业体系的特色内涵，梳理了中国特色现代化产业体系的实现路径，并阐述了建设现代化产业体系对于推进中

① 加快建设以实体经济为支撑的现代化产业体系 以人口高质量发展支撑中国式现代化［N］．人民日报，2023-05-06（01）．

国式现代化的重大战略意义。从纵向的历史视角，梳理现代化产业体系的提出背景、政策概念、理论逻辑和内涵特征，进而就建设现代化产业体系战略任务、总体目标、基本要求与原则、路径措施进行政策解读。从横向的对比视角，聚焦美、德、日、韩等发达经济体，梳理其现代化产业体系建设的发展道路及经验教训，总结对我国现代化产业体系建设的启示。基于现实视角，围绕新型工业化、农业现代化、现代服务业、数字经济、现代化基础设施五个方面，回顾当前我国的优秀实践与成效，并在省域层面以北京、江苏、广东、浙江为案例，在市域层面以合肥、深圳、成都、沈阳为案例，提炼其现代化产业体系建设的特色与经验。基于展望视角，分析未来我国现代化产业体系建设面临的主要风险与挑战，最后提出政策建议。

本书旨在从概念、政策、实践等维度，深化读者对现代化产业体系建设的认识，为党政机关领导干部、企事业单位管理者和专业研究人员等探究我国现代化产业体系建设与发展提供参考，也可为高等院校、科研院所、智库机构等开展现代化产业体系相关研究提供有益借鉴。

本书在编撰过程中得到了教育部人文社会科学重点研究基地清华大学技术创新研究中心各位访问学者的大力支持，包括北京工商大学的朱蓉老师、中国矿业大学的赵莉老师、西安工程大学的刘岩老师、武汉科技大学的黄天蔚老师、哈尔滨理工大学的杨仲基老师、福建师范大学的郑蔚老师。在此，对他们表以由衷谢意！限于精力和水平，疏漏之处敬请批评指正。

陈劲

2024 年 4 月

# 目　录

# 导言

# 建设现代化产业体系，促进经济高质量发展

习近平总书记在党的二十大报告中提出了新时代新征程中国共产党的使命任务：团结带领全国各族人民全面建成社会主义现代化强国、实现第二个百年奋斗目标，以中国式现代化全面推进中华民族伟大复兴[①]。同时，为应对世界百年未有之大变局的加速演进，满足国内经济转型发展的需要，党和国家提出“建设现代化产业体系”这一重大战略部署，并将之作为推进中国式现代化的重要抓手。中国式现代化与现代化产业体系建设都是重大的时代命题。推进中国式现代化要求建设具有中国特色的现代化产业体系，现代化产业体系建设对于推进中国式现代化具有重大战略意义。

## 一、推进中国式现代化要求建设具有中国特色的现代化产业体系

党的二十大报告指出，科学社会主义在二十一世纪的中国焕发出新的蓬勃生机，中国式现代化为人类实现现代化提供了新的选择；中国式现代化，是中国共产党领导的社会主义现代化，既有各国现代化的共同特征，更有基于自己国情的中国特色[②]。中国式现代化是人口规模巨大的现代化、是全体人民共同富裕的现代化、是物质文明和精神文明相协调的现代化、是人与自然和谐共生的现代化、是走和平发展道路的现代化。建设现代化产业体系，本质上服务于推进中国式现代化的中心任务。中国式现代化的中国特色，赋予了我国现代化产业体系更加丰富的内涵，也拓宽了具有中国特色的现代化产业体系的发展路径。

①② 习近平．高举中国特色社会主义伟大旗帜 为全面建设社会主义现代化国家而团结奋斗——在中国共产党第二十次全国代表大会上的报告［N］．人民日报，2022-10-26（01）．

我国现代化产业体系既具有世界各国产业体系现代化发展的共同特征，又具有基于中国国情的中国特色。

就共同特征而言，建设现代化产业体系需要遵循产业结构转型升级的一般规律，实现质量、效率、动力的多维度变革。因此，要以科技创新推动产业创新，通过原始创新、颠覆性创新实现科技超越和创新引领，对传统产业体系的生产模式和技术经济范式进行颠覆性重构，从而推动原有产业结构高级化，赋能新兴产业发展，打造新的经济增长点。

就中国特色而言，我国现代化产业体系建设立足中国国情，发掘中国优势，面向中国式现代化的内在要求。这主要表现在：强调与其他领域和层面的现代化任务实现有机统一、耦合互促，是高质量发展的产业根基；以创新、协调、绿色、开放、共享的新发展理念为指导，追求实现质的有效提升和量的合理增长；坚持社会主义市场经济改革方向，具有社会主义市场经济的体制优势，强调有效市场与有为政府的结合，使市场在资源配置中起决定性作用，并发挥集中力量办大事的体制优势；强调建设循环开放的产业生态，既要增强产业国内大循环的内生动力和可靠性，也要提升产业国际循环的质量和水平，在国内国际双循环相互促进中保持产业链、供应链的韧性和安全；以完整的工业体系为支撑，既具有产业体系配套完整的供给优势，又具有超大规模市场的需求优势。

党的二十大以来，习近平总书记在重要会议、实地考察、集体学习、发表文章中，针对现代化产业体系建设的具体问题和出现的新现象作出了一系列指示。2023 年 5 月，习近平总书记在二十届中央财经委员会第一次会议上强调，推进产业智能化、绿色化、融合化，建设具有完整性、先进性、安全性的现代化产业体系[①]。这是对我国现代化产业体系内涵的深刻概括，也明确了现代化产业体系的特征要求。

以现代化产业体系建设推进中国式现代化，要求我们站在新的历史起点，必须坚持以习近平新时代中国特色社会主义思想为指导，深入贯彻落实党中央决策部署，坚持系统观念、辩证思维，深化新时代做好经济工作的规律性认识，把握现代化产业体系建设的总体要求。一是重点抓好“三个统筹”，即统筹深化供给侧结构性改革和扩大内需、统筹国内国际两个市场两种资源、统筹发展和安全。二是做到“五个坚持”：要坚持以实体经济为重，防止脱实向虚；坚持稳中求进、循序渐进，不能贪大求洋；坚持三次产业融合发展，避免割裂对立；坚持推动传统产业转型升级，不能当成“低端产业”简单退出；坚持开放合作，不能闭门造车。

具体路径包括：把发展经济的着力点放在实体经济上，做实做强实体经济，推动短板产业补链、优势产业延链，传统产业升链、新兴产业建链，增强产业发展的接续性和竞争力；以科技创新推动产业创新，培育壮大战略性新兴产业，前瞻谋划未来产业，打造新的增长引擎；加快发展数字经济，大力推进产业数字化转型，加快推动数字产业化，推动数字经济和实体经济深度融合；构建优质高效的服务业新体系，推动服务业优质高效发展，推动现代服务业同先进制造业、现代农业深度融合；构建现代化基础设施体系，加强网络型基础设施、产业升级基础设施、城市基础设施、农业农村基础设施、国家安全基础设施等建设。为实现上述目标，必须加快完善新型举国体制，实现高水平科技自立自强；必须推动有效市场与有为政府有机结合；必须

① 加快建设以实体经济为支撑的现代化产业体系 以人口高质量发展支撑中国式现代化［N］. 人民日报，2023-05-06（01）.

建设具有全球竞争力的世界一流企业；必须持续推动高水平对外开放。

综上，建设具有中国特色的现代化产业体系，既要“兼容并蓄、博采众长”[①]，总结、提炼、借鉴和吸收不同经济体尤其是发达经济体的现代化产业体系的建设经验，科学理解和认识产业现代化演进的一般规律和共性特征，又应“立足本土、发挥优势”，根据中国经济的现实基础、历史底蕴、阶段目标和使命任务，在中国特色社会主义理论体系的指导和引领下，走中国特色的产业体系现代化道路。

## 二、建设现代化产业体系对于推进中国式现代化具有重大战略意义

纵观人类社会现代化发展历程，产业体系的现代化是现代化的核心，是决定大国兴衰的关键因素。当前，我国已迈上全面建设社会主义现代化国家的新征程。建设现代化产业体系，是党中央从统筹世界百年未有之大变局和中华民族伟大复兴战略全局的高度，为全面推进中国式现代化建设做出的重大战略部署，对于推进中国式现代化具有十分重要的战略意义。

### （一）构建新发展格局的坚实基础

2023 年 1 月，习近平总书记在中共中央政治局第二次集体学习时强调，新发展格局以现代化产业体系为基础，经济循环畅通需要各产业有序链接、高效畅通[②]。这为我们把握现代化产业体系与新发展格局的关系提供了根本遵循。现代化产业体系是新发展格局的基础。党的二十大报告指出，构建以国内大循环为主体、国内国际双循环相互促

---

① 习近平．开辟马克思主义中国化时代化新境界［J］．求是，2023（20）．

② 习近平．加快构建新发展格局 把握未来发展主动权［J］．求是，2023（8）．

进的新发展格局[①]。构建新发展格局，必须坚持以国内大循环为主体，增强国内大循环内生动力和可靠性，提升国际循环质量和水平，统筹推动国内国际双循环相互促进。其关键在于实现经济循环的畅通无阻、供需两端的动态平衡。这归根到底有赖于各产业有序衔接、产业运行安全稳定，形成自主可控、安全可靠、竞争力强的现代化产业体系。一方面，建设现代化产业体系有利于依托超大规模市场优势，培育和挖掘内需市场，增强国内市场的容量、能力和需求，打通供需卡点堵点断点，从根本上提升我国供给体系的效率和竞争力，进而实现经济循环畅通。另一方面，建设现代化产业体系有利于推动产业结构优化和转型升级，保持并增强产业体系完备和配套能力强的优势，有效提升国际循环质量和水平，在国内国际双循环相互促进中保持产业链供应链的韧性和安全。

（二）实现高质量发展的必经之路

党的二十大报告强调，高质量发展是全面建设社会主义现代化国家的首要任务[②]。习近平总书记指出，现代化产业体系是现代化国家的物质技术基础，必须把发展经济的着力点放在实体经济上，为实现第二个百年奋斗目标提供坚强物质支撑[③]。实现高质量发展的关键是要推动经济质的有效提升和量的合理增长。建设以实体经济为支撑的现代化产业体系，能够为实现经济质的有效提升和量的合理增长提供坚强的物质技术基础。在新发展阶段，我国要素的比较优势和资源环境的约束条件等都发生了重大的趋势性变化，传统产业发展动力难以支撑经济的高质量发展。推动经济高质量发展，需要

①② 习近平．高举中国特色社会主义伟大旗帜 为全面建设社会主义现代化国家而团结奋斗——在中国共产党第二十次全国代表大会上的报告［N］．人民日报，2022-10-26（01）．

③ 加快建设以实体经济为支撑的现代化产业体系 以人口高质量发展支撑中国式现代化［N］．人民日报，2023-05-06（01）．

持续优化生产要素配置，推动质量变革、效率变革、动力变革，提升产业基础能力和产业链供应链现代化水平，这些最终依托的是现代化产业体系。从战略全局看，建设现代化产业体系在促进产业发展、拉动经济增长和提升国民经济体系整体效能方面发挥着重要作用，有助于提高全要素生产率，在补齐短板的同时促进产业向价值链高端延伸，形成新的产业发展动力和产业竞争优势，实现经济质的有效提升和量的合理增长。没有产业的现代化，就没有经济的高质量发展。

（三）建设现代化经济体系的重要内容

建设现代化经济体系，是党中央从党和国家事业全局出发，着眼于实现“两个一百年”奋斗目标、顺应中国特色社会主义进入新时代的新要求作出的重大决策部署，旨在实现经济的全面发展，包括提高人民生活水平、减少社会不平等、促进可持续发展等。建设现代化经济体系，顺应了现代化发展潮流，且能为其他领域的现代化提供有力支撑，进而赢得国际竞争主动权。建设现代化产业体系是建设现代化经济体系的重要内容。现代化产业体系建设致力于形成创新引领、协同发展的产业体系，锻长板、补短板、强基础，打造系统完备、高效实用、智能绿色、安全可靠的现代化基础设施体系，引领发展战略性新兴产业和未来产业，实现实体经济、科技创新、现代金融、人力资源协同发展，不断提高科技创新在实体经济发展中的贡献份额，不断增强现代金融服务实体经济的能力，不断优化人力资源支撑实体经济发展的作用，这些都是现代化经济体系的核心内容。

（四）在国际竞争中赢得战略主动的战略选择

2023 年 5 月，习近平总书记在二十届中央财经委员会第一次会议上强调，加快建设以实体经济为支撑的现代化产业体系，关系我们在未来发展和国际竞争中赢得战略主动[①]。建设现代化产业体系，是主动把握新一轮科技革命与产业变革、有效应对新一轮国际产业竞争的战略选择。新一轮科技革命和产业变革不断推进，形成新的国际产业发展环境和国际竞争态势。我国产业发展面临机遇与挑战并存的局面。一方面，新一轮科技革命正孕育新的重大突破，新一代信息技术与产业发展各个领域的技术呈现深度融合态势，引发现有产业体系发生深刻变革，出现全球产业结构和布局趋势性调整重塑，这为我国产业转型升级提供了难得的历史机遇。另一方面，美国等发达国家大力推进“再工业化”战略，促进“制造业回归”，许多发展中国家也发挥自身优势竞相加快推进本国工业化进程。我国产业发展面临双向挤压，只有牢牢把握新科技革命浪潮，建设与时代特征相适应的现代化产业体系，为创新发展提供物质和技术载体，以新产业、新业态、新模式打造新的增长引擎，着力培育新动能、塑造新优势，抢占产业竞争制高点，提升产业国际竞争力，才能在未来发展和激烈的国际竞争中赢得战略主动。

### （五）统筹国家发展与安全的重要保障

习近平总书记指出，安全是发展的前提，发展是安全的保障。当前和今后一个时期是我国各类矛盾和风险易发期，各种可以预见和难以预见的风险因素明显增多[②]。实体经济也是国际格局演进的重要推动力，是维护发展安全的重要基石，是应对经济领域各种风险挑战的物质技术基础。加快建设以实体经济为支撑的现代化产业体系，是我国统筹发展与安全的重要保障。一方面，当前世界百年未有之大变局加

① 加快建设以实体经济为支撑的现代化产业体系 以人口高质量发展支撑中国式现代化［N］. 人民日报，2023-05-06（01）.

② 习近平 . 关于《中共中央关于制定国民经济和社会发展第十四个五年规划和二〇三五年远景目标的建议》的说明［N］. 人民日报，2020-11-04（02）.

速演进，国际政治经济格局进入加速调整期，世界政治、经济、社会等领域不稳定、不确定因素明显增多。日益复杂的国际形势对我国产业链供应链的安全稳定产生一定影响。为维护国家安全，世界各国高度重视统筹发展与安全，出台多项措施维护产业链供应链安全。另一方面，虽然我国实体经济发展取得了较大成就，但仍然大而不强、全而不优，关键核心技术受制于人，面临“卡脖子”风险，尚未构建起以实体经济为支撑的现代化产业体系，部分产业对国外依赖程度较大，产业发展面临的外部打压阻遏随时可能升级，产业链供应链面临断链风险，产业安全形势较为严峻。加快建设现代化产业体系，能够夯实实体经济基础，筑牢国家安全发展的根基。现代化产业体系强调优化产业结构、推动产业安全发展、加快培育具有国际竞争力的战略性新兴产业和产业集群，形成创新能力强、完整有韧性的产业链供应链。此外，现代化产业体系要求围绕重点制造业产业链，集中优质资源合力推进关键核心技术攻关，提升战略性资源供应保障能力，突破“卡脖子”困局。

（六）加快形成新质生产力的产业载体

2024 年 2 月，中共中央政治局会议指出，要大力推进现代化产业体系建设，加快发展新质生产力①。同年 4 月，中国共产党第二十届中央委员会第三次全体会议指出，要因地制宜发展新质生产力。要加强国家战略科技力量布局，培育壮大新兴产业，超前布局建设未来产业，运用先进技术赋能传统产业转型升级②。2023 年 7 月以来，习近平总书记在四川、黑龙江、浙江、广西等地考察调研时，提出要整合科技创新资源，引领发展战略性新兴产业和未来产业，加快形成新质生

① 中共中央政治局召开会议讨论政府工作报告［N］. 人民日报，2024-03-01（01）.

② 中共中央政治局召开会议决定召开二十届三中全会［N］. 人民日报，2024-05-01（01）.

产力[①]。习近平总书记深刻指出，新质生产力是创新起主导作用，摆脱传统经济增长方式、生产力发展路径，具有高科技、高效能、高质量特征，符合新发展理念的先进生产力质态。它由技术革命性突破、生产要素创新性配置、产业深度转型升级而催生，以劳动者、劳动资料、劳动对象及其优化组合的跃升为基本内涵，以全要素生产率大幅提升为核心标志，特点是创新，关键在质优，本质是先进生产力[②]。加快发展新质生产力，是党中央立足新发展阶段，深刻把握新一轮科技革命和产业变革大势，面向加快推进中国式现代化等核心目标任务提出的重要概念，是对马克思主义生产力理论的创新和发展，进一步丰富了习近平经济思想的内涵，具有重要的理论意义和深刻的实践意义。无论是“整合科技创新资源，引领发展战略性新兴产业和未来产业，加快形成新质生产力”，还是“积极培育未来产业，加快形成新质生产力，增强发展新动能”，都传递出现代化产业体系与新质生产力相辅相成、相互促进的鲜明信号。

产业是经济之本，是生产力变革的具体表现形式。现代化产业体系是构成新质生产力最鲜明的产业载体。新质生产力形成的过程，就是对产业体系进行系统性重塑的过程。新质生产力是生产力所包含的劳动者、劳动资料、劳动对象的全面跃升，包括劳动者知识和技能的跃升，作为先进生产力最重要标志的生产工具科技水平的跃升，以及人们所改造的劳动对象范围的极大扩展。同时，新质生产力是劳动者、劳动资料、劳动对象组合方式的优化和创新性配置。这些都在客观上引领和推动了产业体系向高质量、高效率、可持续方向发展，赋能产业转型升级，有力支撑现代化产业体系建设（曲永义，2024）。站在新

---

① 习近平．发展新质生产力是推动高质量发展的内在要求和重要着力点［J］．求是，2024（11）．

② 加快发展新质生产力 扎实推进高质量发展［N］．人民日报，2024-02-02（01）．

起点上发展新质生产力，要紧紧围绕构建现代化产业体系，筑牢实体经济之基、强化创新驱动之本、激发经营主体之力。其中，战略性新兴产业、未来产业是构建现代化产业体系的关键。战略性新兴产业是以重大前沿技术突破和重大发展需求为基础，对经济社会全局和长远发展具有重大引领带动作用的产业。未来产业是重大科技创新产业化后形成的，对未来 5 ~ 30 年经济社会变迁起到关键性、支撑性和引领性作用的前沿产业。两者代表着新一轮科技革命和产业变革的发展方向，是构筑产业转型新动能、形成和发展新质生产力的主阵地和重要抓手。

# 第一章 现代化产业体系概述

习近平总书记在党的二十大报告中提出“建设现代化产业体系”[①]，没有坚实的物质技术基础，就不可能全面建成社会主义现代化强国。现代化产业体系是现代化国家的物质技术基础，能够为我国第二个百年奋斗目标的实现提供坚强物质支撑。建设现代化产业体系，首先要深刻认识现代化产业体系。本章聚焦“如何认识”的议题，从提出背景、政策概念、理论逻辑、内涵特征和构成要素等维度，对现代化产业体系进行概述。

## 第一节　现代化产业体系的提出背景

习近平总书记指出，领导干部要胸怀两个大局，一个是中华民族伟大复兴的战略全局，一个是世界百年未有之大变局，这是我们谋划工作的基本出发点[②]。当前，我国经济社会面临新的发展环境。现代化产业体系正是在统筹考虑世界百年未有之大变局、中华民族伟大复兴战略全局的时代背景下提出的。

### 一、世界百年未有之大变局

当前世界进入新的动荡变革期，百年未有之大变局加速演进，世界经济和政治格局发生巨大变化，全球治理体系也正在发生深刻变革，

① 习近平．高举中国特色社会主义伟大旗帜 为全面建设社会主义现代化国家而团结奋斗——在中国共产党第二十次全国代表大会上的报告［N］．人民日报，2022-10-26（01）．

② 杜尚泽．“最重要的还是做好我们自己的事情”［N］．人民日报，2019-05-23（02）．

具体表现为：一是世界经济格局发生巨大变化。以“金砖五国”为代表的新兴经济体与发展中国家群体性崛起，世界经济重心开始由西向东、由北向南转移。二是世界政治格局发生深刻变化。经济格局的变化推动世界政治格局的演化，大国间博弈和战略竞争有所加剧，原有以大国协调为重要支撑的国际政治秩序面临挑战，世界多极化在曲折中发展，中国、俄罗斯、欧盟、印度等经济体已成为重要的多极力量。三是全球治理体系受到挑战。世界政治格局的变化呼唤全球治理体系改革。西方发达经济体在国际治理中日益呈现“能力不足”“意愿缺失”的现象，为新兴经济体和发展中经济体参与全球治理并推动治理体系改革创造了难得机遇，它们成为治理体系改革的中坚力量，从而使全球治理向着更加公平合理的方向发展。

随着新一轮科技革命和产业变革不断推进，全球创新版图和经济结构加速重构，这在带来发展机遇的同时又提出了更高的发展要求。一方面，大数据、云计算、人工智能等新一代信息技术与多领域创新发展深度融合，新能源、新材料、生物科技等领域产品创新和技术革新不断涌现，推动了现有产业体系的深刻变革。另一方面，新一轮科技革命和产业变革进一步促成全球产业链重组、供应链重塑、价值链重构等复杂形势，发达国家纷纷制定再工业化战略，导致高端制造业回流；同时，中低收入国家发挥自身竞争优势大力推进工业化进程，我国产业发展面临高端回流和中低端分流的“双向挤压”局面（杜传忠，2022）。

为适应国际环境的深刻变化，我们必须增强忧患意识，紧紧把握难得的历史机遇，加快推进产业体系转型升级，建设现代化产业体系，提升产业链供应链的韧性和安全水平，创造新的竞争优势，提高国际竞争力，以防范重大外部风险和抵抗外部冲击。

## 二、中华民族伟大复兴的战略全局

党的二十大报告指出："中国共产党的中心任务就是团结带领全国各族人民全面建成社会主义现代化强国、实现第二个百年奋斗目标，以中国式现代化全面推进中华民族伟大复兴""今天，我们比历史上任何时期都更接近、更有信心和能力实现中华民族伟大复兴的目标"[①]。面对中华民族伟大复兴的战略全局，以高质量发展全面推进中国式现代化是应变局、育新机、开新局的重要举措，具有突出紧迫性。党的二十大报告重申了"发展是党执政兴国的第一要务"[②]，强调"高质量发展是全面建设社会主义现代化国家的首要任务"[③]。在新发展阶段，必须以高质量发展全面推进中国式现代化，必须完整、准确、全面贯彻新发展理念，坚持社会主义经济改革方向，坚持高水平对外开放，加快构建以国内大循环为主体、国内国际双循环相互促进的新发展格局。

从产业层面理解高质量发展，推动高质量发展的战略基点是加快构建新发展格局，而现代化产业体系是构建新发展格局的基础，对实现各产业有序链接、高效畅通，促进经济循环畅通具有重要意义。为此，我们必须持续优化产业结构和区域结构，通过打造自主可控、安全可靠、竞争力强的现代化产业体系，提升产业竞争力和区域发展的协同性。

---

①②③ 习近平.高举中国特色社会主义伟大旗帜 为全面建设社会主义现代化国家而团结奋斗——在中国共产党第二十次全国代表大会上的报告［N］.人民日报，2022-10-26（01）.

# 第二节 现代化产业体系的政策概念

随着我国经济发展特征与方式的不断变化，产业现代化的内涵不断演化和发展，经历了从“现代产业体系”到“现代产业发展新体系”再到“实体经济、科技创新、现代金融、人力资源协同发展的产业体系”最后到“现代化产业体系”的转变，反映了我国经济发展对产业结构升级的现实需求，呼应着我国经济发展实践。

党的十七大报告首次提出“发展现代产业体系”①，为推进产业结构优化升级指明了方向。2012年11月，党的十八大报告提出“着力构建现代产业发展新体系”②，强调培育创新驱动发展的新动力。2017年10月，党的十九大报告进一步提出“着力加快建设实体经济、科技创新、现代金融、人力资源协同发展的产业体系”③，即“四位协同”产业体系。2020年10月，党的十九届五中全会明确提出“加快发展现代产业体系，推动经济体系优化升级”④。2022年10月，党的二十大报告提出“建设现代化产业体系”⑤，正式提出“现代化产业体系”的概念。2023年5月，

---

① 胡锦涛在中共第十七次全国代表大会上的报告全文［EB/OL］.（2007-10-24）［2023-11-30］. www.gov.cn/ldhd/2007-10/24/content_785431_5.htm.

② 胡锦涛在中国共产党第十八次全国代表大会上的报告［EB/OL］.（2012-11-17）［2023-11-30］.https://www.gov.cn/ldhd/2012-11/17/content_2268826_3.htm.

③ 习近平.决胜全面建成小康社会 夺取新时代中国特色社会主义伟大胜利——在中国共产党第十九次全国代表大会上的报告［N］.人民日报，2017-10-28（01）.

④ 中共十九届五中全会在京举行［N］.人民日报，2020-10-30（01）.

⑤ 习近平.高举中国特色社会主义伟大旗帜 为全面建设社会主义现代化国家而团结奋斗——在中国共产党第二十次全国代表大会上的报告［N］.人民日报，2022-10-26（01）.

习近平总书记在二十届中央财经委员会第一次会议上强调，现代化产业体系是现代化国家的物质技术基础，必须把发展经济的着力点放在实体经济上，为实现第二个百年奋斗目标提供坚强物质支撑①。

由现代化产业体系的政策概念演进可以看出，现代化产业体系的政策概念根植于“现代产业体系”，但相比现代产业体系更具全局性、系统性，是我国产业现代化发展的持续战略谋划。现代产业体系区别于传统产业体系，强调产业体系中技术的先进性和创新性，推进信息化与工业化融合，大力发展高新技术产业，以高端制造为导向推动产业结构转型升级，提升产业价值链。其主要表现是围绕实体经济尤其是制造业，积极推进产业发展新型化、产业结构高级化、产业链现代化、产业发展集聚化和产业竞争高端化（韩平和时昭昀，2023）。而现代化产业体系是产业体系演进的高质量、高水平状态，是先进制造业、现代农业、现代服务业协同发展，大数据、人工智能、工业互联网、区块链和云计算等新兴技术与各类产业深度融合所形成的新型产业体系。其主要表现为产业竞争力的不断增强和价值链的高端攀升（洪银兴，2022），更注重产业间的复杂内在联系和系统演化过程，结构严密、框架完善，在实现产业现代化方面的要求更加全面和具体，对于推动经济发展，实现质量变革、效率变革、动力变革具有重大战略意义（李娅和侯建翔，2023）。

① 加快建设以实体经济为支撑的现代化产业体系 以人口高质量发展支撑中国式现代化［N］. 人民日报，2023-05-06（01）.

# 第三节　现代化产业体系的理论逻辑

“现代化”是现代化产业体系的底层逻辑。寻求现代化产业体系的理论逻辑，就要了解中国现代化的实践历程和现代化发展观的形成过程。现代化是中国共产党的百年梦想（洪银兴，2022）。从“四个现代化”到“中国式现代化”，中国现代化经历了从发展目标到国家战略的历史性探索和长期性实践。

我国最早提出的“现代化”是“农业现代化”。“一五”时期，我国提出农业现代化的目标，即农业“四化”（机械化、水利化、化学化、电气化）。1964 年 12 月，第三届全国人民代表大会首次提出“四个现代化”目标——这是中华人民共和国成立以来正式提出的国家整体现代化目标，开启了中国现代化的历程。1979 年，邓小平同志指出，中国式的现代化，必须从中国的特点出发[①]，第一次明确了“中国式现代化”的思想内涵。1987 年，党的十三大提出中国社会主义现代化建设“三步走”战略[②]。至此，起源于西方工业化过程的“现代化”概念首次被赋予了“中国式”定语并不断发展。党的十四大报告进一步深化了“富强民主文明的社会主义现代化国家”[③]内涵，提出了“社会主义现代化”概念。党的十五大报告强调，围绕建设富强民主文明的社

① 邓小平文选（第 2 卷）［M］. 北京：人民出版社，1994：164.

② 中国共产党第十三次全国代表大会［EB/OL］.（2008-07-04）［2023-12-14］. https：//www.gov.cn/govweb/test/2008-07/04/content_1035761.htm.

③ 江泽民在中国共产党第十四次全国代表大会上的报告［EB/OL］.（2008-07-04）［2023-11-30］.https：//www.gov.cn/test/2008-07/04/content_1035850.htm.

会主义现代化国家目标，进一步明确什么是社会主义初级阶段有中国特色社会主义的经济、政治和文化，怎样建设这样的经济、政治和文化[①]，把社会主义现代化强国的目标与建设中国特色社会主义联系在一起。党的十八大报告进一步明确了“两个一百年”奋斗目标，即“在中国共产党成立一百年时全面建成小康社会”“在新中国成立一百年时建成富强民主文明和谐的社会主义现代化国家”[②]。为实现第二个百年奋斗目标，党的十九大提出了新的“两步走”战略。从全面建设小康社会到建成社会主义现代化强国目标，中国开启了现代化新征程。2021 年 7 月，习近平总书记在庆祝中国共产党成立 100 周年大会上提出“中国式现代化新道路”：我们坚持和发展中国特色社会主义，推动物质文明、政治文明、精神文明、社会文明、生态文明协调发展[③]。这一论断开创了经济建设、政治建设、文化建设、社会建设、生态文明建设“五位一体”的现代化建设全局，明确了中国式现代化的新道路。党的二十大报告就“何为中国式现代化”作出了创造性总结，明确了中国式现代化的五大基本特征：“中国式现代化是人口规模巨大的现代化”“是全体人民共同富裕的现代化”“是物质文明和精神文明相协调的现代化”“是人与自然和谐共生的现代化”“是走和平发展道路的现代化”[④]。这一论断深刻揭示了中国式现代化的根本特征和本质要求。至此，从基本内涵到概念特征，中国式现代化的理论构架基本形成：中国式现代化不是西方的现代化发展方案，而是立足于中国实践、中国

---

① 江泽民在中国共产党第十五次全国代表大会上的报告［EB/OL］.（2008-07-11）［2023-11-30］.https：//www.gov.cn/test/2008-07/11/content_1042080_2.htm.

② 胡锦涛在中国共产党第十八次全国代表大会上的报告（全文）［EB/OL］.（2012-11-08）［2023-11-30］.http：//politics.people.com.cn/n/2012/1118/c1001-19612670-2.html.

③ 习近平.在庆祝中国共产党成立 100 周年大会上的讲话［N］.人民日报，2021-07-02（02）.

④ 习近平.高举中国特色社会主义伟大旗帜 为全面建设社会主义现代化国家而团结奋斗——在中国共产党第二十次全国代表大会上的报告［N］.人民日报，2022-10-26（01）.

问题、中国前景的中国特色社会主义现代化；是“社会主义”与“中国特色”的有机结合。中国式现代化的理论发展是中国现代化发展观不断成形的体现。

现代化理论和现代化发展观是现代化产业体系的理论基础，现代化产业体系的理论演进建构在现代化理论和实践的基础上。现代化产业体系是现代化战略在产业维度的体现，二者在理论脉络上一脉相承。因此，现代化产业体系的理论逻辑基础就是中国式现代化战略对产业发展的内生要求（李娅和侯建翔，2023）。

## 第四节 现代化产业体系的内涵特征

党的二十大以来，习近平总书记在重要会议、实地考察、集体学习、发表文章中，针对现代化产业体系建设的具体问题和出现的新现象作出一系列指示，进一步丰富了现代化产业体系建设的内涵。2023年5月，习近平总书记在二十届中央财经委员会第一次会议上强调，推进产业智能化、绿色化、融合化，建设具有完整性、先进性、安全性的现代化产业体系[①]。这是对现代化产业体系内涵的深刻概括，同时也明确了现代化产业体系的特征要求。

笔者认为，现代化产业体系是指科技创新驱动、数字技术深度赋能、现代农业、新型工业和现代服务业相互融合、绿色低碳发展且具有强大国际竞争力的产业体系，并保持持续转型升级、不断形成战略

① 加快建设以实体经济为支撑的现代化产业体系 以人口高质量发展支撑中国式现代化［N］．人民日报，2023-05-06（01）．

性新兴产业和未来产业的产业可持续发展形态，促进经济高质量发展，形成新质生产力。

## 一、基本特征

现代化产业体系应当具备智能化、绿色化、融合化三个基本特征。

（一）智能化

智能化，是指现代化产业体系能够把握新科技革命浪潮，以信息技术、人工智能等先进技术为支撑，实现生产、管理、服务等各环节的智能化。产业体系的智能化，是技术和产业发展的重要方向。当前通用人工智能、生命科学、新能源等前沿技术领域正在发生革命性突破，将深刻改变经济生产函数，对人类生产生活方式产生持续而深远的影响，已成为各国竞相投入的新热点。能否实现产业体系的智能化转型，关系到未来国际竞争的成败。建设现代化产业体系，必须持续拓展信息化、数字化的深度，努力抢占全球产业体系智能化的战略制高点。

（二）绿色化

绿色化，是指现代化产业体系能够实现人与自然和谐共生。产业体系的绿色化，不仅仅是全人类应对气候变化、保护生态环境的共同使命，更是推动产业高质量发展、塑造国际竞争新优势的内在要求。生产活动作为人与自然关系的主要环节，是实现绿色低碳循环发展的重中之重。建设现代化产业体系，必须牢固树立和践行绿水青山就是金山银山的理念，抓住全球绿色经济、绿色技术、绿色产业快速发展的机遇，努力实现资源节约、环境友好。

（三）融合化

融合化，是指现代化产业体系能够提升产业体系整体效能。产业体系的融合化，既是现代产业的普遍形态，也是提升产业体系整体效能的必然要求。现代化产业体系不是若干产业门类的简单拼盘，而是一个内部存在有机联系、功能互补的复杂生态体系。随着技术进步、市场开放和制度创新，新技术新业态新模式不断涌现，行业边界越来越模糊，前沿科技跨领域交叉融合、一二三产业融合、数字经济与实体经济融合趋势越来越明显，全球产业发展呈现跨界融合的趋势。建设现代化产业体系，必须推动产业门类之间、区域之间、大中小企业之间、上下游环节之间高度协同耦合，更好释放产业网络的综合效益（韩文秀，2023）。

## 二、基本要求

建设具有完整性、先进性、安全性的现代化产业体系，其本质是要巩固加强产业体系完备和配套能力强的优势，加快补齐关键领域短板，推动战略性新兴产业发展，构建中国经济新动能新优势，保障产业链供应链安全稳定，尤其是重要产业链自主可控，确保国民经济循环畅通，最终建成结构更高端、发展更安全的现代化产业体系。

现代化产业体系应符合完整性、先进性、安全性三个基本要求。三者相辅相成、辩证统一。完整性和先进性可以促进和提升产业体系的安全性，安全性又是建设具有完整性和先进性产业体系的重要保障。

### （一）完整性

完整性，即要保持并增强产业体系完备和配套能力强的优势。这是我国产业体系区别于其他国家最显著的特征，也是先进性和安全性的基础和前提。强调完整性，主要是为了巩固并提升我国产业门类齐全和体系完备的优势，围绕制造业重点产业链，找准关键核心技术和零部件薄弱环节，集中优质资源合力攻关，提升我国国产化替代水平。

目前我国已建立比较完整的产业体系和产业链条，是世界上制造体系完整度最高的国家之一。工业规模大、体系完备和配套能力强，是我国产业体系的巨大优势，有利于形成规模经济、集聚经济和范围经济。同时，产业体系完整性还体现在生产要素齐备上。我国国土面积大，资金流量充裕，科技创新能力稳步提升，形成了世界级规模的科研人员和工程师队伍，能源资源保障能力持续提高，数据要素资源丰富。然而，我国高技术产业增加值占规模以上工业比重较低，一些产业"大而不强""全而不优"的问题依然存在，一些技术含量高的细分行业还有缺项。加快建设具有完整性的现代化产业体系，需要坚持推动传统产业转型升级，在巩固传统优势领域的同时，加快补齐一些技术含量高但存在缺项的细分行业短板。

（二）先进性

先进性，即产业体系中各类产业技术水平领先、处于全球价值链中高端，能高效集聚全球创新要素，自主拓展产业新赛道，构建经济新动能新优势。这是迈向工业强国的基本条件，也是建设现代化产业体系的重要目标。强调先进性，主要是为了加快形成我国在产业技术、规模、效益和布局等领域的领先优势，进而在全球产业链中占据重要地位。随着创新驱动发展战略的深入实施，我国自主创新能力大幅提升，科技实力与世界先进水平差距加速缩小，高水平科技自立自强成效明显。目前，我国钢铁、汽车、电子信息等行业的装备水平、生产工艺、生产效率和绿色低碳水平已达到甚至超过发达国家，5G、量子计算、人工智能等新兴领域的技术研发和产业化水平处于世界领先地位。随着更多前沿领域进入科技创新的"无人区"，技术引进、消化吸收、再创新的路径已难以为继，必须进行更多原创性、探索性创新活动。这需要破除体制机制障碍，最大限度解放和激发科技作为第一生产力所蕴藏的巨大潜能。加快建设具有先进性的现代化产业体系，必须以科技创新为引领，坚持科技是第一生产力、人才是第一资源、创新是第一动力，推进产业智能化、绿色化、融合化发展，推进产业基础高级化、产业链现代化，实现从技术领先到产业领先的跨越。

（三）安全性

安全性，即要实现重要产业链自主可控，确保国民经济循环畅通。这是应对错综复杂国际环境的现实需求。强调安全性，主要是为了确保产业体系在受到外部冲击时能够有效抵御或迅速恢复。随着世界经济不稳定性不确定性增强，维护产业安全的重要性日益凸显。近年来，我国产业体系自主可控能力不断提升，面对多轮外部冲击展现出强大韧性和抗压能力。当前，逆全球化思潮抬头，单边主义、保护主义明显上升，因此，必须增强忧患意识，坚持底线思维，要更加重视能源资源安全、产业链安全。例如，在资源能源方面，我国部分矿产资源对外依存度较高，国际市场价格波动可能造成相关产业生产成本的变化；在产业链方面，当前部分关键核心技术装备、器件、材料、设计软件对外依存度还比较高。加快建设具有安全性的现代化产业体系，关键要统筹发展与安全，强化顶层设计，引导资源向科技创新领域集聚，加强关键核心技术攻关和战略性资源支撑，着力提升产业链供应链韧性和安全水平，推动产业健康可持续发展。

## 第五节　现代化产业体系的构成要素

现代化产业体系是由一系列相互联系和相互支撑的产业部门、主导力量、要素条件等构成的有机系统（洪群联，2023）。现代化产业体系建设于庞大而完整的工业体系之上，以政治稳定和法律保障为基础，以经济、社会、文化等领域的广泛进步为背景，充分利用集中力量办大事的制度优势。现代化产业体系的构成要素包括四个：第一，现代化产业结构体系，由三次产业以及更为细分的产业部门组成。国民经济的稳定持续发展要求三次产业之间、三次产业内部、细分产业之间、产业链上下游环节之间在规模、产品结构等方面保持合理的比例关系；第二，现代化产业组织体系，以各类企业及其衍生的现代化产业链和产业集群为核心，承担着直接优化资源配置和创造价值的任务；第三，现代化创新生态体系，以整体素质和效率的提高为目标，推动产业不断提升至更高层次；第四，现代化产业政策体系，旨在引导产业良性运行，通过纠正市场失灵、协调外部性、降低交易成本以及提供产业发展信息等支持产业发展。上述四个构成要素相互作用，共同推动现代化产业体系协同发展。

## 一、现代化产业结构体系

现代化产业结构体系由现代化工业体系、现代化农业体系、现代化服务业体系和现代化基础设施体系构成。其中，现代化工业体系是最重要的基础和核心，现代化农业体系是重要根基，现代化服务业体系是主体，现代化基础设施体系是重要支撑。建设现代化产业体系，需要一体推进现代化的工业、农业、服务业和基础设施体系建设。

### （一）现代化工业体系

现代化工业体系是现代化产业体系的基础与核心。人类经济社会的运转和发展建立在物质产品的基础之上，其中制造业是最主要的物质产品生产部门，是实体经济的核心。我国现代化工业体系由三个层次构成：以优势产业和战略性新兴产业为主体的先进制造业体系；与高新技术融合发展转型升级的传统产业体系；以军民融合发展为特色的国防科技工业体系。

（1）先进制造业。先进制造业体系在全球生产体系中居于制高点，以其高附加值、高技术含量、低耗、清洁和高效等显著特点而备受瞩目。先进制造业包括基于新兴技术形成的产业，还包括传统产业在吸收先进制造技术后转型而成的产业。我国从不同视角研究和制定了优先发展的制造业体系，先后形成《高技术产业（制造业）分类（2017）》（国统字〔2017〕200 号）中的六类高技术制造业、《战略性新兴产业分类（2018）》（国家统计局令第 23 号）中的九大战略性新兴产业、《知识产权（专利）密集型产业统计分类（2019）》（国家统计局令第 25 号）中的七类知识产权（专利）密集型产业。这些政策和计划明确了先进制造业的发展方向，促进新兴技术产业发展以及传统产业转型升级，从而适应当代经济的发展需求。

（2）传统产业。传统产业是我国实体经济的主体部分。根据《国民经济行业分类》（GB/T 4754–2017），我国传统产业体系大致包括采矿业、轻纺工业、资源加工工业，以及所有工业中以传统技术进行生产活动的行业。在新发展格局下，传统产业依然是我国产业体系的主要构成部分。传统产业高质量发展是建设现代化产业体系的重要内容，有助于维持制造业在国民经济中的份额。同时，我国传统产业在高新技术的推动下，正向高端化、智能化、绿色化转型升级。建设现代化产业体系，必须统筹兼顾传统产业与现代制造业的关系，实现两者的良性互动。

（3）国防科技工业。党的二十大报告提出，优化国防科技工业体系和布局，加强国防科技工业能力建设[①]。发展现代化国防工业体系旨在维护国家领土完整与独立安全，而非以战争为目的。国防科技工业体系是相对于民用工业而言，研发、试制和量产各类军事武器装备，为国防建设服务的工业部门。在新发展格局下，我国国防科技工业具备发展潜力。结构改革助力不同领域装备融合为一体化信息系统，以满足高效一体化联合作战需求，同时，促进军民深度融合，将国防科技向国民经济领域转化，发展军民融合产业。这有望提高国家综合国力，确保国家和平与安全。

### （二）现代化农业体系

现代化农业体系是现代化产业体系的重要根基。习近平总书记强调，要发展现代农业，确保国家粮食安全，调整优化农业结构，加快构建现代农业产业体系、生产体系、经营体系，推进农业由增产导向转向提质导向，提高农业创新力、竞争力、全要素生产率，提高农业质量、效益、整体素质[②]。产业体系、生产体系和经营体系是现代农业体系的“三大支柱”。其中，现代农业生产体系的关键在于提升农业生产力水平和生产效率，现代农业经营体系的关键在于创新农业经营模式，两者共同支撑现代农业产业体系的发展，这充分体现了现代农业生产力与生产关系的相互作用、有机融合。构建现代农业产业体系、生产体系、经营体系，是推进农业农村现代化的重要支撑，也是实施乡村振兴战略的重要抓手。

（1）现代农业的产业体系。现代农业的产业体系是现代农业的框

---

① 习近平．高举中国特色社会主义伟大旗帜 为全面建设社会主义现代化国家而团结奋斗——在中国共产党第二十次全国代表大会上的报告［N］．人民日报，2022-10-26（01）．

② 习近平李克强王沪宁赵乐际韩正分别参加全国人大会议一些代表团审议［N］．人民日报，2018-03-08（01）．

架结构，既包括第一产业的农业，又包括第二、第三产业的农业范畴，即农业产业链的延伸。简言之，现代农业的产业体系不仅是全产业链的农业体系，也是三次产业融合、多功能发展的农业产业体系。构建现代农业产业体系，主要是调优调高调精农业产业结果，发展壮大新产业、新业态，推进农业全产业链发展，促进种植业、林业、畜牧业、渔业、农产品加工流通业、农业服务业的转型升级和融合发展，实现三产融合发展，从而提高农业产业的整体竞争力，提升农业资源配置效率。其中，发展农业全产业链是拓展乡村产业增值增效空间的必由之路，是农业现代化的必然选择。

（2）现代农业的生产体系。现代农业的生产体系是现代农业产业体系中的生产要素组合与配置体系。现代农业的生产要素不仅包括土地、劳动力、资本等基础性要素，而且包括技术、数字、生态、文化、制度等赋能性要素。构建现代农业的生产体系，主要是加强现代农业物质技术装备建设，加快生产体系现代化。重点推进“四化”：推进设施化，切实改善田间生产条件；推进机械化，研发推广实用高效农机；推进绿色化，大力发展生态循环农业；推进数字化，着力打造智慧农业。同时，推进农业科技创新和成果应用，提高农业综合生产能力和抗风险能力。

（3）现代农业的经营体系。现代农业的经营体系是现代农业生产体系的营运体系，关乎现代农业的发展效率，是经营主体与经营制度集合的体系。构建现代农业的经营体系，主要是发展多种形式适度规模经营，大力培育新型职业农民和新型农业经营主体，健全农业社会化服务体系，提高农业经营集约化、组织化、规模化、社会化、产业化水平，加快经营体系现代化。重点培育四类新型农业经营主体和服务主体：推动家庭农场高质量发展，提高规模经营效益；促进农民合作社规范提升，增强为农服务能力；大力培育专业化社会化服务组织，带动小农户和现代农业有机衔接；做大做强龙头企业，健全完善联农带农机制。未来，要满足人民日益增长的美好生活需要，还要不断推进农业现代化水平。既要藏粮于地，又要藏粮于技，依靠科技进步不断解放和发展农业生产力。要深度融合各类先进生产要素，在科技支撑有力、设施装备先进、经营管理高效上下更大功夫，努力实现生产设施化、服务社会化、产业融合化，提升资源利用效率。要大力发展生物合成、“农业工厂”等农业新形态，突破耕地等自然条件的限制，更好满足现代社会的需求（韩文秀，2023）。

（三）现代化服务业体系

现代化服务业体系是具有高度分工性、高度交互性、高附加值性和创新性的信息和知识密集型服务业，包括传统服务业、现代服务业和幸福产业。传统服务业（如批发零售业、交通运输业、住宿餐饮业等）正逐渐向具备现代化特征的服务业演变，如物联网的发展和高效流通体系的构建。现代服务业（如信息传输、金融、科技服务等）以高科技和服务为核心，支持工业和农业全要素生产率提升，是制造强国战略的关键。幸福产业包括教育、卫生、文化、体育、公共管理等行业，旨在提升人民幸福感，具有推动产业与城市融合发展和数字化发展的作用。幸福产业通过多样性、标准化、品牌化、数字化等方式提供公共服务和生活服务，提高文化、体育、旅游、教育等服务的有效供给，由此提升人民生活质量，促进城乡协调发展，推动国家综合实力提升，并最终提高人民的生活满意度与幸福感。

随着经济发展、工业化的推进，市场需求结构发生变化，农业、工业等部门出现业态创新与融合，这推动了我国产业结构中服务业比重不断提高。包括金融业在内的现代服务业为国民经济各行业提供专业化服务，促进各行业技术创新、生产效率和经济效益提高，从而形成生产与服务相互促进的良性循环。因此，要围绕实体经济发展构建优质高效的服务业体系，推动现代服务业同先进制造业、现代农业、数字产业等实体经济部门深度融合。

（四）现代化基础设施体系

2022 年 4 月，习近平总书记在中央财经委员会第十一次会议上强调，基础设施是经济社会发展的重要支撑，要统筹发展和安全，优化基础设施布局、结构、功能和发展模式，构建现代化基础设施体系，为全面建设社会主义现代化国家打下坚实基础①。现代化基础设施体系是面向国家重大战略需求、为未来产业发展提供底层支撑的战略性、网络型基础设施，其主体由传统基础设施和新型基础设施共同构成（孙智君、安睿哲和常懿心，2023）。传统基础设施诸如道路、桥梁、铁路、电力、水利等。2018 年中央经济工作会议将人工智能、工业互联网、物联网等定义为新型基础设施。《中华人民共和国国民经济和社会发展第十四个五年规划和 2035 年远景目标纲要》明确建设现代化基础设施体系，布局建设信息基础设施、融合基础设施、创新基础设施等新型基础设施②。其中，信息基础设施包括以 5G、物联网、工业互联网、卫星互联网为代表的通信网络基础设施，以人工智能、云计算、区块链等为代表的高新技术基础设施，以数据中心、智能计算中心为代表的算力基础设施；融合基础设施包含由互联网、大数据、人工智能等高新技术与传统技术设施融合形成的智能交通基础设施、智慧能源基础设施等领域；创新基础设施指支撑科学研究、技术开发和

① 全面加强基础设施建设构建现代化基础设施体系 为全面建设社会主义现代化国家打下坚实基础［N］. 人民日报，2022-04-27（01）.

② 中华人民共和国国民经济和社会发展第十四个五年规划和 2035 年远景目标纲要［N］. 人民日报，2021-03-13（01）.

产品研制，且具有公共属性的基础设施，由重大科技基础设施、科教基础设施、产业技术创新基础设施等构成。

现代化基础设施与现代化产业体系之间存在着直接和间接的关联。首先，现代化基础设施是推动产业体系高质量发展的重要物质保障。例如，高速铁路建设不仅改善了交通运输，还推动了制造业、旅游业等相关产业的发展。其次，现代化基础设施能够拉动产业链上下游的发展。例如，以5G基站、特高压、城际高速铁路和城市轨道交通、新能源汽车充电桩、大数据中心、人工智能、工业互联网等为代表的七大重点新型基础设施涉及多个产业链、供应链与创新链。

## 二、现代化产业组织体系

现代化产业组织体系的组织主体包括企业、产业链、产业生态圈等多种类型。企业以产品、属性、所有制等为基础，形成多样化的产业组织。产业链随着产品复杂度的增加而逐渐演变，包括主产品及相关配套元素。产业生态圈在中观层面成形，现代化产业组织体系向产业生态圈和大型企业主导的平台发展，吸引中小企业有序协同。企业、产业链和产业生态圈共同推动着现代化产业组织体系朝着更开放、协作和可持续的方向发展。

具备全球竞争力的国有企业和大型民营企业构成现代化产业链的核心，可作为产业链的“链长”和“链主”，在现代化产业链中提供技术支持、开展协同攻关，兼顾经济效益和社会效益。其中，大型中央企业在引领全国性产业发展方面更是发挥着重要作用。政府在此过程中需要提供科学引导和政策支持，优化资源整合，以推动产业链的协同发展，提高核心技术和材料的自主控制水平。中小企业尤其是专精特新中小企业，是现代化产业链的重要组成部分，也扮演着供应商的关键角色。专精特新企业是中小企业中的佼佼者，在细分领域位居前列，致力于市场细分和创新，解决产业瓶颈问题，其中“小巨人”企业是专精特新企业的典型代表，具有全球竞争力。现代化产业链的成功构建需要多元化市场主体的协同努力、政府的政策支持以及市场主体间的协同作用。政府的政策引导和支持、产业链的协同发展以及市场主体的多样性，将推动产业链的创新和可持续发展。

## 三、现代化创新生态体系

现代化创新生态体系以多元主体、多样路径、多种创新模式协同演化为特征，由企业、高校和科研院所等创新主体，政府部门、中介组织等服务机构，以及各类创新环境和资源要素共同组成。现代化创新生态体系以产业技术体系为导向，由核心链条及创新辅助系统构成。

### （一）产业技术体系

产业技术体系是由多种技术构成的复合体，包括产业主导技术和产业共性基础技术。两类技术相辅相成，协同推进产业发展（陈昌曙，1994）。新中国成立后，我国逐步构建起比较完整的产业技术体系，为推动产业发展奠定了坚实基础。改革开放后，我国产业技术体系整体水平实现了历史性跃升，有力支撑了产业现代化进程。党的十八大以来，我国大力实施创新驱动发展战略，重大技术创新成果相继涌现，一些前沿方向开始进入并行、领跑阶段，科技实力正处于从量的积累向质的飞跃、由点的突破向系统能力提升的重要时期。在经济发展新阶段，加快构建现代产业技术体系，不仅有利于促进产业基础技术、共性技术、关键技术的研发，而且能够推动相关技术资源优化整合、体系化运行，从而从整体上促进产业技术创新，为产业发展提供内生动力。在此过程中，还可以增加技术积累，逐步掌握关键核心技术，形成自主创新能力，增强产业国际竞争力。当前，面对新一轮科技革命和产业变革，无论是发达国家还是发展中国家，都在积极推动产业技术体系转型升级，力争在全球产业变革中抢占国际竞争制高点。

（二）核心链条及创新辅助系统

现代化创新生态体系由核心链条及创新辅助系统构成。核心链条包括科研、研发、制造和市场四个关键阶段。四个阶段紧密相连，互相依赖，是现代产业链的基石。阶段一，高校作为科研的源头从事系统的科学研究，并将科研成果转让给科技型企业，为产业链提供新的科研成果和理念。这个阶段需要高校在基础研究和前沿领域发挥关键作用。阶段二，科技型企业根据市场需求，将高校的科研成果经过研发转化为可应用的产品。这个阶段需要科技型企业开展研发工作，承担研究成果转化责任。阶段三，制造企业克服开放性和复杂产品制造的难题，以低成本实现量产。这个阶段需要制造企业具备高效的生产工艺和质量控制体系，以满足市场需求，并需要不断提升技术水平、延伸供应链，以确保产品的高质量和市场竞争力。阶段四，企业将科技产品推向市场，市场规模和用户体验对创新产品的价值实现至关重要。这个阶段需要企业采取市场营销、用户体验优化等手段将产品引入市场，并不断改进以满足用户需求，确保产品的市场竞争力。现代化创新生态体系的构建，涵盖高校 / 科研院所、企业、政府、金融机构和中介机构，是建设创新型国家的重要内容。

## 四、现代化产业政策体系

中国特色社会主义现代化道路的产业政策体系具有多重关键功能，包括纠正市场失灵、实施经济赶超、协调外部性、降低交易成本及提供产业发展信息等方面。这一政策体系主要包括产业结构政策、产业组织政策、产业技术政策和产业金融政策四大要素，其目标是全方位支持中国经济的发展。产业政策体系中的供给型、需求型和环境型政策相辅相成。供给型政策通过政府直接投入资本、人力和技术支持，有力地推动产业升级，为经济提供有力支撑；需求型政策通过提供稳定的市场需求，激发企业活力，促进经济实现更高水平的增长；环境型政策通过税收、保护财产权和反垄断等手段，以间接方式引导产业活动，确保市场公平竞争，维护整体经济健康发展。在市场运作层面，产业政策在结构调整、组织优化、创新路径和金融配置方面发挥着决定性的作用。这包括通过引导资本、人才和技术投入来推动产业结构的升级，优化组织结构以提高效率，通过创新路径的指导实现科技创新，以及通过有效的金融配置促进产业健康发展。

科学的产业政策在因势利导中发挥着引领和促进作用，通过对结构调整、组织优化、创新路径和金融配置方面的精准引导，推动中国特色社会主义现代化的稳健前行。这种科学而有力的政策实践为中国特色社会主义发展路径注入了持续动力，助力实现中国式现代化目标。

# 第二章 我国现代化产业体系建设：政策解读

现代化产业体系建设是一项系统工程。我们必须在深刻理解现代化产业体系建设的战略意义和基本原则的基础上，科学分解现代化产业体系建设的战略目标，厘清现代化产业体系建设的重要任务和路径措施，明确其要素支撑。本章聚焦“如何建设”的议题，从目标与任务、要求与原则、路径举措、要素支撑等维度，对我国现代化产业体系建设进行全面而系统的解读。

## 第一节　现代化产业体系建设的目标与任务

党的十八大以来，习近平总书记围绕现代化产业体系建设作出了一系列重要论述。新时代新征程，我们要坚持系统观念、辩证思维，坚持问题导向和目标导向相统一，深刻把握建设现代化产业体系的目标与要求及其相互关系，积极推进现代化产业体系建设。

### 一、战略目标

#### （一）国家层面

2020 年 10 月，中共十九届五中全会提出，加快发展现代产业体系，推动经济体系优化升级。坚持把发展经济着力点放在实体经济上，坚定不移建设制造强国、质量强国、网络强国、数字中国，推进产业基础高级化、产业链现代化，提高经济质量效益和核心竞争力。要提升产业链供应链现代化水平，发展战略性新兴产业，加快发展现代服务业，统筹推进基础设施建设，加快建设交通强国，推进能源革命，加快数字化发展[①]。

2022 年 12 月，习近平总书记在中央经济工作会议指出，加快建设现代化产业体系。围绕制造业重点产业链，找准关键核心技术和零部件薄弱环节，集中优质资源合力攻关，保证产业体系自主可控和安全可靠，确保国民经济循环畅通。加强重要能源、矿产资源国内勘探开发和增储上产，加快规划建设新型能源体系，提升国家战略物资储备保障能力。实施新一轮千亿斤粮食产能提升行动。提升传统产业在全球产业分工中的地位和竞争力，加快新能源、人工智能、生物制造、绿色低碳、量子计算等前沿技术研发和应用推广。要大力发展数字经济，提升常态化监管水平，支持平台企业在引领发展、创造就业、国际竞争中大显身手。抓住全球产业结构和布局调整过程中孕育的新机遇，勇于开辟新领域、制胜新赛道[②]。

2023 年 1 月，习近平总书记在中共中央政治局第二次集体学习时强调，新发展格局以现代化产业体系为基础，经济循环畅通需要各产业有序链接、高效畅通。要继续把发展经济的着力点放在实体经济上，扎实推进新型工业化，加快建设制造强国、质量强国、网络强国、数字中国，打造具有国际竞争力的数字产业集群。顺应产业发展大势，推动短板产业补链、优势产业延链，传统产业升链、新兴产业建链，增强产业发展的接续性和竞争力。优化生产力布局，推动重点产业在国内外有序转移，支持企业深度参与全球产业分工和合作，促进内外产业深度融合，打造自主可控、安全可靠、竞争力强的现代化产业体系[③]。

2023 年 5 月，习近平总书记在二十届中央财经委员会第一次会议

① 中共十九届五中全会在京举行［N］. 人民日报，2020-10-30（01）.
② 中央经济工作会议在北京举行［N］. 人民日报，2022-12-17（01）.
③ 习近平 . 加快构建新发展格局 把握未来发展主动权［J］. 求是，2023（8）.

上强调，加快建设以实体经济为支撑的现代化产业体系，关系我们在未来发展和国际竞争中赢得战略主动。要把握人工智能等新科技革命浪潮，适应人与自然和谐共生的要求，保持并增强产业体系完备和配套能力强的优势，高效集聚全球创新要素，推进产业智能化、绿色化、融合化，建设具有完整性、先进性、安全性的现代化产业体系[①]。

2023 年 12 月的中共中央政治局会议指出，要以科技创新引领现代化产业体系建设，提升产业链供应链韧性和安全水平[②]。同月，2023 年中央经济工作会议进一步指出，以科技创新引领现代化产业体系建设。要以科技创新推动产业创新，特别是以颠覆性技术和前沿技术催生新产业、新模式、新动能，发展新质生产力。完善新型举国体制，实施制造业重点产业链高质量发展行动，加强质量支撑和标准引领，提升产业链供应链韧性和安全水平。要大力推进新型工业化，发展数字经济，加快推动人工智能发展。打造生物制造、商业航天、低空经济等若干战略性新兴产业，开辟量子、生命科学等未来产业新赛道，广泛应用数智技术、绿色技术，加快传统产业转型升级。加强应用基础研究和前沿研究，强化企业科技创新主体地位。鼓励发展创业投资、股权投资[③]。

从以上论述中，我们可以总结出现代化产业体系建设的战略目标：在国家层面，以推动包括现代工业、现代农业和现代服务业在内的各类现代产业构成的产业体系高质量发展为战略重点，以在 21 世纪中叶把我国建成富强民主文明和谐美丽的社会主义现代化强国为目标引领，加快建设制造强国、质量强国、航天强国、交通强国、网络强国、数字中

① 加快建设以实体经济为支撑的现代化产业体系 以人口高质量发展支撑中国式现代化［N］. 人民日报，2023-05-06（01）.

② 中共中央政治局召开会议 分析研究二〇二四年经济工作 研究部署党风廉政建设和反腐败工作 审议《中国共产党纪律处分条例》［N］. 人民日报，2023-12-09（01）.

③ 中央经济工作会议在北京举行［N］. 人民日报，2023-12-13（01）.

国；在产业层面，推动经济体系优化升级，推进产业基础高级化、产业链现代化，提高经济质量效益和核心竞争力，打赢关键核心技术攻坚战，实现高水平科技自立自强，提升产业链供应链韧性和安全水平，一造自主可控、安全可靠、竞争力强的现代化产业体系；在企业层面，于现代制造业、现代服务业、现代农业等重点领域，打造一批具有行业领先优势的世界一流企业，在战略性新兴产业领域，打造一批专精特新企业。

（二）地方层面

党的二十大报告对推动高质量发展作出一系列部署，明确提出建设现代化产业体系。开局之年，习近平总书记多次深入地方考察调研，为加快构建现代化产业体系锚定方向（见表 2–1）。概括起来，我们将地方层面建设现代化产业体系的目标归纳为四点——实体为本、创新引领、融合发展、因地制宜。

**表 2–1　习近平总书记在深入部分地方考察调研时针对现代化产业体系建设作出的指示**

| 考察省份 | 具体指示 |
| --- | --- |
| 广西壮族自治区 | 推动广西高质量发展，必须做好强产业的文章，加快构建现代化产业体系。要立足资源禀赋和产业基础，聚焦优势产业，集中优势资源，打造若干体现广西特色和优势、具有较大规模和较强带动力的支柱产业。把科技创新摆到更加突出的位置，深化教育科技人才综合改革，加强科教创新和产业创新融合，加强关键核心技术攻关，加大技术改造和产品升级力度[①]<br>——2023 年 12 月 15 日，习近平在听取广西壮族自治区党委和政府工作汇报时的讲话 |
| 上海市 | 要以科技创新为引领，加强关键核心技术攻关，促进传统产业转型升级，加快培育世界级高端产业集群，加快构建现代化产业体系，不断提升国际经济中心地位和全球经济治理影响力[②]<br>——2023 年 12 月 1 日，习近平在听取上海市委和市政府工作汇报时的讲话 |

① 习近平在广西考察时强调 解放思想创新求变向海图强开放发展 奋力谱写中国式现代化广西篇章［N］. 人民日报，2023-12-16（01）.

② 习近平在上海考察时强调 聚焦建设“五个中心”重要使命 加快建成社会主义现代化国际大都市［N］. 人民日报，2023-12-04（01）.

续表

| 考察省份 | 具体指示 |
| --- | --- |
| 江西省 | 构建现代化产业体系，既要有雄心壮志，积极抢位发展，又要立足实际，善于错位发展。要找准定位、明确方向，整合资源、精准发力，加快传统产业改造升级，加快战略性新兴产业发展壮大，积极部署未来产业，努力构建体现江西特色和优势的现代化产业体系[①]<br>——2023 年 10 月 13 日，习近平在听取江西省委和省政府工作汇报时的讲话 |
| 浙江省 | 浙江要在以科技创新塑造发展新优势上走在前列。要把增强科技创新能力摆到更加突出的位置，整合科技创新力量和优势资源，在科技前沿领域加快突破。强化企业科技创新主体地位，推动创新链产业链资金链人才链深度融合，加快科技成果落地转化。把实体经济作为构建现代化产业体系的根基，引导和支持传统产业加快应用先进适用技术，推动制造业高端化、智能化、绿色化发展[②]<br>——2023 年 9 月 21 日，习近平在听取浙江省委和省政府工作汇报时的讲话 |
| 黑龙江省 | 要以科技创新推动产业创新，加快构建具有东北特色优势的现代化产业体系。推动东北全面振兴，根基在实体经济，关键在科技创新，方向是产业升级。要牢牢扭住自主创新这个“牛鼻子”，在巩固存量、拓展增量、延伸产业链、提高附加值上下功夫。加快传统制造业数字化、网络化、智能化改造，推动产业链向上下游延伸，形成较为完善的产业链和产业集群。主动对接国家战略需求，整合和优化科教创新资源，加大研发投入，掌握更多关键核心技术。积极培育产业园区，加强对口合作，加快科研成果落地转化。积极培育新能源、新材料、先进制造、电子信息等战略性新兴产业，积极培育未来产业，加快形成新质生产力，增强发展新动能[③]<br>——2023 年 9 月 7 日，习近平在黑龙江省哈尔滨市主持召开新时代推动东北全面振兴座谈会时的讲话 |

① 习近平在江西考察时强调 解放思想开拓进取扬长补短固本兴新 奋力谱写中国式现代化江西篇章［N］. 人民日报，2023-10-14（01）.

② 习近平在浙江考察时强调 始终干在实处走在前列勇立潮头 奋力谱写中国式现代化浙江新篇章［N］. 人民日报，2023-09-26（01）.

③ 习近平主持召开新时代推动东北全面振兴座谈会强调 牢牢把握东北的重要使命 奋力谱写东北全面振兴新篇章［N］. 人民日报，2023-09-10（01）.

续表

| 考察省份 | 具体指示 |
| --- | --- |
| 新疆维吾尔自治区 | 要立足资源禀赋、区位优势和产业基础，大力推进科技创新，培育壮大特色优势产业，积极发展新兴产业，加快构建体现新疆特色和优势的现代化产业体系，推动新疆迈上高质量发展的轨道，同全国一道全面建设社会主义现代化国家[①]<br>——2023 年 8 月 26 日，习近平在听取新疆维吾尔自治区党委和政府、新疆生产建设兵团工作汇报时的讲话 |
| 四川省 | 四川是我国发展的战略腹地，在国家发展大局特别是实施西部大开发战略中具有独特而重要的地位。要依托制造业的独特优势，积极服务国家产业链供应链安全，高质量对接东部沿海地区产业新布局。要把发展特色优势产业和战略性新兴产业作为主攻方向，加快改造提升传统产业，前瞻部署未来产业，促进数字经济与实体经济深度融合，构建富有四川特色和优势的现代化产业体系[②]<br>——2023 年 7 月 27 日，习近平在听取四川省委和省政府工作汇报时的讲话 |
| 江苏省 | 要把坚守实体经济、构建现代化产业体系作为强省之要，巩固传统产业领先地位，加快打造具有国际竞争力的战略性新兴产业集群，推动数字经济与先进制造业、现代服务业深度融合，全面提升产业基础高级化和产业链现代化水平，加快构建以先进制造业为骨干的现代化产业体系[③]<br>——2023 年 7 月 7 日，习近平在听取江苏省委和省政府工作汇报时的讲话 |
| 内蒙古自治区 | 内蒙古是国家重要能源和战略资源基地、农畜产品生产基地和我国向北开放重要桥头堡，优化产业结构必须立足这些禀赋特点和战略定位，大力发展优势特色产业，积极探索资源型地区转型发展新路径，加快构建体现内蒙古特色优势的现代化产业体系[④]<br>——2023 年 6 月 8 日，习近平在听取内蒙古自治区党委和政府工作汇报时的讲话 |

① 习近平在听取新疆维吾尔自治区党委和政府 新疆生产建设兵团工作汇报时强调 牢牢把握新疆在国家全局中的战略定位 在中国式现代化进程中更好建设美丽新疆［N］. 人民日报，2023-08-27(01).

② 习近平在四川考察时强调 推动新时代治蜀兴川再上新台阶 奋力谱写中国式现代化四川新篇章［N］. 人民日报，2023-07-30（01）.

③ 习近平在江苏考察时强调 在推进中国式现代化中走在前做示范 谱写“强富美高”新江苏现代化建设新篇章［N］. 人民日报，2023-07-08（01）.

④ 习近平在内蒙古考察时强调 把握战略定位坚持绿色发展 奋力书写中国式现代化内蒙古新篇章［N］. 人民日报，2023-06-09（01）.

续表

| 考察省份 | 具体指示 |
| --- | --- |
| 陕西省 | 陕西要实现追赶超越，必须在加强科技创新、建设现代化产业体系上取得新突破。要立足自身产业基础和资源禀赋，坚持把发展的着力点放在实体经济上，在巩固传统优势产业领先地位的同时，勇于开辟新领域、新赛道，培育竞争新优势。以科技创新为引领，加快传统产业高端化、智能化、绿色化升级改造，培育壮大战略性新兴产业，积极发展数字经济和现代服务业，加快构建具有智能化、绿色化、融合化特征和符合完整性、先进性、安全性要求的现代化产业体系，做强做优现代能源产业集群①<br>——2023 年 5 月 17 日，习近平在听取陕西省委和省政府工作汇报时的讲话 |
| 广东省 | 中国式现代化不能走脱实向虚的路子，必须加快建设以实体经济为支撑的现代化产业体系。广东要始终坚持以制造业立省，更加重视发展实体经济，加快产业转型升级，推进产业基础高级化、产业链现代化，发展战略性新兴产业，建设更具国际竞争力的现代化产业体系②<br>——2023 年 4 月 13 日，习近平在听取广东省委和省政府工作汇报时的讲话 |

资料来源：习近平系列重要讲话数据库。

1. 实体为本。实体经济是立国之本，也是财富之源。我国经济已由高速增长阶段转向高质量发展阶段，在此过程中要吸取一些西方国家经济“脱实向虚”的教训。必须把做实做强做优实体经济作为主攻方向，加快建设以实体经济为支撑的现代化产业体系，推动产业体系不断完善、优化、壮大。

2. 创新引领。以科技创新引领现代化产业体系建设，提升产业链供应链韧性和安全水平。以科技创新推动产业创新，特别是以颠覆性技术和前沿技术催生新产业、新模式、新动能，发展新质生产力。

3. 融合发展。从资源要素看，表现为要推动创新链、产业链、资金链、人才链深度融合；从产业结构看，表现为三次产业以及上中下

---

① 习近平在听取陕西省委和省政府工作汇报时强调 着眼全国大局发挥自身优势明确主攻方向 奋力谱写中国式现代化建设的陕西篇章［N］. 人民日报，2023-05-18（01）.

② 习近平在广东考察时强调 坚定不移全面深化改革扩大高水平对外开放 在推进中国式现代化建设中走在前列［N］. 人民日报，2023-04-14（01）.

游、大中小企业高质量协同发展；从空间布局看，表现为要充分发挥各地区比较优势，形成优势互补、高质量发展的区域经济布局（金观平，2023）。

4. 因地制宜。建立地方特色的现代化产业体系，不同地区具有不同的资源和产业优势。要充分发挥各地的资源和产业特点，建立适应当地条件的现代化产业体系，推动各地经济根据资源禀赋条件实现差异化发展，实现全国范围内的均衡发展。

## 二、总体任务

党的二十大报告对建设现代化产业体系的重点任务进行了部署："坚持把发展经济的着力点放在实体经济上，推进新型工业化，加快建设制造强国、质量强国、航天强国、交通强国、网络强国、数字中国。实施产业基础再造工程和重大技术装备攻关工程，支持专精特新企业发展，推动制造业高端化、智能化、绿色化发展。巩固优势产业领先地位，在关系安全发展的领域加快补齐短板，提升战略性资源供应保障能力。推动战略性新兴产业融合集群发展，构建新一代信息技术、人工智能、生物技术、新能源、新材料、高端装备、绿色环保等一批新的增长引擎。构建优质高效的服务业新体系，推动现代服务业同先进制造业、现代农业深度融合。加快发展物联网，建设高效顺畅的流通体系，降低物流成本。加快发展数字经济，促进数字经济和实体经济深度融合，打造具有国际竞争力的数字产业集群。优化基础设施布局、结构、功能和系统集成，构建现代化基础设施体系"①。

---

① 习近平．高举中国特色社会主义伟大旗帜 为全面建设社会主义现代化国家而团结奋斗——在中国共产党第二十次全国代表大会上的报告［N］．人民日报，2022-10-26（01）．

## 第二节　现代化产业体系建设的要求与原则

习近平总书记关于现代化产业体系建设的重要论述，既洞察时代大势，又把握历史主动，为加快建设以实体经济为支撑的现代化产业体系指明了前进方向、提供了根本遵循。

### 一、基本要求

建设现代化产业体系，需要深化新时代做好经济工作的规律性认识，把握现代化产业体系建设的总体要求，即重点抓好“三个统筹”——统筹深化供给侧结构性改革和扩大内需、统筹国内国际两个市场两种资源、统筹发展和安全。针对目前存在的风险挑战，需要把握目标要求和主攻方向，找准解决问题的切入点。

（一）统筹深化供给侧结构性改革和扩大内需

2023 年中央经济工作会议指出，必须坚持深化供给侧结构性改革和着力扩大有效需求协同发力，发挥超大规模市场和强大生产能力的优势，使国内大循环建立在内需主动力的基础上，提升国际循环质量和水平[①]。我国已成为世界第二大经济体，社会主要矛盾已经转化为人民日益增长的美好生活需要和不平衡不充分的发展之间的矛盾。这一转变反映出人民群众的需要已经不再是短缺时代的生存需要，而是转向重质量、

① 中央经济工作会议在北京举行［N］. 人民日报，2023-12-13（01）.

重个性、重品质的美好生活需要；经济发展的主要矛盾已经不再是总量性、周期性问题，而是转向重大结构性失衡问题。现实国情表明，统筹深化供给侧结构性改革和扩大内需，是构建现代化产业体系的基本要求。

在需求侧，我国有包括 4 亿多中等收入群体在内的 14 亿多人口所形成的超大规模内需市场。改革开放特别是党的十八大以来，我国在深度参与国际分工的同时，不断释放国内市场需求，促进形成强大国内市场，内需对经济发展的支撑作用明显增强。实施扩大内需战略是满足人民对美好生活向往的现实需要，是充分发挥超大规模市场优势的主动选择，是适应国内外环境深刻变化的必然要求，也是更高效率促进经济循环的关键支撑。进入新发展阶段，我国消费市场长期向好的基本面没有改变，国内市场基础更加扎实，国内投资需求潜力巨大，国内消费空间更趋广阔。

在供给侧，随着我国宏观经济运行中供求矛盾的变化，宏观经济管理开始从以需求管理为主转向以供给管理为主，通过提高供给体系质量和效率来激发经济内生动力。提高供给体系质量和效率的关键是激活市场主体、优化要素配置、降低运营成本、调整生产结构、提高市场效率、增加创新动能。其根本是通过改革破除体制机制障碍，激发市场活力；利用政策引导市场预期，明确发展方向。通过供给体系的结构调整，减少无效和低端供给，扩大有效和中高端供给，增强供给结构对需求变化的适应性和灵活性。党的十八大以来，各地区各部门坚持以供给侧结构性改革为主线，推动产业结构不断优化，转型升级成效显著，有力地支撑了国民经济的持续健康发展。

现代化产业体系建设的关键在于各产业有序链接、高效畅通。其能否实现，主要取决于供给和需求两侧是否动力强劲、总体匹配、动态平衡、良性互动。因此，统筹扩大内需战略和深化供给侧结构性改革，抓住了建设创新引领、协同发展的现代化产业体系的核心要义。面对新形势新挑战，既要夯实现代化产业体系有序衔接的内需基础，又要以科技创新制度推动生产函数变革调整，提高现代化产业体系的供给质量和效率，充分发挥供需两侧对现代化产业体系建设的双轮驱动作用。

（二）统筹国内国际两个市场两种资源

现代化产业体系强调生产要素在生产、分配、流通、消费各个环节的循环流转和动态平衡。依托国内大循环增强内生动力和可靠性，通过国际循环提升发展质量和水平，是大国经济、强国经济的普遍规律。美国、德国、日本等发达国家都是通过国内国际双循环相互促进，推动产业现代化转型的。与世界经济和国际生产体系深度融合的中国也要充分利用国内国际两个市场两种资源，不断增强面向全球的资源配置和整合能力，将中国超大规模市场优势转化为国际竞争优势，从而在激烈的国际竞争中赢得战略主动。

从畅通国内大循环的视角来看，依托超大规模国内市场，贯通生产、分配、流通、消费各个环节，促进国民经济良性循环，需要从制度建设着眼，建设高标准市场体系、构建高水平社会主义市场经济体制。因此，破除妨碍各种生产要素市场化配置和商品服务流通的体制机制障碍，提升供给体系适配性，营造稳定公平透明可预期的营商环境，打通市场效率提升、劳动生产率提高、居民收入增加、市场主体壮大、供给质量提升、需求优化升级之间的通道，促进商品要素资源在更大范围内畅通流动和合理配置，强化流通体系支撑作用，是现代化产业体系构建的内在要求。

从促进国内国际双循环的视角来看，供需互促、产销并进、畅通高效的国内大循环和高效规范、公平竞争、充分开放的全国统一大市场对全球要素和市场资源具有强大吸引力。立足国内大循环，协同推进强大国内市场和贸易强国建设，形成全球资源要素强大引力场，促进内需和外需、进口和出口、引进外资和对外投资协调发展，加快培育参与国际合作和竞争新优势，是现代化产业体系构建的外在动力。

建设好现代化产业体系，必须充分利用国际国内两个市场两种资源，在形成强大国内市场的同时，推进高水平对外开放，推动产业政策、创新政策、公平竞争等各项政策与国际通行规则的对接，推动相关技术和产业领域的规则设计和制度构建，为保障全球产业链供应链稳定、共同培育全球发展新动能贡献中国力量。

（三）统筹发展和安全

统筹发展和安全，是站在中华民族伟大复兴战略全局和世界百年未有之大变局的历史方位下，面对新阶段新形势作出的重大战略选择，是有效应对外部风险挑战、赢得发展优势的必然要求。中共十九届五中全会首次把统筹发展和安全纳入“十四五”时期我国经济社会发展的指导思想。中共十九届六中全会再次强调要统筹发展和安全。2023年中央经济工作会议进一步指出，必须坚持高质量发展和高水平安全良性互动，以高质量发展促进高水平安全，以高水平安全保障高质量发展，发展和安全要动态平衡、相得益彰[①]。当今世界进入新的动荡变革期，经济全球化遭遇逆流，保护主义、单边主义思潮上升，世界经济复苏乏力，全球产业链供应链因非经济因素而面临冲击，国际经济、科技、文化、安全、政治等格局都在发生深刻调整。与此同时，我国社会主要矛盾发生变化，经济社会发展表现出许多新特征新要求。

发展是安全的基础和目的。在全面建设社会主义现代化国家新征

---

① 中央经济工作会议在北京举行［N］. 人民日报，2023-12-13（01）.

程上，发展仍是硬道理。要建设建立在先进的现代科学技术基础上的现代化产业体系，必须把握新一轮科技革命和产业变革加速演进的发展趋势。从技术创新方向来看，新一代信息技术、新能源、新材料、生物工程、绿色低碳技术等新兴技术正在重塑全球的技术版图、产业结构和竞争格局，数字经济与实体经济正在加速深度融合。从产业组织发展方向看，技术变革特别是数字技术发展成为不同产业相互渗透、交叉重组、深度融合的重要驱动力，从而产生大量新产业功能、新产业形态、新产业组织方式和新商业模式。因此，把握创新引领、协调发展的突出特质，以实体经济为着力点，围绕智能化、绿色化、融合化、集群化的发展方向，形成高技术含量的现代化产业基础能力、产业群和产业集群，是现代化产业体系建设的重大任务。

安全是发展的前提和保障。当前的全球竞争已从企业竞争、产业竞争扩展到产业链竞争阶段。影响一个国家产业关联，进而阻碍国民经济正常循环的安全威胁主要是全球产业链的“断链”“卡链”风险。要减少受到各类风险挑战的冲击，或是在受到外部冲击时能够具有抵御或者迅速恢复的能力，就要把保障和提升产业链安全放在更加突出的位置，加强关键核心技术攻关和战略性资源支撑，努力构建自主可控、安全高效的产业链供应链，打造有利于现代化产业体系的安全可靠的“防火墙”。同时，要强化底线思维，增强忧患意识，科学预研预判产业经济运行及其变化发展趋势，警惕“黑天鹅”、防范“灰犀牛”，避免发生重大风险或危机，增强现代化产业体系的竞争力、发展力和持续力。

现代化产业体系的先进性和安全性是互为前提和保障的。统筹好发展和安全，绝不意味着闭门造车，而是要积极探索在开放型经济体系下有效提升国家产业安全水平和提高产业链供应链韧性的路径，有力应对“卡脖子”技术供给能力不足、劳动密集型产业过快向外转移、工业基础原材料和能源供给冲击等多重因素叠加可能引发的安全风险。

## 二、基本原则

2023 年 5 月，二十届中央财经委员会第一次会议召开，会议研究了加快建设以实体经济为支撑的现代化产业体系等重点问题，强调了建设现代化产业体系要求做到的“五个坚持”，即“要坚持以实体经济为重，防止脱实向虚；坚持稳中求进、循序渐进，不能贪大求洋；坚持三次产业融合发展，避免割裂对立；坚持推动传统产业转型升级，不能当成‘低端产业’简单退出；坚持开放合作，不能闭门造车”[①]。“五个坚持”和“五个误区”，一体两面、辩证统一，明确了现代化产业体系建设实践中应该坚持的基本原则和应该避免的认识误区。

### （一）坚持以实体经济为重

党的十八大以来，以习近平同志为核心的党中央高度重视发展实体经济。习近平总书记强调：“不论经济发展到什么时候，实体经济都是我国经济发展、在国际经济竞争中赢得主动的根基”[②]“实体经济是一国经济的立身之本，是财富创造的根本源泉，是国家强盛的重要支柱”[③]“建设现代化经济体系，必须把发展经济的着力点放在实体经济上，把提高供给体系质量作为主攻方向，显著增强我国经济质量优

① 习近平主持召开二十届中央财经委员会第一次会议强调 加快建设以实体经济为支撑的现代化产业体系 以人口高质量发展支撑中国式现代化［N］. 人民日报，2023-05-06（01）.

② 习近平李克强俞正声刘云山王岐山分别参加全国人大会议一些代表团审议［N］. 人民日报，2017-03-08（01）.

③ 习近平 . 深刻认识建设现代化经济体系重要性 推动我国经济发展焕发新活力迈上新台阶［N］. 人民日报，2018-02-01（01）.

势”[①]。实体经济是一国经济的立身之本，在经济发展中起到极为关键的作用。纵观各国的发展历程，经济增长的源泉主要是GDP增长、汇率升值和制造业劳动生产率提升拉动服务业经济核算增长的传递效应[②]。实体经济从GDP增长和劳动生产率提升的传递效应两个方面拉动经济增长，其中制造业、其他相关领域的第二产业和生产性服务业在经济增长中发挥了关键牵引作用。从宽口径来看（将生产性服务业考虑进制造业发展），发达国家的实体经济比重比较稳定，大体保持在50%～60%的水平。我国要在纷繁复杂的国际形势中赢得发展主动权，就必须打牢实体经济这个根基，抢抓新一轮科技革命和产业变革机遇，在创新发展和协调发展中不断提升现代产业发展水平。

（二）坚持稳中求进、循序渐进

习近平总书记指出，要坚持稳中求进工作总基调，完整、准确、全面贯彻新发展理念，加快构建新发展格局[③]。现代化产业体系建设不是一蹴而就的，而是一个复杂的长期过程，涉及产业结构的优化升级、产业链价值链分工地位的提升、绿色低碳化水平的提升等多个方面，且需要要素禀赋结构的改变、基础设施的完善、创新能力的提升等深层次支撑。因此，在建设现代化产业体系的过程中，要尊重产业发展的内在规律，坚持稳中求进、循序渐进的原则，着眼长远进行科学规划和战略部署，根据实际情况动态调整相关实施路径，同步推进升级我国的产业结构与资源禀赋。如果忽视现阶段的发展条件和产业基础，一味贪大求洋，那么很可能陷入“路径依赖”和“低端锁定”的困境（张辉，2023）。同时要注意，循序渐进并不意味着各地区齐头并进，经

① 习近平在中国共产党第十九次全国代表大会上的报告［N］. 人民日报，2017-12-28（01）.

② 制造业和生产性服务业的劳动生产率水平提升会带动工资上升，工资上升会进一步传递到服务业中，进而拉动经济增长。

③ 中共中央政治局召开会议 分析研究当前经济形势和经济工作［N］. 人民日报，2023-07-25（01）.

济发展水平高、科技和创新资源富集、产业基础好的地区，可在战略性新兴产业、未来产业领域率先发展，进而带动其他地区产业融入新兴产业的产业链，通过先进带后进，加快我国现代化产业体系的构建。

（三）坚持三次产业融合发展

党的二十大报告明确要求，构建优质高效的服务业新体系，推动现代服务业同先进制造业、现代农业深度融合[①]。产业融合是顺应新一轮科技革命和产业变革、增强产业核心竞争力的重要途径，对于我国加快建设现代化产业体系、构建新发展格局、推动经济高质量发展具有重大意义。现代化产业体系是一个完整的有机体，三次产业绝非简单的替代关系。产业分工促进了三次产业的分离发展，而产业交叉重组又加速三次产业朝着融合化方向发展。新兴技术发展为产业融合带来重大机遇，成为提高生产率和竞争力的产业组织形式，特别是以物流运输、计算机软件、科技服务业等为主的现代服务业，已成为三次产业融合发展的润滑剂和助推器。建设现代化产业体系，不能片面地追求哪个产业门类的快速增长及其在国民经济中比重的提高，而应坚持三次产业融合发展，通过稳步促进产业间互联互通，提高产业资源利用效率，增强产业竞争力和产业链韧性，提高整个经济的增长速度和增长潜能。

（四）坚持推动传统产业转型升级

党中央高度重视传统产业发展。近年来，传统产业改造升级被摆在越来越重要的位置。继 2021 年中央经济工作会议提出促进传统产业升级，2022 年中央经济工作会议强调："狠抓传统产业改造升级和战略性新兴产业培育壮大""提升传统产业在全球产业分工中的地位和竞争力"[②]。

---

① 习近平 . 高举中国特色社会主义伟大旗帜 为全面建设社会主义现代化国家而团结奋斗——在中国共产党第二十次全国代表大会上的报告［N］. 人民日报，2022-10-26（01）.

② 中央经济工作会议在北京举行［N］. 人民日报，2022-12-17（01）.

2023年中央经济工作会议再次强调，广泛应用数智技术、绿色技术，加快传统产业转型升级[①]。党中央强调传统产业转型升级，是基于我国内外部发展环境变化和制造业发展实际作出的科学判断和务实之举。当前，传统产业是我国实体经济中最重要的组成部分之一，在支撑和稳定经济增长、吸纳就业等方面发挥着重要作用。一方面，我国传统产业规模庞大，在制造业中占比超过80%，其成功转型升级直接关乎我国现代化产业体系建设全局；另一方面，我国产业发展面临强行脱钩、生产成本高等挑战，在此背景下，传统产业的直接退出必然会带来产业“空心化”风险，进一步加大就业压力，影响我国经济社会的高质量发展（金观平，2023）。传统产业是构建现代化产业体系的基石，也是培育发展新动能的重要来源，其转型升级将是我国从“制造大国”迈向“制造强国”的必经之路。因此，产业结构的转换和升级要以稳定传统产业的发展为前提，不能将传统产业等同于“低端产业”“落后产能”而简单地一退了之。

（五）坚持开放合作

习近平总书记指出，要推进高水平对外开放，依托我国超大规模市场优势，以国内大循环吸引全球资源要素，既要把优质存量外资留下来，还要把更多高质量外资吸引过来，提升贸易投资合作质量和水平[②]。坚持开放合作，不仅符合我国坚持对外开放的基本国策，还是实现高质量发展的必然要求。全球化是世界经济发展的重要趋势，合作共赢是世界经济发展的主旋律，而闭门造车则意味着落后和被淘汰。能否构建开放合作的现代化产业体系，关系着我们能否在国际竞争和未来发展中赢得战略主动。建设以实体经济为支撑的现代化产业体系，

---

① 中央经济工作会议在北京举行［N］. 人民日报，2023-12-13（01）.

② 习近平. 当前经济工作的几个重大问题［J］. 求是，2023（4）.

需要在开放合作中实现产业链、供应链、创新链的互动融合，在吸收国外先进技术的同时，强化创新体系和自主创新能力建设，跟上甚至赶超世界先进水平，从而增强产业链供应链自主可控能力。只有开放合作，与国际产业体系接轨，才能深度融入全球产业链供应链，在全球化分工中做到最优布局，增强国内国际两个市场两种资源的联动效应，在全面参与国际竞争中保持不断进取的创新活力。

## 第三节　现代化产业体系建设的路径举措

站在新的历史起点上，我们必须坚持以习近平新时代中国特色社会主义思想为指导，深入贯彻落实党中央决策部署，坚持系统观念、辩证思维，把发展经济的着力点放在实体经济上，实施创新驱动发展战略，统筹建设现代化产业体系，为全面建设社会主义现代化国家、全面推进中华民族伟大复兴夯实更加坚实的物质技术基础。

### 一、做实做强实体经济

习近平总书记强调："要深刻把握发展的阶段性新特征新要求，坚持把做实做强做优实体经济作为主攻方向，一手抓传统产业转型升级，一手抓战略性新兴产业发展壮大"[①]"要加快建设以实体经济为支撑的现代化产业体系，既要逆势而上，在短板领域加快突破，也要顺势而为，在优势领

① 习近平在安徽考察时强调　坚持改革开放坚持高质量发展　在加快建设美好安徽上取得新的更大进展［N］．人民日报，2020-08-22（01）．

域做大做强”[①]“推动短板产业补链、优势产业延链，传统产业升链、新兴产业建链，增强产业发展的接续性和竞争力”[②]。

（一）传统产业升链

推动传统产业转型升级。持续推动制造业高端化、智能化、绿色化发展，不断向中高端迈进；提升传统产业在全球产业分工中的地位和竞争力，加快新能源、人工智能、生物制造、绿色低碳、量子计算等前沿技术研发和应用推广；提升产业链供应链现代化水平，推动产业链供应链多元化，推动全产业链优化升级，巩固产业链竞争优势；深化改革健全区域战略统筹、市场一体化发展等机制，优化生产力布局，推动重点产业在国内外有序转移，支持企业深度参与全球产业分工和合作，促进内外产业深度融合；培育先进制造业集群、深入实施质量提升行动、鼓励企业扩大制造业设备更新和技术改造投资；针对不同行业发展特点，要坚持聚焦重点、注重分业施策，着力防范重点领域产能过剩风险，持续推动产业结构调整和产品供给优化升级。

（二）新兴产业建链

发展壮大战略性新兴产业。构筑产业体系新支柱，明确战略性新兴产业发展的重点领域，更大力度布局前瞻性战略性新兴产业，加大在新一代信息技术、人工智能、生物技术、新能源、新材料、高端装备、绿色环保等产业投资力度，在集成电路、工业母机、关键软件等领域补短板强弱项[③]；聚焦战略性新兴产业的重点领域，加快关键核心技术、前沿技术研发和创新与应用推广，支持专精特新企业发展，增强要素保障能力。

① 分析研究当前经济形势和经济工作［N］. 人民日报，2023-04-29（01）.

② 习近平. 加快构建新发展格局 把握未来发展主动权［J］. 求是，2023（8）.

③ 国务院国资委党委. 深入实施国有企业改革深化提升行动［J］. 求是，2023（19）.

### （三）短板产业补链

补齐重点产业短板。加强产业基础能力建设，加快补齐制造业产业链供应链短板弱项，深入实施制造业核心竞争力提升行动计划、产业基础再造工程和重大技术装备攻关工程，补强制造业重点产业链薄弱环节，保证产业体系自主可控和安全可靠，确保国民经济循环畅通；加强重要能源、矿产资源国内勘探开发和增储上产，加快规划建设新型能源体系，提升国家战略物资储备保障能力。

### （四）优势产业延链

充分发挥制造业产业规模优势、配套优势和部分领域先发优势；改造提升传统产业，推广先进适用技术，推进重点领域节能降碳改造，提升产业技术水平、产出效率、经济效益，巩固多年积累形成的既有优势；深入推动石化、汽车、集成电路等重点产业布局调整，鼓励企业提高先进产能比例，有效扩大优质供给，提升传统产业发展质量和效益（郑栅洁，2023）；发挥各地区比较优势，优化生产力布局，推动重点制造业产业在国内外有序转移（王小广，2023）。

## 二、打造新的增长引擎

战略性新兴产业、未来产业，是构建现代化产业体系的关键，是形成和发展新质生产力的主阵地。目前我国已基本形成规模大、体系全、竞争力较强的产业体系，但仍然存在不少“断点”和“堵点”。当前，要紧紧抓住新一轮科技革命和产业变革重塑全球经济结构的机遇，补齐短板弱项，铸牢长板强项，打造新的增长引擎。

### （一）培育壮大战略性新兴产业

聚焦5G、生物制造、工业互联网、绿色低碳等重点领域，不断丰富和拓展新的应用场景。扩大国家制造业创新中心在新兴产业领域的建设布局，实施“机器人+”应用行动，推动物联网产业规模化、集约化发展[①]。加快推进前沿技术研发和应用，推动战略性新兴产业融合集群发展，构建新一代信息技术、人工智能、生物技术、新能源、新材料、高端装备、绿色环保等一批新的增长引擎。深入实施国家战略性新兴产业集群发展工程，健全产业集群组织管理和专业化推进机制，建设创新和公共服务综合体，打造一批具有国际先进水平的新兴产业集群，加强全产业链攻关、全要素支持、全生态发展，推动重大战略产业发展（郑栅洁，2023）。

（二）前瞻谋划未来产业

围绕若干前沿技术、颠覆性技术等未来产业领域，组织实施未来产业孵化与加速计划，抢占未来科技革命和产业发展制高点。在科教资源优势突出、产业基础雄厚的地区，布局一批国家未来产业技术研究院，加强前沿技术多路径探索、交叉融合和颠覆性技术供给。实施产业跨界融合示范工程，打造未来技术应用场景，加速形成若干未来产业[②]。

## 三、加快发展数字经济

党的十九届五中全会提出，发展数字经济，推进数字产业化和产业数字化，推动数字经济和实体经济深度融合，打造具有国际竞争力的数字产业集群。

（一）大力推进产业数字化转型

一是加快企业数字化转型升级。引导企业强化数字化思维，全

① 新型工业化深入推进［EB/OL］.（2023-03-31）［2023-12-15］.www.gov.cn/yaowen/2023-03/31/content_5749399.htm.

② 参见：中华人民共和国国家发展和改革委员会网站。

面系统推动企业业务数字化转型；支持有条件的大型企业打造一体化数字平台，支持中小企业从数字化转型需求迫切的环节入手，由点及面向全业务全流程数字化转型延伸拓展；鼓励和支持互联网平台、行业龙头企业等开放数字化资源和能力，帮助传统企业和中小企业实现数字化转型。二是全面深化重点产业数字化转型。大力提升农业数字化水平，纵深推进工业数字化转型，深入实施智能制造工程，完善国家智能制造标准体系，大力发展数字商务，全面加快商贸、物流、金融等服务业数字化转型，促进数字技术在全过程工程咨询领域的深度应用，加快推动智慧能源建设应用。三是推动产业园区和产业集群数字化转型。引导产业园区加快数字基础设施建设，引导各类要素加快向园区集聚；围绕共性转型需求，推动共享制造平台的产业集群落地和规模化发展；加快产业资源虚拟化集聚、平台化运营和网络化协同，构建虚实结合的产业数字化新生态。依托京津冀、长三角、粤港澳大湾区、成渝地区双城经济圈等重点区域，统筹推进数字基础设施建设，构建创新协同、错位互补、供需联动的区域数字化发展生态。

（二）加快推动数字产业化

一是加强关键核心技术攻关。瞄准传感器、量子信息、网络通信、集成电路、关键软件、大数据、人工智能、区块链、新材料等战略性前瞻性领域，发挥我国社会主义制度优势、新型举国体制优势、超大规模市场优势，提高数字技术基础研发能力。二是提升核心产业竞争力。着力提升基础软硬件、核心电子元器件、关键基础材料和生产装备的供给水平，强化关键产品自给保障能力。实施产业链强链补链，增强产业链关键环节竞争力，完善5G、集成电路、新能源汽车、人工智能、工业互联网等重点产业供应链体系，加速产品和服务迭代。深化新一代信息技术集成创新和融合应用，加快平台化、定制化、轻量化服务模式创新。三是培育一批具有国际竞争力的大企业和具有产业链控制力的生态主导型企业，构建自主可控产业生态。促进集群化发展，打造世界级数字产业集群。

（三）推动数字经济和实体经济深度融合

把握数字化、网络化、智能化方向，利用互联网、大数据、人工智能等新一代信息技术对传统产业进行全方位、全链条的改造，推动制造业、服务业、农业等产业数字化，发挥数字技术对经济发展的放大、叠加、倍增作用。推动互联网、大数据、人工智能同产业深度融合，加快培育一批专精特新企业和制造业单项冠军企业。

## 四、构建优质高效的服务业新体系

（一）推动服务业优质高效发展

强化政策引导，推动服务业数字化、融合化、品质化、绿色化、国际化发展，引导生产性服务业向专业化和价值链高端延伸，促进生活性服务业向高品质和多样化升级。深化服务业高水平对外开放，合理缩减外资准入负面清单，提高跨境服务贸易开放水平。提升流通效率，建设高效顺畅的流通体系，统筹推进现代流通体系硬件和软件建设，降低流通成本，提升流通效率，建设高效顺畅的流通体系（郑栅洁，2023）。加快发展研发设计、创新性金融、现代物流、法律服务等高端服务业。

（二）推动现代服务业同先进制造业深度融合

根据 2019 年 15 部门印发的《关于推动先进制造业和现代服务业深度融合发展的实施意见》（发改产业〔2019〕1762 号），推动现代服务业同先进制造业深度融合有十个方面的实施路径。一是加快原材料工业和服务业融合步伐；二是推动消费品工业和服务业深度融合；三是提升装备制造业和服务业融合水平；四是完善汽车制造和服务全链条体系；五是深化制造业服务业和互联网融合发展；六是促进现代物流和制造业高效融合；七是强化研发设计服务和制造业有机融合；八是加强新能源生产使用和制造业绿色融合；九是推进消费服务重点领域和制造业创新融合；十是提高金融服务制造业转型升级质效。

（三）推动现代服务业同现代农业深度融合

一是加快培育专业化多元化农业社会化服务主体，健全农业社会化服务体系，实现小规模农户与现代农业发展的有机衔接。大力培育农业服务公司、农民合作社、农村集体经济组织、供销合作社、服务专业户等各类农业服务组织，推动各类服务主体不断强化经营管理、技术装备、市场开拓等能力建设，进一步发挥各自功能优势，提升服务能力和水平，促进农业社会化服务提档升级、提质增效，大力开展面向广大农户的农业服务。二是积极引导和鼓励农业服务主体创新服务模式和组织形式。大力发展多层次、多类型的专业化服务，有效满足多样化服务需求；因地制宜发展多种形式的服务机制，探索行之有效的服务模式和组织形式；引导农资企业、农业科技公司、互联网平台等涉农组织向农业服务业延伸，开展农资供应、技术集成、农机作业、线上线下对接等综合农事服务，促进技物结合、技服结合。三是完善利益联结机制，提升小农生产经营组织化程度，改善小农户生产设施条件，提升小农户抗风险能力，扶持小农户拓展增收空间，把小农生产引入现代农业发展轨道。

## 五、构建现代化基础设施体系

2022 年 4 月，习近平总书记在中央财经委员会第十一次会议上强调，基础设施是经济社会发展的重要支撑，要统筹发展和安全，优化基础设施布局、结构、功能和发展模式，构建现代化基础设施体系，为全面建设社会主义现代化国家打下坚实基础[①]。会议对交通、能源、水利、信息、科技、物流等基础设施建设进行了分类部署，要求全面加强基础设施建设，具体内容如下。

一是加强交通、能源、水利等网络型基础设施建设，把联网、补网、强链作为建设的重点，着力提升网络效益。在交通方面，加快建设国家综合立体交通网主骨架，加强沿海和内河港口航道规划建设，优化提升全国水运设施网络；在能源方面，发展分布式智能电网，建设一批新型绿色低碳能源基地，加快完善油气管网；在水利方面，加快构建国家水网主骨架和大动脉，推进重点水源、灌区、蓄滞洪区建设和现代化改造。

二是加强信息、科技、物流等产业升级基础设施建设。布局建设新一代超算、云计算、人工智能平台、宽带基础网络等设施；推进重大科技基础设施布局建设；加强综合交通枢纽及集疏运体系建设，布局建设一批支线机场、通用机场和货运机场。

三是加强城市基础设施建设，打造高品质生活空间，推进城市群交通一体化。建设便捷高效的城际铁路网，发展市域（郊）铁路和城市轨道交通，推动建设城市综合道路交通体系；有序推进地下综合管

① 全面加强基础设施建设构建现代化基础设施体系 为全面建设社会主义现代化国家打下坚实基础［N］. 人民日报，2022-04-27（01）.

廊建设，加强城市防洪排涝、污水和垃圾收集处理体系建设；加强防灾减灾基础设施建设，加强公共卫生应急设施建设，加强智能道路、智能电源、智能公交等智慧基础设施建设。

四是加强农业农村基础设施建设。完善农田水利设施，加强高标准农田建设，稳步推进建设“四好农村路”，完善农村交通运输体系，加快城乡冷链物流设施建设，实施规模化供水工程，加强农村污水和垃圾收集处理设施建设，以基础设施现代化促进农业农村现代化。

五是加强国家安全基础设施建设，加快提升应对极端情况的能力。例如，加大对于极端外部科技打压、自然灾害、公共卫生事件、数据安全等领域的保障性设施建设①。

## 第四节　现代化产业体系建设的要素支撑

现代化产业体系建设涉及方方面面，落实到共性层面，均需要投入要素的支撑。现代化产业体系建设的实现与质量，与要素投入的数量与质量密切相关。现代化产业体系建设需要科技创新、现代金融、人力资源、数据要素等的协同优化。其中，科技创新是现代化产业体系的第一驱动力，现代金融是现代经济的血脉，人力资源是第一资源，数据则是新型生产要素。实体经济与科技创新、现代金融、人力资源以及数据等其他要素形成相互促进、相互依赖的整体，任何一方面出现短板，都会影响现代化产业体系建设水平。土地、劳动力、资本、

① 全面加强基础设施建设构建现代化基础设施体系 为全面建设社会主义现代化国家打下坚实基础［N］. 人民日报，2022-04-27（01）.

技术、能源、数据是生产经营活动得以正常进行的必不可少的生产要素。建设现代化产业体系，需要加强要素支撑。

## 一、全面提升劳动力要素质量，强化现代化产业体系建设的人才基础

实现现代化产业体系的建设，表面上是技术与设备的先进化，而本质上是劳动力要素质量的提升。现代化产业体系建设实现的首要条件，是必须具备有与之相适应的高素质劳动力。在现代化产业体系人才的培养中，可以采取以下措施。

（一）提倡跨学科背景，培养具备多方面知识和技能的劳动力

现代化产业体系通常涉及多个领域，跨学科的综合素质能够更好地适应这样的要求。不同学科之间的交叉点常常是创新的源泉，培养劳动力的跨学科思维能够激发创新意识和能力，更好地理解和解决问题，这对于快速变化的现代产业环境非常重要。此外，在现代化产业体系中，多学科团队协作是一种常见的工作模式，培养劳动力的跨学科素质有助于更好地融入多学科团队，提高团队协作效率。

（二）推进教育改革，培养适应现代化产业体系的多层次人才

一是设立产业导向的课程设置，确保教育体系能够为学生提供实用的知识和技能。课程设置要紧密关联产业，使课程更符合实际职业发展需要。二是加强实践教育，包括实习、实训、项目合作等形式，让学生在真实工作环境中获得经验，提高应对产业挑战的能力。三是加大对科学、技术、工程和数学（STEM）教育的投入，培养学生的科技素养和创新精神。四是与行业合作建立认证机制，确保学生在学业完成后能够得到产业的认可，建立完善的评估体系，更好地反映学生的

实际水平。五是改革职业教育，提高社会对职业教育的认识与认同，提高职业教育的水平，更新职业教育内容，以适应现代化产业发展需要。

（三）提倡终身教育，夯实现代化产业体系建设的人才基础

终身教育强调个体在整个生命周期中不断学习、适应和提升自己的能力，以更好地适应不断变化的产业环境。一是建立包括在线学习、远程培训、成人教育等多种形式的终身学习体系，为劳动力提供便捷、灵活、高效的学习机会。二是根据个体的职业发展需求和兴趣爱好，提供个性化的学习计划，通过智能学习平台来实现教学与互动。三是建立职业发展导师制度，由有丰富经验和专业知识的导师指导个体的职业发展，为其提供学习和成长的方向。四是鼓励个体通过参与行业认证和资质考核，提升自己的职业水平，更好地适应现代化产业体系的专业化要求。五是倡导全社会对终身学习的重视，培养积极向上的学习文化氛围，推动更多人自觉参与学习。

## 二、实现资本要素优化配置，引导资金流向现代化产业体系建设领域

（一）回归金融本质，确保金融服务于现代化产业体系建设

金融机构应该将服务实体经济作为首要任务。一是通过提供融资支持、风险管理和其他金融服务，帮助实体产业提高效益，推动现代化产业体系建设。二是在金融产品设计上，确保金融产品和服务更好地满足现代产业的需求，设计灵活的融资产品，提供多样化的金融服务，以支持不同行业和企业的发展。三是加强风险管理，合理评估和控制风险，确保融资支持的稳健性，防范金融风险对实体产业的负面影响。

### （二）集中投资方向，鼓励资本投入产业升级与产业转型

集中投资方向，鼓励资本投入产业升级与产业转型是推动现代化产业体系建设的重要路径。一是进行全面产业分析，明确产业升级和转型的重点领域，包括传统产业的技术改造、新兴产业的培育发展等。二是着眼国家发展战略和市场需求，确定对未来具有战略性意义的产业方向，例如新能源、高端制造、数字经济等。三是成立专门的产业升级基金，引导社会资本集中投向产业升级与转型项目，政府可通过制定税收优惠政策、提供贷款担保等方式，激励资本参与基金。四是引导银行等金融机构加大对产业升级项目的信贷支持，降低融资成本。五是制定差异化的融资政策，鼓励风险投资、股权投资等多元化的资本运作方式。六是制定明确的产业升级与转型的投资引导政策，包括项目准入标准、资金扶持、用地政策等，鼓励跨界融合的投资，促进不同产业链之间的协同发展。

### （三）推动绿色金融，促进产业经济发展实现绿色化

推动绿色金融是促进产业经济发展实现绿色化的重要举措。一是银行和金融机构可以设立专门的绿色信贷部门，加大对符合环保标准的企业和项目的信贷支持。二是推动发行绿色债券，为环保和可持续发展项目提供融资。政府和金融机构可以共同设立绿色基金，用于支持绿色产业的发展，推动发行绿色证券产品，如绿色股票、基金等，吸引投资者参与绿色经济。三是加强信息披露和透明度。鼓励绿色产业企业加强环境信息披露，提高透明度，吸引更多的绿色金融支持，支持建立绿色产业数据平台，为金融机构提供准确的绿色产业信息。四是加大绿色技术创新投入。金融机构可以设立绿色科技创新基金，支持环保科技企业的研发和应用，鼓励金融机构与科研机构、高校合作，推动绿色技术在产业中的落地应用。

## 三、合理使用自然资源要素，构建资源节约型的现代化产业体系

### （一）农业用地优化配置，建立现代化的农业产业体系

农业用地优化配置是建立现代化农业产业体系的基础之一。一是制定土地利用规划，明确不同区域的土地用途和发展方向，合理划分农业用地，区分粮食作物种植、经济作物种植、畜牧业、农产品加工等用地。二是推动农业产业结构调整。鼓励农业产业多元化发展，推动农业从单一种植或养殖向多元化、高附加值方向发展，通过政策激励，引导农民发展现代农业，包括有机农业、特色农业等。三是引导农业向现代化、智能化方向发展。推动现代农业技术在农业用地的应用，包括农业物联网、智能农机等技术，提供资金和政策支持，鼓励农业企业引进先进的农业生产技术和设备。四是制定土地经营制度和土地流转政策。制定灵活、有利于农业发展的土地经营制度，鼓励农民土地流转，提高土地利用效率，加强对土地流转的监管，确保土地流转过程中农民的权益得到保障。

### （二）开展资源评估和监测，提高资源使用监管力度

开展资源评估和监测是确保合理利用和可持续管理资源的重要路径。一是全面进行资源评估。全面调查资源状况，进行详尽的资源调查，包括自然资源（水、土地、矿产等）和人造资源（能源、原材料等），利用科学方法和技术，对各类资源的储量进行估算，了解可用资源的数量，研究资源在不同地区的分布情况。二是建立资源监测体系。制定资源监测计划，明确监测的目标、范围和频率，设定资源利用的关键指标，例如资源开采量、剩余储量、资源利用效率等，利用遥感技术、地理信息系统（GIS）、传感器等现代技术手段，实现资源的实时监测和数据采集。

（三）完善资源核算和税收政策，构建市场化的资源补偿机制

一是完善综合的资源核算体系。制定和实施全面的资源核算体系；制定资源核算的统一标准，确保核算结果具有可比性，为决策提供准确的数据基础；建立完善的资源数据库，记录和管理各类资源的信息，支持资源核算的实施。二是明确资源税种类。设立和明确各类资源税，包括资源开采税、水资源税、能源资源税等，确定资源税征收的对象，明确税收的范围和适用条件，根据资源的稀缺性和环境影响等因素，制定差别化的税率，激励资源的节约利用和环保行为，设立资源税收优惠政策，鼓励企业采用清洁生产技术，减少资源浪费，提高资源利用效率。三是完善损害赔偿机制。设立资源环境损害赔偿机制，对污染、开采等活动对环境资源造成的损害进行赔偿。

## 四、推动组织要素创新，发挥企业在现代化产业体系建设中的主体作用

（一）探索虚拟持股模式，鼓励企业实行新的企业治理模式

虚拟持股是一种创新的组织形式，其中员工或其他利益相关者可能在组织中拥有一定数量的“虚拟”股份，而非实际的股权。这种模式旨在激励成员为组织的成功作出贡献，同时避免了实际上的股权分配和传统的公司治理结构。虚拟持股具体包括员工持股计划、创新者共享计划、合作伙伴和供应商参与、风险共担机制、透明度和治理结构创新等内容。虚拟持股模式为企业提供了一种创新的、灵活的激励和组织形式，能够更好地反映企业价值的创造力和分享力，激发企业活力。

（二）推动产业链整合，使企业在全产业链获得全面竞争优势

产业链整合是一种战略性的行为，通过在产业链的上下游进行布

局，企业可以实现全产业链协同发展，提高资源利用效率。一是企业协同发展。寻找与企业现有业务相互关联、协同发展的产业链环节，通过协同发展，提高产业链内不同环节之间的协作效率。二是创新与技术引领。在产业链上游，通过研发和创新，提高自身在产业链中的技术引领地位，获得关键环节的竞争优势，突破“卡脖子”问题。三是分散经营风险。通过在不同产业链环节的布局，分散风险，降低企业对特定市场或环节的依赖，以应对市场变化和不确定性。

### （三）鼓励创新创业，发挥企业家精神在产业发展中的引领作用

鼓励创新创业、发挥企业家精神在产业发展中的引领作用是推动新兴产业发展和产业升级的重要途径。一是制定支持性政策，降低创业者面临的法律、财务和行政负担，简化创业流程，提高创业者的成功率。设立创业孵化器和加速器项目，为初创企业提供资源支持、导师指导和资金投入，通过与创业生态系统的连接，促进新兴企业的成长和发展。二是发挥企业家引领作用。强调企业家精神，在产品和服务方面追求最高标准，在产业发展中创造新产品新业态新模式，实施可持续发展战略，推动企业在社会责任方面取得积极的成果。

## 五、全面引入数据要素，确保现代化产业体系建设的先进性

### （一）数据驱动决策，倡导企业和产业在决策过程中利用大数据

数据驱动决策是一种基于收集、分析和解释大量数据的方法，可以指导企业和产业在各个层面作出更明智、更精准的决策。一是实现智能决策。大数据分析可以提供深刻的业务洞察，使企业能够更清晰地了解市场趋势、客户需求和竞争环境，帮助企业作出更明智、基于事实的决策，降低决策的盲目性。二是能够实时反馈。大数据技术使

得企业可以在几乎实时的基础上收集和分析数据，企业可以更迅速地对市场变化作出反应，调整战略，以更好地适应快速变化的商业环境。三是可以提升效率。大数据技术可以自动化和优化许多业务流程，提高工作效率，通过自动化业务流程，企业可以更快速地作出决策，减少决策的时间和成本。

（二）智能化生产，利用人工智能等技术推动生产过程的智能化

智能化生产是指利用先进的技术，特别是人工智能等技术，对生产过程进行智能化改造和优化的过程。一是大力发展并应用人工智能。人工智能在智能化生产中发挥关键作用，机器学习算法可以分析大规模数据、发现模式、预测设备故障、提高设备维护的精准度。智能控制系统能够根据实时需求调整生产流程，实现灵活的生产计划。二是推动机器人产业发展。智能化生产倚赖自动化和机器人技术，将繁重、危险的任务交由机器人完成，提高生产线的安全性和效率。机器人在生产中的应用也使得企业更容易应对高度定制化的需求。三是实现预测性维护。利用智能传感器和数据分析，智能化生产可以实现对设备状态的实时监测，预测设备可能发生的故障，从而进行提前维护，减少停机时间，提高生产线的可靠性。

（三）个性化服务，基于数据分析提供个性化的产品和服务

个性化服务是基于对客户个体需求和偏好的深入理解，通过数据分析和定制化的手段，为每位客户提供独特的产品和服务体验。一是可以深入了解顾客需求。通过数据分析，企业可以深入了解客户的购买历史、喜好、行为模式等信息，从而更好地理解客户的需求，帮助企业更准确地把握市场动态，提前预测和满足客户的需求。二是实现定制化生产。数据分析可以指导企业实现生产的个性化定制，根据客户的特定需求生产定制化产品，有助于企业更好地满足客户的个性化需求，提高产品的市场竞争力。

# 第三章

# 发达国家现代化产业体系建设实践：发展道路与经验教训

建设现代化产业体系是各国在国际竞争中赢得战略主动的必然之举。随着全球化和科技进步的加速，世界各国都在加大力度推动现代化产业体系建设。各国基于本国的基本国情和比较优势，在现代化产业体系建设过程中选择了不同的发展战略和发展路径，呈现出不同的产业发展特点。总体上看，美国、英国等西方发达国家在现代化产业体系建设方面起步较早，现已进入以服务经济为主的阶段；德国、日本等制造强国具有较强的制造业竞争优势，但也面临人口老龄化等问题；俄罗斯、印度等新兴市场国家在自然资源丰富、劳动力成本低廉等方面具有一定的比较优势，也在积极推进现代化产业体系建设。本章以美国、德国、日本、韩国为例，通过分析发达经济体推进现代化产业体系建设的时代背景和重点方向，展现其现代化建设体系的发展道路，并归纳和分析其实践经验和教训，最后总结出对我国现代化产业体系建设的启示。

## 第一节　美国的现代化产业体系建设

美国作为全球第一大经济体，以其雄厚的产业资本在全球经济体系中占据着绝对主导地位。美国拥有领先的产业技术，长期处于全球制造业产业链和价值链高端。但是，自 20 世纪 80 年代以来，美国的一系列去工业化政策导致其产业空心化问题逐步突出，且与新兴市场国家和地区的产业竞争不断加剧。2008 年国际金融危机后，美国为找寻新的经济增长点，提出“再工业化”口号，力图通过发展先进制造业保持其优势地位。美国的现代化产业体系建设一直以来都是全球关注的焦点，分析其发展道路、经验教训具有重要意义。

## 一、发展道路

美国现代化产业体系建设最早可以追溯到19世纪工业革命时期，经过多个阶段的演进，至今仍在不断完善和发展。

### （一）美国现代化产业体系建设的时代背景

1. 全球经济一体化发展，国际竞争压力增强

20世纪八九十年代，尽管美国是世界公认的超级大国，但是美国内部面临产业竞争力减弱的问题，在外部有着苏联这样的竞争对手，还要面对亚洲国家以及欧洲国家快速发展所带来的威胁，因此需要不断提高自身的竞争力，以保持在全球市场的领导地位。

2. 传统产业竞争力下滑，制造业产业亟待振兴

美国在全球制造业中有着举足轻重的地位，其制造业一度处于世界领先地位，拥有众多全球知名的制造业企业和品牌。然而，随着时间的推移，美国制造业面临着一系列挑战，其中最为突出的就是劳动力成本的上升和新兴市场国家的崛起，美国的制造业竞争力逐渐下滑。为了扭转这一趋势，美国开始重视制造业的转型升级，推动“再工业化”战略，以重振制造业和实体经济。

3. 科技创新赋能新产业，人才培养驱动新发展

科技创新和人才培养是美国产业体系的重要支撑。美国政府和企业界认识到，要想在全球市场中保持领导地位，必须不断加大科研投入，鼓励各界各领域创新思维的迸发，并注重学生综合素质培养，通过将科学、技术、工程和数学（STEM）等学科内容自由组合，形成整体，帮助学生将所学知识联系起来，培养更多的科技创新人才。

4. 数字经济快速发展，产业体系寻得新方向

随着科技的飞速发展，互联网、大数据、人工智能等新兴技术已成为全球经济发展的新引擎，为现代化产业体系提供新方向和新思路。美国政府积极响应时代背景，致力于推动数字经济在美国的发展和应用，加强基础设施建设，鼓励互联网企业创新，推动数字经济与传统产业融合，以提升美国的数字竞争力。

5. 绿色发展引领新未来，可持续发展谱写产业新篇

随着环境保护和可持续发展的重要性日益凸显，美国现代化产业体系建设强调绿色发展与可持续发展。美国政府通过加大环保投入、推广清洁能源、推动循环经济发展等方式，降低产业发展对环境的影响，实现经济发展与环境保护的良性循环。

（二）美国现代化产业体系建设的重点方向

总体来看，美国的产业结构演进遵循着“劳动密集型—资本密集型—技术和知识密集型”的现代化和高级化的一般规律，在不同时期有不同的重点领域。这不仅反映了美国经济政策的调整和适应，而且反映了全球经济发展的趋势和需求。深入了解美国产业在不同时期的重点领域，能够更好地理解美国现代化产业体系的建设历程和背后推动力。

1. 工业化时代，重工业发展迅速

美国南北战争后，美国工业迅速发展，先后在全国范围内完成产业革命，制造业取代农业成为美国的主导产业。19 世纪末到 20 世纪初，美国进行了以电气化为主要内容的第二次工业革命，进入工业化早期阶段。在这个阶段，电力、石油等新型能源在工业领域开始得到广泛应用，钢铁、重型机械、重化工等成为主导产业。20 世纪 20 年代到 50 年代初，美国进行了以石油、汽车为主要内容的第三次产业革命，进入工业化中晚期阶段。在这个阶段，汽车、飞机、炼油等成为

主导产业，第三产业蓬勃发展，美国开始向服务经济过渡。在工业化时代，轻工业发展的需求、交通运输的迅速发展以及第二次科技革命，刺激了重工业的发展，重工业成为工业的主导。

2. 后工业化时代，第三产业居于主导地位

20 世纪 50 年代到 70 年代，美国进入后工业化阶段。从就业人数占比看，这一时期服务业逐渐成为主导产业，成熟的工业经济推动美国逐渐成为服务业占主导的社会。“三二一”产业结构是与美国后工业化阶段经济发展相适应的最优产业结构。在服务业壮大的过程中，虚拟经济的发展尤为迅速。虽然这一时期制造业就业和产值份额不断下降，不再是主导产业，但仍占据重要地位，其绝对值和生产率均呈高速增长态势。此外，在电子计算机、原子能和空间技术革命的带动下，美国的产业结构开始重点转向半导体、通信、电子和核能利用等技术密集型产业。

3. 20 世纪 80 年代至今，信息技术产业成为新的主导产业

自 20 世纪 80 年代起，知识密集型产业在美国大量涌现，美国迈入知识经济时代。信息技术产业成为主导产业，并对产业结构演进起了重要的推动作用。美国逐渐形成以高新技术产业推动的现代农业、先进制造业和现代服务业为主体的产业新格局。在信息网络化的推动下，制造业的国际竞争优势进一步巩固。进入 21 世纪，美国先后布局云计算、大数据、5G、量子通信等前沿领域，并在先进制造方面采取一系列措施，如发布《先进制造伙伴计划》《先进制造业美国领导力战略》等，组建制造技术创新中心，涵盖芯片、柔性电子、生物制造等先进制造业部门。此外，美国政府和企业界开始推动数字经济的发展，加强基础设施建设，鼓励互联网企业创新，推动数字经济与传统产业融合。同时，随着环境保护和可持续发展的重要性日益凸显，美国政府开始推动绿色经济的发展，加强环保投入和清洁能源的开发利用。

## 二、经验教训

作为全球领先的现代化国家，美国的产业发展实践对于其他国家具有重要的借鉴意义。同时，随着全球经济格局的不断变化、国际竞争压力的增强以及制造业等传统产业竞争力的下滑，美国现代化产业体系建设也面临来自各方面的挑战。

### （一）经验

1. 规则标准源头锁控，营商创业环境良好发展

美国拥有良好的创业和企业发展环境，政府提供广泛的政策支持和金融服务，鼓励创新创业，为企业提供良好的发展平台。同时，美国拥有健全的法律制度和知识产权保护体系，保护企业的合法权益。在现代化产业体系建设的过程中，美国企业通过制定标准规则，从源头主导和控制技术进步的方向和节奏，进而影响整个产业链的发展。这种主导和控制产业链发展的方式，也是我们所看到的“美国企业先行，他国企业跟随”的普遍现象。由美国国家标准学会（American National Standard Institute，ANSI）为主导的美国标准体系，以市场为导向，由以企业为主体的标准使用者主导标准化的活动，在美国制定了超过 10 万个标准，且几乎都被批准为美国国标。这种标准化的方式不仅推动了美国企业的发展，而且为其他国家的企业提供了参考和借鉴。美国非常注重并善于将专利嵌入标准，也就是专利标准化，这样形成的技术壁垒会更加坚固，而且通过技术授权、认证许可具有非常大的规模效应。这方面最典型的就是成立于 1985 年的美国高通公司（Qualcomm）。高通公司一直在主要芯片标准方面处于领先地位，有时甚至是占据主导地位，其很大一块利润来源就是技术授权。这种模式

不仅为高通公司带来了巨大的商业利益，而且推动了美国现代化产业体系建设和标准的制定。

2. 重视科技创新，科技产业体现价值

科技进步不仅是历次主导产业更替的核心推动力，而且深刻影响着不同时期各个产业的发展。美国政府和企业对科技创新和研发投入非常重视，通过公私合作模式提供了大量资金和资源支持，鼓励企业加强技术研发和创新，有效推动了科技进步。在资本市场方面，美国支持创新中小企业融资并推动科技产业转型升级，发展了多种创新IPO模式，如私募交易平台+直接上市、SPAC上市等，大力支持科技创新。在创新投入方面，美国拥有世界顶级的科学家和工程师，且政府对科技创新高度重视，持续投入巨额资金用于研发，科研实力强大，这使得美国在各个科技领域保持领先地位。美国企业也在研发方面投入巨款，加强创新能力，并逐步推进技术的商业化。在创新机制方面，美国拥有完善的创新支持机制，如风险投资、创业孵化器等，为创新者提供了良好的创业环境。美国科技产业实力卓越，是全球最主要的科技产业聚集地之一，得益于市场化运作和法律保护的制度优势，为科技创新提供了良好的环境，使得美国能够在科技领域取得卓越成就。为推动先进制造技术成果转化、重塑美国制造业的领导地位，2012年美国政府宣布启动“国家制造创新网络计划”以振兴美国制造业。20世纪30年代到80年代，为满足军方对先进技术的需要，美国政府在美国能源部、国防部和国家航天航空局等联邦部机构下建立庞大的国家实验室体系，运行了超过100个国家实验室（周明生，周珺，2023）。其中，一些由私营企业管理，一些由研究型大学运营，这在一定程度上可以很好地将研究方向与产业应用相结合，通过政府力量，汇聚产业界、高校、科研机构，成为美国科研系统最重要的一环。

3. 教育质量稳步提高，人力资源开发进步

美国一直以来高度重视教育和人力资源开发，将教育作为国家经济发展的源头活水。为了提高教育质量和培养高素质人才，美国政府不断加强教育投入，同时与企业界合作开展职业培训和技能提升计划，以提高劳动者的技能水平和就业能力，满足产业发展需求。在城市建设中，自1785年颁布《土地法》以来，美国政府在法律中明文规定要留一定比例的土地作为教育保留地，以确保教育在国家发展中的重要地位。这一政策为美国建设大学城提供了有力保障，并以大学城为核心和纽带发展城市。这些城市不仅成为人力资源培养的高地，源源不断地为美国发展培养人才，而且促进了美国教育事业的极大发展。美国建成的众多高等院校在人力资源上持续不断地投入，使得美国成为科学科技的高速增长区。2023年美国政府发布“国家网络劳动力和教育战略”（National Cyber Workforce and Education Strategy，NCWES），以满足其当前和未来长期的网络人才需求，并支持美国现代化产业体系建设和发展。这一战略强调了网络劳动力在现代化产业体系中的重要性，并提出了一系列措施来加强网络人才的培养和教育。

4. 产业政策战略规划，关键环节基础把控

美国政府根据不同时期的经济需求，制定相应的产业政策和战略规划，以引导产业发展方向。为了鼓励企业投资和发展新兴产业，政府通过提供财政支持、税收优惠等政策手段，推动产业结构调整和转型升级。美国在过去的几十年中实施了外包战略，将服装、电子、家电、机械甚至军工等产业的价值链上的生产、装配等环节进行全球布局，通过与全球各地的合作伙伴合作，将一些非核心制造环节外包给其他自然资源丰富或劳动力成本低廉的国家，从而集中精力和资源于核心业务和高附加值的产品开发。这种策略有助于提高效率、降低成本，同时促进了

全球化的产业链分工。尽管美国在许多产业的外包战略中失去了部分低附加值的生产环节，但是美国在关键零部件、关键材料、关键工艺、关键软件等工业基础能力方面仍然保持着世界一流地位。美国掌握着机械、电子等领域的关键零部件和工艺的研发、制造技术，甚至在某些领域能凭借对关键零部件和工艺技术的掌控来牵制整个产业链的布局。这种对关键工艺和环节的基础把控，使得美国在全球产业价值链中保持了核心地位，并为其经济发展提供了坚实的基础支撑。

（二）教训

1. 制造业外移导致产业空心化，实体经济衰退

自 20 世纪 80 年代起，美国的产业结构出现了软化与服务化现象。随着信息技术产业成为新的主导产业，虚拟经济与实体经济的发展出现失衡，金融资产规模膨胀且盈利能力提高，而制造业却不断萎缩，美国经济开始呈现明显的金融化和“去工业化”特征。从制造业整体看，美国不断进行从传统制造业到高端制造业、从制造业到服务业的产业置换，如向高科技产业、服务业、能源行业等行业倾斜。美国国内重点发展互联网、通信、芯片和软件等高科技企业，以及各类文化服务业；在具体工业门类内部，美国继续借助产业链国际化脱离生产，将工厂外包，仅在美国保留研发和运营人才。例如，美国的钢铁制造业、汽车制造业等重型工业以产业链转移的方式外迁。美国“铁锈带”（Rust Belt）的出现，正是其工业地区衰退、传统制造业衰落的印证。美国制造业大规模向海外转移，导致美国本土制造业企业关闭或转移生产线，在一定程度上影响了就业和经济，也减弱了美国的科研和创新力量。在一些新兴产业领域，如电池、太阳能和风能等新能源领域，其技术产品和关键设备主要依靠进口。同时，技术的不断进步也对美国制造业造成冲击，自动化和技术的应用使得许多制造业岗位被取代。

此外，高新技术产业的兴起使得美国制造业转向更加高端的知识密集型产品，而传统制造业在创新和技术研发方面的投入相对较少，导致竞争力下降。美国制造业增加值在国民经济的占比持续降低。2019 年美国制造业增加值在 GDP 的占比只有 10.93%，排在世界第 95 位。可以看出，美国制造业已出现产业空心化，而制造业产业空心化进一步导致美国阶层对立加剧、贸易逆差扩大、财政赤字增加、制造业人才流失，从而影响到社会稳定，造成实体经济整体下滑。

2. 制造业与创新体系脱节，制造业创新力下降

美国政府特别是国防部门的支持对美国的技术进步起到了至关重要的作用。然而，美国政府更多支持的是突破性技术，更注重大学的基础研究。而制造业追求的是渐进式创新，强调对产品和技术的不断改进。因此，虽然美国在基础研究领域进行了大量投入，但是并没有收获相应的经济和商业利益，因为很多基础研发成果无法实现高效的规模化、推广化和商业化进程，制造业并没有从基础创新中获取足够的利益驱动。国家基础研发活动与生产技术创新及应用之间存在的鸿沟，给美国的创新投入带来极大浪费，随之带来美国高技术高附加值工业产品的贸易逆差不断增长。此外，制造业外移严重降低了产业创新能力。制造是创新的主要实施阶段，技术创新成果的应用需要复杂的制造工艺研发来同步。然而，随着生产制造环节的外迁，美国企业的研发设计也在外迁，从而造成生产 / 消费结构性失衡，进一步影响其长期竞争力。

3. 中低端制造业流失导致产业链断裂，成为美国工业发展的核心制约因素

高度发达的制造业不仅能够为国家创造就业机会，还能够带动其他相关产业的发展，形成产业链的完整生态系统。美国中低端制造

业的外流，导致其工业供应链断裂，失去了制造业的生存环境和下游产品供应。产业链供应链不健全，已成为美国制造业发展的最大障碍。诸如美国波音、通用电气等美国制造业巨头的衰落表明，只具备高端科技研发能力，而不具备完整产业链，并不能在日益严峻的商业竞争中占据主动。通用电气曾是美国核心制造业的象征，通用电气在制造业大获成功后便不再注重制造业，反而投身于金融产业。2015 年负债累累的通用电气重回制造业，却难以重回制造业霸主地位。

## 第二节　德国的现代化产业体系建设

德国属于后起的资本主义国家，其工业化进程始于 19 世纪初，约比英国晚一个世纪，甚至晚于法国和美国，但是发展速度很快，自 1871 年统一以来在短短 42 年间完成了从农业国到工业国的转型，于 19 世纪末就形成了现代化产业体系结构，德国由此步入世界工业强国之列，成为能与美国、日本竞争和抗衡的经济贸易实体。德国的工业化转型与当前中国的发展阶段有着非常大的相似性。对比 1913 年的德国与当前的中国可以发现：1913 年德国工业产值占世界的 16%，对外贸易占世界的 13%，经济总量排名世界第二；2021 年中国工业产值达到 5.77 万亿美元，跃居全球制造业“领头羊”地位，经济总量排名世界第二，占世界 GDP 的 18% 以上。因此，德国的现代化产业体系建设实践，尤其是二战后德国的产业发展道路，对于中国的产业结构升级和转型具有重要的借鉴意义。

## 一、发展道路

德国现代化产业体系建设的发展道路历经了多个阶段。1871 年两德统一是德国产业发展史上的关键。政治上的统一为德国经济转型、产业升级铺平了道路。19 世纪 70 年代末至 80 年代初，德国不仅完成了工业革命，而且为在 19 世纪末至 20 世纪初的科技革命中获得领先地位奠定了基础，跻身于世界工业发达国家的行列。在这一时期，德国工业生产年平均增长速度超过英法两国，仅次于美国。20 世纪 70 年代，德国没能把握住产业发展的方向，忽视了日益崛起的电子信息技术的发展，使得自身发展相对慢于其他新兴发达国家，最终其制造业第一强国的地位被日本取代。进入 21 世纪，德国的产业发展更是受到多种新的挑战。

### （一）德国现代化产业体系建设的时代背景

二战后，德国采取“社会市场经济”模式创造了“西德经济奇迹”，重新成为第二大工业强国，通过推动企业技术进步，迅速成长为世界经济强国和制造业强国。德国又于 20 世纪中后期开始调整经济结构，向创新型经济转型，重视技术创新，通过强势稳定的制造业避免经济发展的“空洞化”。

#### 1. 二战后工业恢复并实现高速发展

二战结束后，德国分裂为联邦德国和民主德国。此时，建立在战争基础上的军事工业被废弃，德国的造船和飞机制造能力受到毁灭性打击。1946 年，德国“工业化水平协定”签署，严格规定了德国煤炭和钢铁的产量，通过拆除 1500 多家工厂使其工业水平大致维持在战前（1938 年）水平的 50%左右。1948 年，联邦德国开始社会市场经济制度改革，促成了德国工业的复兴，为德国经济重建起了决定性作用。德国的“社会市场经济”是二战后联邦德国探索出的一条道路，主要特点是试图兼顾资本主义市场经济和社会保障与公平。在社会市场经济道路的指引下，1949—1974 年联邦德国经济维持了 25 年的高速增长，被誉为“西德经济奇迹”时期。在这个时期，德国的工业发展速度超过美、英、法、意，仅次于日本，德国重新跃居为世界第二大工业强国。

2. 产业结构调整与技术创新并举

1973 年爆发的第一次石油危机导致全球性的经济危机，促使所有工业化国家进行产业结构调整和技术创新，信息技术开始迅猛发展。同时，发达国家开始将劳动密集型产业或生产环节向低成本国家转移，经济全球化浪潮席卷全球。20 世纪 70 年代到 21 世纪初，德国工业在国民经济中的地位有所下降。据德国联邦统计局的统计，1970—2006 年德国工业发展速度低于整个国民经济的平均发展速度。20 世纪中后期，德国开始调整经济结构，向创新型经济转型，重视新技术的开发和利用，实施制造技术发展计划以推动行业技术创新、应对低劳动力成本国家的挑战，巩固制造业发展，避免经济发展“空洞化”。例如，1995 年《制造技术 2000 框架方案》提出进行机床结构化技术、关键零部件设计制造技术研究；1999 年《德国 21 世纪信息社会行动计划》强调大力发展信息通信技术和互联网基础设施。这些战略方针有力地助推了德国的现代化产业体系建设。

3. 以科技战略驱动现代化产业体系建设

21 世纪以来，德国的产业合理化运动演变为科技战略。例如，2006 年和 2010 年德国先后启动《德国高科技战略》和《德国 2020 高技术战略：思想·创新·增长》，以支持制造领域新型革命性技术的研究与创新；2013 年正式推出“工业 4.0”战略，强调通过信息技术与制造技术的融合改变工业生产与服务模式，推进智能制造，注重标准制定，重视教育培养；2015 年发起“‘工业 4.0’：从科研到企业落地”计划，旨在帮助企业实现生产经营与数字化等新技术的结合，提高生产效率；2019 年公布《国家工业战略 2030》提出，以推动数字化和创新，打造龙头企业，加大力度保护德国和欧盟关键产业。这些政策和措施的实施为德国现代化产业体系建设提供了有力的保障和推动力。

（二）德国现代化产业体系建设的重点方向

1. 重工业崛起，实现工业跳跃式发展

19 世纪初，德国开始出现早期工业化迹象。这一阶段主要由煤炭和钢铁工业拉动，驱动着德国工业发展的初期壮大。同时，德国开始发展机械制造业、化学工业和电力工业等新兴产业。1871 年德国统一后至一战爆发（1914 年）前，凭借国家统一和教育改革的优势，德国抓住了第二次工业革命的机会，实现了工业的跨越式发展，产业结构发生改变。这一时期，德国的重工业发展迅速，远超轻工业的发展，工业技术水平得到提高，新兴工业部门大量涌现。其中，钢铁业成为德国最重要的工业，成为整个工业经济的支柱。1913 年，德国钢铁产量比英法的总和还多，仅次于美国，位居世界第二。内燃发动机的出现推动了德国发展初期的机器制造业，汽车工业是当时的新兴产业。1876 年成功研制的第一台四冲程往复活塞式内燃机、1892 年发明的柴油机，被广泛应用于德国经济的各个部门和国防部门，促进了汽车、石油等工业的兴起。19 世纪末至 20 世纪初，德国位居世界汽车制造国家的前列。此时的德国和美国是化学工业最发达的国家，1900 年世界所用染料的 4/5 来自德国，德国确立了世界染料工业的领导地位。同时，电气工业得到大力发展，1910 年德国电气工业总产值占世界电气工业总产值的30%。虽然德国轻工业相对落后，但产量增长迅速。例如，德国的棉花消费量从1870年的8.1万吨增加到1913年的48.6万吨。除了纺织和食品工业外，缝纫、造纸、制革、木材等工业也有了不同程度的发展。这一时期，德国的工厂制度得到确立，机器生产在主要工业部门占据统治地位，按照当时的标准德国已建立起完整的产业体系。1910—1914年德国工业产值占国民生产总值的比重为44%，高于农业和服务业。1913年，德国基本上实现了工业化。

2. 二、三产业发展迅速，产业结构高级化

两次世界大战期间，德国的产业以军事工业为主。一战对德国产业造成巨大冲击，许多工厂被摧毁，生产力严重受损。所以，一战后德国迅速启动了经济复兴。20世纪20年代，德国工业开始蓬勃发展，汽车制造业、电子工业和化学工业等新兴产业迅速崛起。二战爆发后，德国工业再次遭到巨大破坏。但二战结束后到1973年第一次石油危机爆发前，德国工业就已经恢复并实现高速发展。同时，德国富有预见性地放弃了技术水平处于优势地位的煤化工领域，果断转向石油化工领域，保持了德国化学工业的世界领先地位。1973年第一次石油危机爆发后，德国仍将重点放在对重工业的技术改造上，产业结构调整没有取得突破性进展。虽然德国化学工业和电气工业技术革新不断并带动其他工业领域发展，但德国并没有像美国那样重视信息产业、生物工程等高技术产业，在微电子、信息产业、生物工程等重要领域与美国相比差距很大。直到21世纪初，化学工业、金融业一直是德国的主导产业，但重化工业在德国产业结构中仍具有重要地位。此外，此阶段德国的其他重要产业还包括交通运输及仓储业、造纸印刷及文教体育用品制造业、电力热力生产供应业，以及石油和天然气开采业，电气机械及器材制造业，通信设备、计算机及其他电子设备制造业，仪

器仪表及文化办公用品机械制造业，信息传输、计算机服务和软件业，房地产业、租赁和商务服务业等。可以看出，20 世纪 70 年代到 21 世纪初，德国的产业结构逐步向高级化发展，即重化工业、先进制造业、新兴服务业在德国国民经济中发挥着越来越重要的作用，同时以信息产业为代表的高新技术产业迅速发展，使德国经历了二战后规模最大的产业结构调整，德国进入以信息产业发展为主导的后工业化发展时期。

3. 重回科技强国之巅，助推产业现代化发展

进入 21 世纪后，德国政府加速了科研后备力量的培养，实施了双元制教育以培养实用人才。德国在机械制造业的 31 个部门中，有 17 个占据全球领先地位[①]，德国制造业占 GDP 的比重在 20 世纪 90 年代长期保持 20% ~ 23%[②]，远高于美国和欧盟整体水平。德国领先的工业领域包括机械设备、汽车、光学、医疗器械、绿色技术、国防、航空航天、增材制造等，这与德国实施的制造业计划有关。同时，德国在电子信息产业和新材料产业上进行了重点布局，并对已具优势的制造业采取措施，推动其发展和升级，以适应现代化生产的需求。德国还重点发展了信息技术、生物技术、新能源等高新技术产业。2006 年底，德国联邦政府为信息技术制定一项新的研究计划，进一步扩大科技和经济的联系，并更好地利用科研成果，通过改革相关法律和技术条件以及促进对实用性强的技术研发来扩大信息技术在经济和社会中的应用，信息技术产业一跃成为德国经济的第一大支柱产业。根据欧盟委员会发布的 2021 年《数字经济和社会指数报告》（Digital Economy and Society Index，DESI），德国数字经济发展水平位列欧盟 27 国的第 11 位。

① 东滩产研院. 德国装备制造业的发展模式［EB/OL］.（2021-07-13）［2023-12-09］.www.dongtanimc.cn/index.php?c=content&a=show&id=1620.

② 王利民. 看世界 | 德国制造业：抵御“去工业化”风险［EB/OL］.（2023-07-17）［2023-12-09］.www.jjckb.cn/2023-07/17/c_1310732772.htm.

此外，德国政府实施了“高科技战略”，鼓励企业加大技术研发和创新投入，推动数字化转型和智能制造。同时，德国注重可持续发展和绿色制造，加强了环保标准和法规的制定实施。

## 二、经验教训

一国工业化的历史和传承需要企业和社会长期坚持与积淀，同时需要政府与经济界共同努力构建培育创新、保护创新的体制机制与生态环境，并建立服务业与实体经济、大企业与小企业之间的合理关系。从德国经济的结构和出口看，德国坚持贯彻“产业强国”路线，抵制“产业空心化”是成功的。然而，德国的产业发展进程仍有诸多值得反思之处。

### （一）经验

德国现代化产业体系建设是德国经济持续发展的重要支撑和引领，也是全球经济发展的重要组成部分。德国的制造业优势、高水平教育体系、科研体系、国家创新生态系统在其现代化产业体系建设中扮演着重要角色。

1. 坚持工业立国，工业内核强健

自 20 世纪七八十年代以来，随着经济全球化进程推进，大多数西方国家因产业结构调整、跨国企业对外投资和扩张加快而出现不同程度的产业空心化和经济金融化现象，导致一系列经济、社会、政治问题。然而，德国却在“工业立国”的道路上稳健发展。德国成功抵挡发达国家的产业空心化浪潮，离不开其一直秉承的经济传统。德国一直以来以工业和贸易立国，重视工业、重视海外市场的经济传统从德意志帝国时期传承至今。德国的制造业有着数百年的传承，奔驰、巴斯夫、博世、西门子等全球知名大型工业企业的创立和发展可追溯至德意志帝国时代，同时德国在某些细分领域拥有超强竞争力的“隐形冠军”企业——如SHW股份公司、阿亨巴赫公司、莱尼公司等的历史可追溯至14 ~ 18世纪。虽然德国与美英等发达国家一样是服务业占国民经济的最主要地位，但是德国工业占比高于美国、英国和法国，与日本相当。而德国工业也是德国作为出口大国的最主要支撑。2015—2019年德国连续五年为全球最大贸易顺差国，其中制造业和加工业占德国出口的3/4。在就业方面，虽然德国制造业就业占总就业比例从1970年的39.5%降到2020年的26.78%，但是在发达国家内部仍处于较为稳健的水平。因此，德国面对全球化的考验一直保持强健的工业内核，并将制造业竞争力视作未来立足之本。2019年德国政府发布的《国家工业战略2030》规划提出，至2030年工业在本国增加值总额中所占比重增至25%的目标。

2. 传统工业与新兴工业同时发展，利用后发优势实现赶超

首先，德国以重化工业为突破口，加速工业化进程。德国工业化并没有沿着英国由轻工业到重工业的老路前进，而是在轻工业短暂起步后，把化学工业（煤化工与染料工业）作为工业化的突破口，迅速转向发展重化工业，同时将铁路、钢铁和机械工业部门快速发展成为主导型工业部门，从而实现对英国的赶超，缩短了工业化进程。其次，德国实施两次工业革命并举的发展战略——这是德国产业快速升级取得成功的关键。在完成引进和吸收以纺织、煤炭、钢铁、机器制造等行业为代表的第一次产业革命带来的技术成果的同时，德国积极投入第二次工业革命，一并推进两次工业革命中的技术进步，实现了在化工、电气、汽车等新兴工业部门的技术突破，并使这些新兴产业走在世界前列，充分利用后发优势实现赶超。

3. 重视教育与培训，建立多层次教育培训体系

一方面，建立了比较完备的多层次高等教育体系，主要包括专科学院、工业技术大学、应用科技大学和研究型大学，这种差异化的培养体系有力保障了企业发展所需的多层次人才。另一方面，独特的“双元制”职业教育体系提升了技术工人的素质水平。“双元制”的特色在于将课堂教学和工作实践密切结合，职业教育的核心任务是职业能力的培养。这一模式使德国失业率长期维持在较低水平，也让德国制造业拥有充足的实用性人才。德国政府还注重对年轻人的职业教育培训，其中制造业培训在所有行业培训中占比最多，约为35.3%。此外，德国还开展教育创新，把“双元制”延伸为大学教学模式，推动大学与企业紧密联合。在德国社会市场经济模式的主导下，德国政府鼓励高校、企业及研究机构等相互协作，共同参与高技术领域的研究，并促进研发和科技成果的转化。其中，技术类大学的教学和科研直接服务于产业实践，与企业和政府相关部门结成紧密关系，研发成果商业化路径顺畅，成为支撑德国工业稳步推进的重要动力。因此，德国的教育体系培养出的人才，不仅包括理论型人才，而且包括大量的实用型人才和熟练的技术工人，为德国的科技创新和现代化产业体系建设提供了有力支持。

4. 国家创新体系完善，重视科研投入和创新

德国的国家创新体系具有定位清晰、结构完整、分工明确的特征，能将基础研究和应用研究与开发有效紧密结合，从而推动经济持续快速增长。国家创新体系由政府、大学、科研机构及企业四者有机构成，形成了官产学研协同创新的格局。在结构上，各创新主体彼此高度连接、相互补充。在分工上，各创新主体的定位清晰明确、特色鲜明，覆盖了基础研究、应用研究和产品开发。具体而言：政府出台政策并

负责协调企业界和科技界；大学主要开展基础理论及应用研究，并为德国科学研究和经济建设培养后续人才；国有科研机构主要从事基础技术研发与推广应用研究，提升国家与区域科研竞争力，为科技发展、技术推广应用和经济建设服务；企业重视技术创新，加速科技成果转化，提高产业的生产力和市场竞争力。同时，德国强大的创新能力与其分工明确、统筹互补、高效运作的多层次科研体系密不可分。德国公共科研体系主要包括科研机构、科研院所、大学、企业相关研究院等。其中，企业从事的科学研究在国家科研领域中占相当大的比重。在德国有 1/3 企业从事研发工作，80% 的大型企业集团拥有独立研发机构[①]，许多中小企业也设立了自己的实验室。德国企业的科研工作主要是为了满足市场发展需求，在化工、机械制造、生物医药、工业测量和调控技术、新材料、新能源等领域创新活跃。此外，各创新主体获得资助的渠道多元，包括联邦政府和州政府、企业、各种非营利性基金组织及欧盟研究计划等，从而形成了全方位的科技投入体系[②]。通过建立国家创新体系和科研体系，德国实现了产学研之间的相互支持与合作，能够在不同时期重点解决制约当时产业发展的技术问题，保障德国产业处于世界领先地位。

5. 企业中坚作用与政府引导作为产业支撑

企业发挥技术研发、产品创新的中坚作用，政府通过产业政策进行引导塑造，是德国“产业立国”坚实支撑。德国企业作为制造业的支柱，不仅在全球价值链的上游占据了重要地位，而且在研发设计方面创造了较高的产业附加值。其中，大型企业在德国经济体系中发挥系统

---

① 中国科学技术发展战略研究院 . 德国建设世界科技强国的经验及启示［EB/OL］.（2021-05-25）［2023-12-09］.www.casted.org.cn/channel/newsinfo/8151.

② 陈劲 . 科技创新：未来 30 年强国之路［M］. 北京：中国大百科全书出版社，2020.

性作用，中小微企业是德国工业体系中的活力细胞。很多中小微企业精耕细作于某一细分市场和领域，在某些产业的核心技术环节拥有全球垄断的产品，成为具有全球影响力的“隐形冠军”企业。中小企业与工业巨头之间的关系是合作而非竞争：中小企业通过为大企业提供技术、供应链核心环节的加工或零件等，借助大型产品拓展其市场占有率和销售规模；大企业有时会投资小公司的研发项目或帮助其商业化，使之成为自身商业体系的一部分。德国产业强大正是基于两类企业之间的成功合作。德国政府则发挥扶持和引导作用，保障产业升级和转型，促进企业发展。以德国政府对中小企业的扶持为例。德国政府采取了一系列有效措施来培育“隐形冠军”企业，如设立专门的政府机构、完善中介机构、健全相应的法律制度、在税收政策方面给予扶持，特别是对中小企业的创新研发给予税收减免，以及通过成立专门金融机构和投资公司、提供政府担保等措施来缓解中小企业融资难等。尤其是在创新能力提升方面，德国政府通过设立创新基金与创新计划解决其自有研发资金不足、促使专利成果更快实现市场化，通过专业化的科研服务机构促进产学研合作，定制化帮助企业研发商业成熟的产品和工艺，并强化产业集群作用，推动大中小企业融通发展，使其可在复杂的协作网络中享受知识溢出效应，并利用集群内部激烈的竞争环境保持“隐形冠军”企业的活力。此外，德国通过推行严格的质量标准管理制度塑造“德国制造”品牌形象，助力中小企业质量提升。由此，德国是“隐形冠军”企业数量最多的国家，德国的“隐形冠军”企业占全球的47.8%。

### （二）教训

随着全球化进程的不断加速，国际市场竞争日益激烈。德国产业结构单一、产业发展路径依赖锁定、新兴产业发展缓慢等，使得产业结构升级成为德国面临的棘手问题。

1. 传统制造业优势渐失，新兴产业竞争力不足

德国的产业结构相对单一，主要集中在汽车制造、机械工程等传统产业领域，制造业约占其经济的 27%。然而，随着数字化和信息技术的快速发展，传统产业的竞争优势正在逐渐减弱，传统产业面临转型升级的压力。德国最重要的工业部门——从化学品到汽车再到机械，都依赖 19 世纪的技术。尽管德国通过优化这些产品实现了数十年的繁荣，但是其中许多产品要么已过时（如内燃机），要么在德国生产成本太高。这导致德国的工业产出在迅速萎缩。以 2023 年为例，根据德国联邦统计局的数据，2023 年德国 10 月份工业产值连续第五个月下降，工业产值环比下降 0.4%，机械设备行业产值降幅居前。同时，德国过于依赖机械、汽车、化工等传统优势行业的惯性发展路径，缺乏对信息化、智能化时代世界产业重心转移的敏锐判断力和自我调适能力，因此德国的新兴产业和高科技产业明显缺乏竞争力。例如，德国在信息与通信技术（ICT）产业的设备制造与技术应用领域、企业“互联网 +”水平方面都一定程度上落后于美中日韩，尚难以迎接 5G、人工智能、大数据等前沿技术对传统制造业的颠覆。再如，德国汽车行业在燃油车领域的超强竞争力，使其被传统汽车工业发展路径“锁定”，在汽车电池等产业链供应链及技术积淀方面缺乏准备，难以适应电动汽车崛起时代。虽然德国为了弥补发展差异而于 2013 年提出“工业 4.0”战略，但是其目的是将信息通信技术加快融入传统制造领域。因此，德国“工业 4.0”战略更突出“硬”制造的软实力，重点仍是强调生产制造的智能改造。

2. 产业升级落后，数字化转型缓慢

尽管德国在工业 4.0 领域取得了一定进展，但在人工智能、大数据等领域的数字化转型速度相对较慢。一方面，德国的数字化技术发展滞后，企业对数字化转型的认知和投入不足。另一方面，德国通过外部购

买获得数字技术和设备的途径受到限制。早期德国大企业进行数字化转型时，许多技术和设备能从美国廉价买到，且能招募到许多相关人才，转型相对容易。随着美国对技术、设备和人才的收缩和打压，德国中小企业的数字化转型难度增加。2018 年德国政府调查发现，仅 21% 的中小企业使用了数字技术，原因是无法解决数字基础设施建设问题，比如云技术。同时，德国国内市场狭小，无法培育出互联网大市场，加上德国数字企业少、人才少，所以很难在数字技术领域有大的突破。这阻碍了制造企业的大规模转型。2022 年德国权威机构出台的“工业 4.0”调查报告显示，德国数字技术的发展依然不尽如人意，10 年来德语区数字技术几乎停滞，中小企业缺乏数字技术支持，导致“工业 4.0”战略几乎停滞不前。

## 第三节　日本的现代化产业体系建设

日本在现代化产业体系建设方面具有较早的觉醒意识。二战结束后，日本根据不同时期的产业发展实际和需要，灵活调整产业政策及相关配套政策，构建了高效的现代化产业体系，产业结构由以轻工业为主导到以重工业为主导再到以第三产业为主导，完成了向全球价值链高端的攀升，使日本成为世界制造强国。

### 一、发展道路

日本首先采取“引进—模仿—创新”的技术进步模式，积极引进发达国家的先进技术和设备，并对其进行消化和转化，在此基础上开发新技术、研制新产品。此后，日本确立了“依靠出口实现工业化”的模式，大量出口轻纺织品等传统优势产品换取外汇，积极引入西方的先进工业技术，从而最终在20世纪80年代实现产业结构的现代化以及两次产业结构转型。

### （一）日本现代化产业体系建设的时代背景

1. 明治维新运动，东西融合发展

明治维新是日本历史上的重大转折点，标志着日本从封建社会向现代化和工业化社会的转变。在这一时期，日本积极引进欧美国家在政治、经济、制度、科技和文化等方面的制度和经验，进行了大规模的改革和创新。这些改革包括建立现代化的法律体系、推行义务教育制度、发展资本主义工商业等，为日本的现代化产业体系建设奠定了坚实基础。同时，为了实现现代化和赶上西方国家，日本还引进了西方的教育、政治和社会制度等。这些对日本的现代化产业体系建设产生了深远影响。

2. 战后恢复重建，产业结构调整升级

二战结束后，日本经济遭受重创。为了重建经济，日本政府采取了一系列措施，包括实行外汇管制、建立贸易促进机构、推动私有化和市场化改革等，这些措施为日本的现代化产业体系建设提供了有力的政策支持。两次石油危机后，日本产业结构调整。随着能源价格上涨和环境问题日益严重，日本开始转向发展节能型、环保型和知识密集型产业。日本政府加大对科技研发的投入，推动了高新技术的发展，为日本的现代化产业体系建设提供了新的动力。

3. 经济泡沫风险，推动科技创新

20世纪80年代，日本经济经历了高速增长，日本成为全球最大债权国。然而，扩张的货币政策导致了大量过剩资金流入股票市场和房地产市场，引发了巨大的资产泡沫。90 年代初期，泡沫破裂导致经济危机，日本银行和企业遭遇巨额亏损，并引发了一系列社会问题。90 年代以来，信息技术和全球化快速发展，信息网络成为促进经济增长的关键，各国都在加大科技创新力度，日本产业面临来自美国和其他新兴工业化国家的竞争。

4. 全球化加速，产业优化升级转型

随着全球化的加速和日本企业对外投资的加大，一些日本本土产业逐渐出现衰退趋势。这些产业曾在国际市场上拥有一定的竞争优势，但是海外市场的变化和竞争使得这些优势逐渐消失，一些产业甚至面临被取代的风险。这种现象导致日本国内企业空洞化，对日本经济的长远发展产生不利影响。为了保持竞争力，日本政府采取了一系列措施，包括加强知识产权保护、推动企业研发和创新、促进服务业发展等，这些为日本的现代化产业体系建设提供了持续的支持和发展动力。

（二）日本现代化产业体系建设的重点方向

日本不断优化产业结构，引进先进技术和管理模式，推动产业升级和创新发展，其产业发展经历了产业复兴、转型、升级和高端化等阶段。

1. 以产业重建为核心，开启产业复兴新篇章

二战中，日本工业设备与固定资产遭到严重破坏，能源资源进口全部被切断，失业率和通货膨胀高涨。以战前的工矿业生产指数衡量（1934—1939 年平均为 100），战争结束后的第二年即 1946 年，工矿业生产只有战前水平的 30.7%；人均实际国民生产总值和人均实际消费水平分别相当于战前的 50% 和 60%[①]。为加快国内经济的复兴，日本

① 知识交易所 . 日本：主导产业演进升级规律；以协作体系创新对接全球产业转移［EB/OL］.（2021-07-06）［2023-12-09］. https://baijiahao.baidu.com/s?id=1704520843689166512&wfr=spider&for=pc.

政府以选择性的“倾斜生产”[①]与“产业合理化”[②]为产业政策的核心，以原材料价格管控、低利息资金供给等为主要手段，迅速实现产业体系重建。

2. 以重化工业为主导，推动产业转型发展

进入 20 世纪 60 年代，日本经济经过短暂恢复，很快进入高速增长期。日本产业从以劳动力密集型为主，发展到以资本密集型为主，进入工业化中后期，走出了一条近代日本工业发展道路。1956—1973 年，日本经济高速增长持续近 20 年。在这一时期，日本现代化产业体系建设的典型特点是投资主导型的重化工业高速增长，支持工业增长的主导产业是钢铁、石油化工、造船和现代纺织产业，产业结构是典型的“重大厚长”型。日本针对不同产业面临的实际问题精准施策，构建选择性、竞争性、功能性相互叠加的产业政策体系，实施诸如减少价格管制、鼓励市场竞争、提升国际化水平等自由化改革。

3. 助力全球价值链攀升，实现产业快速升级

两次石油危机后，日本推行结构性改革，由选择性产业政策向普惠性与功能性产业政策转换，推动产业升级。煤炭、纺织及造船等传统产业因资源枯竭、劳动成本增加和能源危机成为夕阳产业，而汽车、家电、机械、半导体等组装加工业迅速崛起成为支柱产业。这标志着日本产业向全球价值链高端攀升，助推日本成为世界制造强国。随后，日元升值导致制造业外流，但服务业、金融业和信息产业快速发展，传统支柱产业中的汽车、钢铁及各种机械产品在生产和贸易中仍占据重要地位。日本的产业结构从“重大厚长”型工业结构转变为“轻薄短小”型工业结构，为日本经济再现活力奠定了基础。

---

① 即优先发展钢铁和煤炭等上游产业。

② 即以设备更新与制造业技术改进促进制造业竞争力提升。

4. 实施产业多元战略，迈进产业高端化

进入21世纪，日本实施了多种战略以提振经济，包括文化立国、IT立国、知识产权立国等，以促进科技创新、经济增长和文化发展。这些战略形成了以促进日本科技创新为核心的战略体系。为发展新兴产业，日本积极编制技术战略图，加大财政投入开发3D打印等尖端技术，快速更新制造技术提高竞争力，并利用机器人等技术打破成本瓶颈。同时，日本注重信息技术的应用和开发，出台信息技术发展计划，推动IT技术在医疗等领域的应用。2013年，为进一步提振经济，日本经济产业省发布实施了《日本再兴战略》，再次强调了未来十年名义3%、实际2%的GDP增长目标，并为实现这一目标提出了产业再兴计划、战略市场创造计划和国际扩张战略三大战略计划，希望通过创新和国际合作实现经济增长目标。

## 二、经验教训

日本的现代化产业体系建设实践，既有值得借鉴的经验，也有需要吸取的教训。一方面，我们要有选择地吸收其经验，完善产业政策的制定和实施；另一方面，我们要吸取日本泡沫经济破灭后产业发展教训，积极发挥政府的引领作用。

### （一）经验

1. 产业政策支撑，助力产业转型升级

现代化产业体系建设离不开产业政策的支撑。20世纪50年代中期至70年代初是日本经济高速发展期。在这个时期，产业政策是其经济高增长期的核心机制。产业政策的介入优化了产业发展环境，提高了日本的产业结构和贸易结构的层次，对其经济发展发挥了积极的推动作用。20 世纪 50 年代至 60 年代，日本政府通过实施积极的产业政策，不断推动产业升级转型。例如，日本实施“产业合理化政策”，通过租税特别措施、外汇配额制度、融资支持等措施，着力发展钢铁、化学、机械等产业，促进日本实现经济高速增长，形成了以消费、企业设备投资为牵引的国民经济循环体系。20 世纪 70 年代，日本实施“产业调整政策”，积极调整“结构性萧条产业”，加快过剩设备处置，促进知识密集型产业发展，加快产业结构转型升级，促使日本成功克服两次石油危机的挑战，产业国际竞争力不断提升。进入 90 年代后，虽然经济泡沫破灭后的日本产业政策的总体支撑力度下降，但是政策的精确性和准确度上升。在当前国际政治经济形势复杂变化的背景下，日本政府重新调整对于产业政策的态度，重新构筑产业政策框架，强化产业政策的实施。2021 年日本经济产业省发布的“经济产业政策新机轴”报告指出：需要构建既不同于由政府主导的传统产业政策，也不同于新自由主义“结构改革”的新产业政策框架；明确经济社会发展目标，制订大规模财政支出计划，构建与宏观经济政策相协调的、官民一体的产业政策新框架。为此，日本政府重新调整 20 世纪 90 年代以来在新自由主义影响下的“产业再生政策”，转为实施具有加大国家投入特征的产业政策。当前日本产业政策涉及的主要内容包括：一是实施绿色增长战略，即将海上风电、氢能源、蓄电池、半导体等 14 个产业认定为重点发展产业，为每个产业制定具体的发展方案，并设立“绿色创新基金”，强化绿色产业领域技术研发；二是加强经济安全政策，即强化关键零部件的国内生产，构建多元化海外供应链体系，强化日本企业抗风险能力；三是促进中小企业发展与完善劳动社会保障，加强对中小企业的支援措施，推动劳动方式改革，加强人力资本投资。日本产业政策的目标导向性非常强，除了具有经济属性以外，还带有鲜明的政治性，体现出极强的国家发展抱负和战略雄心，体现出日本整个国家的投资战略是基于产业逻辑的积极进取型战略，即着眼于工业体系的完整独立、产品自主开发驱动的技术创新、基础广泛的产业升级，进而国家综合竞争力的持续提升，而非只顾短期商业利润的财务逻辑或金融逻辑。

2. 产业结构优化升级，推动产业高端化发展

日本一直致力于产业结构的优化和升级，以适应不断变化的国际市场需求。随着科技的不断进步和全球市场的变化，一些新兴产业逐渐崭露头角，日本政府敏锐地捕捉到这一趋势，将扶持重点转向新兴产业。2017 年日本制定《氢能源基本战略》，明确了降低制氢成本的路线图和目标，推动氢能商业化发展。进入 21 世纪，日本担忧其量子科技落后于欧美与中国，于是采取一系列措施加速发展步伐。一是发布《量子技术创新战略》等文件；二是成立量子技术新产业创造协议会（Q-STAR）；三是推进量子科技应用。同时，还公布了《量子未来社会愿景》，提出 2022 年建成第一台国产量子计算机，并在 4 个地方建立量子技术研究和支持基地[①]。日本一直将生物技术产业视为国家核心产业。2019 年日本推出《生物战略 2019》，再次明确生物技术的战略地位；2020 年和 2021 年日本分别发布《生物战略 2020》基本措施版和市场领域措施版，聚焦疫情防控与正常经济秩序恢复，确保到 2030 年成为世界最先进的生物经济社会。日本还是全球人工智能技术研发与应用最发达的国家之一。日本将人工智能与物联网、机器人共同作为第四次工业革命的核心，并确定 2017 年为人工智能元年。2019 年日本发布《人工智能战略》，总体布局人工智能技术发展与社会应

---

① 日本未来产业发展经验及其对中国的启示［EB/OL］.（2022-12-31）［2023-12-09］.https://www.thepaper.cn/newsDetail_forward_21146121.

用。这些政策的实施使得日本产业结构得到了进一步优化，提升了其在全球市场的竞争力。

3. 从技术引进到技术立国，提升产业链供应链现代化水平

早期日本政府进行了积极的科学技术引进。20 世纪 50 年代中期，日本的资本、劳动等要素供给相对充裕，但生产技术相对滞后。日本政府在税收优惠、资金奖励、外汇使用、技术培训等方面对技术引进予以大力扶持，在汽车、半导体等重点产业采取了技术换市场的做法。20 世纪 70 年代，以美国为首的发达国家对日本的技术出口限制逐步增加，日本技术引进的空间不断缩小，迫切需要通过自主创新实现可持续增长。20 世纪 80 年代，日本提出"技术立国"战略，加大基础研究开发力度，设置大型科技创新研究项目。20 世纪 90 年代后，日本强化政府对科技的引领作用，颁布《科学技术基本法》，制定"科学技术基本计划"，构建了产学官结合的研发体制，不断激发企业的研发活力，推动日本实现自主创新发展。根据日本财政综合政策研究所发布的《财政金融统计月报》，日本政府用于科技创新领域的财政预算金额不断增长，从 1992 年的 5400 亿日元增加到 2021 年的 5.3 万亿日元。在提升产业链供应链现代化水平方面，日本曾实施针对中小企业的《机械供应振兴临时措施法》和《电子工业振兴临时措施法》，重点培育从事原材料、零部件等生产的中小企业发展，促进中小企业的技术引进、提升生产效率的设备投资、企业间的协作等非研发创新活动，实现了产业链供应链现代化水平的提升①。

4. 发挥政府引领作用，强化政策协同作用

日本在推动产业现代化方面不仅依靠产业政策，还积极借助价

---

① 田正 . 日本经济"双循环"发展：演进历程、经验教训及其对我国的启示［J］. 贵州省党校学报，2022（6）.

格、财政、区域等宏观政策工具，形成协同推动的体系，保障产业政策得以贯彻落实。日本政府指定一系列提升产业效率、构筑制造业竞争新优势的举措，如减少对产业发展及经济活动的干预、放宽外国劳动力准入限制、加强能源危机治理、推动电力供应分散化和多元化、促进新能源和可再生能源的开发利用、降低企业法人税率等措施。同时，日本政府不断健全和完善制度环境，确保政策的落实和行之有效。因地制宜修改《商法》《禁止垄断法》《工业标准化法》《劳动基准法》《外汇法》《中小企业基本法》等相关法规，宣扬法治观念，加强执法监督，为企业良性、高速发展提供制度性保障。此外，日本政府还推行了积极的财政和金融政策以及教育、人才和技术政策。这些政策对于加速产业革命进程也发挥了重要作用，不仅优化了产业结构，提升了产业技术水平，还增强了日本经济整体竞争力。

5. 多元资金持续投入，保障未来产业发展

从资金投入规模看，自 1998 年以来，日本的科技研发投入占 GDP 的比例一直保持在 3% 以上，稳定支撑未来产业技术创新[①]。2016 年日本出台《实现面向未来投资的经济对策》，提出了高达 28 万亿日元的经济刺激计划，重点围绕人工智能、新材料、宇宙航空、能源技术等未来产业布局基础研究[②]，以推动未来产业技术革新。2021 年日本发布《第六期科学技术创新基本计划》，提出 2021—2025 年日本政府投入 30 万亿日元、民间力量投入 90 万亿日元的研发投资额用于提升研究

① 日本未来产业发展经验及其对中国的启示［EB/OL］.（2022-12-13）［2024-01-22］.https://www.thepaper.cn/newsDetail_forward_21146121.

② 沈华，王晓明，潘教峰 . 我国发展未来产业的机遇、挑战与对策建议［J］. 中国科学院院刊，2021，36（5）.

创新能力，解决数字化发展迟缓问题[①]。在生物技术领域，2001—2017年日本的研发投入一直稳定在每年约3万亿日元[②]。在量子科技领域，2001—2021年日本政府的投资额达到2.5亿美元，产业端资助约3亿美元[③]。从资金投入领域来看，投资集中于推动未来产业技术革新的核心产业，如氢能、生物技术、量子科技和人工智能领域。例如，2023年6月日本政府颁布修订后的《氢能基本战略》，决定在未来15年内公共和私营部门共同投资15万亿日元推广氢能应用[④]。在人工智能领域，日本政府联合各大企业推出“机器人计划”，投入1000亿日元用于人工智能研发，东京大学和软银股份有限公司投资200亿日元共同打造世界顶尖的人工智能研究所。

（二）教训

1. 产业政策对产业升级转型的投入力度不足

日本自20世纪80年代后期开始实施新自由主义市场化“结构改革”，尤其采纳了美式企业体制以及极具市场性的“全球公开招标采购”式供应链体制，导致日本产业链的碎片化、脆弱化，工业竞争力衰落，经济快速下滑。90年代后，日本政府对于产业政策的态度发生转变，不再实施针对特定产业的传统意义上的产业政策，而是针对泡沫经济破灭后日本企业经营不善的现实，转向以调整日本企业经营业务、促进创新体系形成为目标的“产业再生政策”，即产业政策的实施对象从特定产业转变为特定企业。产业再生政策虽然产生了一

① 中国科学院科技战略咨询研究院．日本发布“第六期科学技术与创新基本计划”［EB/OL］．（2021-08-09）［2023-12-09］.www.casisd.cn/zkcg/ydkb/kjzcyzxkb/kjzczxkb2021/zczxkb202105/202108/t20210809_6155315.html.

② 董兰军．日本生物技术产业创新发展分析［J］．高科技与产业化，2021，27（10）．

③ 日本量子计算，一段不甘雌伏的拼搏史［EB/OL］．（2021-07-27）［2023-12-09］.https：//baijiahao.baidu.com/s?id=1706432287670792703&wfr=spider&for=pc.

④ 杨沐岩．日本修订氢能战略，众多难题待解［N］．中国能源报，2023-6-12（011）．

定效果，但是对推动日本产业升级转型的投入力度不够，没有对新兴产业发展给予足够支持，因此对日本经济发展的支撑力度有限，对于促进日本经济走出长期低迷状态没有发挥显著作用。此外，日本的产业政策过于宽泛、缺乏重点，也导致其错过了培育新兴产业的良机。

2. 产业空心化致使制造业强而不大

全球化程度的不断加深、自然资源匮乏导致国内原材料价格高企、日本政府对企业征收的高额所得税以及人口老龄化引发的内需不足，使得日本企业加速将制造业向海外尤其是东亚国家和地区转移。20 世纪 80 年代，日本提出“东亚经济圈”战略，进一步推动其劳动密集型制造业转移。而制造业的不断向外转移大大削弱了产业整体竞争力。另一方面，20 世纪 80 年代后，随着日本泡沫经济的破灭，企业的研发支出不足、原有“吸收—消化—模仿”的产业升级模式失效、产业政策实施中的失误等因素，导致日本在传统产业向外转移后并未培育出能够替代传统产业的新兴产业，加重了日本的产业空心化程度。根据联合国工业发展组织（UNIDO）编制的制造业竞争力指数（Competitive Industrial Performance Index），20 世纪 90 年代早期日本的制造业竞争力与德国相近，明显高于美国和中国，但 90 年代中后期开始，日本的制造业竞争力持续下滑，并在 2014 年被中国反超。产业空心化、过早去工业化致使日本的制造业占比过快降低、“强而不大”，从而严重影响了日本的经济发展，使其经济增长陷入长期停滞。

3. 传统创新体系导致错失技术革命发展机遇

日本的“改良型”创新无法支撑技术革命的需要，使得日本错失重大产业发展机遇。从创新端看，相较于欧美的“源发型”创新，日本更重视对已有技术在应用端的改良，更擅长精细化集成。无论明治时期发展的纺织业与重工业，还是二战后的汽车工业和电子产业，日本企业的成功更多得益于对外来技术的充分吸收，叠加廉价劳动力与政企关系等本土优势。20世纪80年代开始，日本经济赶超时期基本结束，进入了国际技术前沿的探索时期。然而，当日本从追赶者转变为领跑者时，“改良型”创新就无法支撑技术革命的需要，始于1982年的第五代计算机开发计划的失败就是典型例子。与其他工业项目相比，第五代计算机在当时属于典型的“无人区”，其创新具有很高的不确定性，结果通常无法预测。这与大规模协同模式下政府、大企业或财阀往往追求可计划、有结果的目标相违背。尤其在银行主导的融资环境下，企业往往热衷于扩大规模和提升效益，对小概率事件的颠覆式创新往往兴趣寥寥。

4. 工业生产方式制约产业升级

日本未能根据全球化趋势及时调整产业结构，长期以来日本企业奉行的“垂直一体化”生产方式制约了其产业升级。“垂直一体化”的生产方式，就是一件产品的所有工序都在一家企业里完成。这种生产方式的优势是能保证质量，缺点是让企业丧失了灵活性。特别是20世纪90年代以后，新兴国家的工业化步伐逐渐加快，发达国家为利用其廉价劳动力而将制造业转移到这些国家和地区，世界进入“水平分工”的时代。例如，全球半导体行业的布局就涉及几十个国家的上千家企业。再如，iPhone手机也是全球化生产，各国依据比较优势生产专业的零部件，苹果公司则把主要精力投入于设计研发和品牌营销，从而更快更好地适应市场需求。面对“水平分工”的大趋势，日本企业的反应比较迟钝。

# 第四节　韩国的现代化产业体系建设

韩国的产业发展是一个动态的演进过程，每个时期都特征鲜明，主导性产业有序切换。其现代化产业体系建设采取了“外向型”发展战略。随后，韩国产业逐渐由劳动密集型向资本密集型转型，并不断升级和调整产业结构。在后工业化阶段，韩国加大了技术开发力度，实现了技术立国。由此，韩国经历了从劳动密集型向资本密集型、技术知识密集型再向高新技术产业的过渡。

## 一、发展道路

20 世纪 50 年代，韩国首先发展了劳动密集型轻工业，承接发达国家劳动密集型产业的转移。20 世纪 60 年代以来，韩国开始实施出口导向、保护国内市场为主的产业政策，为韩国融入世界市场和发展本土企业创造了有利条件。

### （一）韩国现代化产业体系建设的时代背景

朝鲜战争结束后，韩国工业体系匮乏。20 世纪 50 年代中后期，韩国实施“进口替代”战略，以内向型经济发展为主。1961 年韩国开启“出口导向”战略；1962 年推出“一五”计划，韩国工业化开始快速发展。20 世纪 60 年代至 90 年代，韩国产业完成了从劳动密集型向技术知识密集型的切换，韩国成功步入高收入国家。20 世纪 90 年代后，韩国发展战略重点突出高新技术、文化产业两方面。1998 年，韩国将高新技术和文化产业作为立国之本。

1. 稳定与高速发展，促进政治与经济良性互动

1961 年，韩国政府实施的一系列措施，如推动韩日邦交正常化、支持越南战争、制定五年计划等，为韩国经济发展提供了稳定的环境。这些政策使得韩国实现了工业化和现代化的跨越式发展，形成了以财阀为主导、以政府为引导、以出口为驱动力的经济模式。稳定的社会环境和平稳的政治格局使得韩国在 20 世纪 60 年代至 80 年代迎来了一段经济高速增长期，政治与经济良性互动，同步发展。

2. 依靠低成本优势，驱动现代化产业升级

汉江奇迹是指韩国从 20 世纪 60 年代到 80 年代实现经济高速增长和社会转型的过程。在这一阶段，韩国依靠低廉劳动力成本和政府对财阀的扶持，以劳动密集型产品的出口为驱动力，逐步进行产业升级，发展重工业、化工、电子等资本密集型和技术知识密集型产业。20 世纪 70 年代后期，韩国成为世界上最大的造船国，在 80 年代中期成为世界上最大的半导体生产国，在 90 年代初期成为世界上最大的显示器生产国。韩国在这一阶段实现了经济快速增长和社会进步，建立了民主制度和法治体系，成为“亚洲四小龙”之一。

3. 利用人力资源，支撑现代化产业转型

韩国在现代化产业体系建设过程中充分利用了丰富的人力资源优势。韩国政府注重教育和人才培养，加强了人力资源的开发和培训，为产业发展提供了充足的人力资源支撑。同时，韩国在人口结构转型方面也面临挑战，但劳动年龄人口占比较高的优势为消费和生产提供了支撑。20 世纪 60 年代初，韩国的工业基础被内战破坏殆尽，技术、资本基础为零。韩国政府首次制定经济、科技发展规划，开启了对发达国家的全面赶超。20 世纪 80 年代，韩国向重化工业转型，并开始通

过大规模实施反求工程加速新技术的研发和应用，推动产业技术进步。在威权制度下，韩国政府凭借国家力量主导市场，通过干预企业与银行来主导产业与资本的方向，保障了政策的实施。

（二）韩国现代化产业体系建设的重点方向

韩国现代化产业体系建设的最显著特征是采取“外向型”的发展战略，但在不同阶段的侧重点有所不同。其现代化产业体系建设过程大致可分为以下阶段。

1. 进口替代战略与外援利用，推动韩国轻工业发展

朝鲜战争停战后的20世纪50年代，为了发展国内消费品生产，韩国推行了进口替代型轻工业化战略，以限制制成品进口，同时大量进口原料和半成品，利用美国等西方国家提供的外援，大力发展以“三白产业”（即消费资料、化肥和水泥等基础产业）为中心的消费品生产。

2. 利用出口导向模式与资源优势，发展劳动密集型产业

20世纪60年代，韩国进入了轻工业快速发展时期，重点发展劳动密集型产业。韩国提出“一五”（1962—1966年）和“二五”（1967—1971年）经济发展计划，恰逢美欧日的劳动密集型产业开始外移，为韩国开启工业化创造条件，尤其助推其轻工业迅速发展。1960—1970年韩国工业增加值占GDP比重从17.3%升至24.8%，出口占GDP比重从2.6%升至11.43%[①]。1970年韩国制造业中产值最高的是食品饮料和烟草制造、纺织品和皮革制造。韩国利用国内丰富的廉价劳动力，集中人力、物力和财力，大力发展纺织、服装、制鞋等劳动密集型产业。在这个阶段，韩国由进口替代模式向出口导向模式转变。

① 招商宏观.韩国产业升级之路，从出口导向到科技文化强国［EB/OL］.（2023-08-04）［2023-12-09］.https://baijiahao.baidu.com/s?id=1773253943390044268&wfr=spider&for=pc.

3. 出口导向战略与结构矛盾，转向发展资本密集型产业

20 世纪 70 年代，韩国进入了重化工业阶段，集中力量发展资本密集型产业。随着轻工业产品出口规模的不断扩大，资本密集型产品的进口越来越多，韩国经济的结构性矛盾日益凸显，严重影响了其经济发展。同时，1973 年第一次石油危机导致国内工人工资水平上涨，使得 20 世纪 60 年代形成的劳动密集型产业的竞争力下降，促使韩国及时调整产业结构，全力推行以资本密集型为主的出口导向战略。

4. 经济结构调整与技术立国，实现现代化产业升级

20 世纪 80 年代，韩国进入了后工业化阶段，调整经济结构，实现技术立国。80 年代以后，韩国加大了产业结构的调整力度，以“稳定、效率、均衡”为总方针，重点是技术开发与自由竞争。产业结构的调整方向是按照产业比较优势的动态变化，建立三个互相协调发展的产业群。第一个产业群包括纺织、水泥、石化、钢铁、家用电器、汽车、造船等产业，作为传统优势产业，通过技术升级提高产品的附加值和国产化率。第二个产业群包括精密机械、精密化学、机械电子装置、航空、计算机等产业，这些是韩国相当长时期的主导产业。第三个产业群包括能源、信息、新材料、生物工程、系统工程等新兴技术产业，这些产业是韩国的“未来产业”。

5. 创新主导与科技立国，带动经济增长新动力

21 世纪以来，韩国经历了从“贸易立国战略”“重化工业立国”向“科技立国”“低碳绿色增长战略”的转变。21 世纪初，韩国政府将建立创新主导的经济结构和建设科技中心社会作为经济社会发展的基本目标，完善国家科技创新体系成为科技体制改革和科技政策调整的主要着眼点。政府鼓励社会各界最大限度地提高研发效率，为产业和经济发展提供持续、坚实的支撑。因此，韩国政府先后提出了“韩国

2025年构想：科技发展长远规划”“科学技术基本计划”“国家技术创新体系构筑方案”等政策法规，为国家中长期研发投资未来优先发展技术领域确定了方向。

## 二、经验教训

### （一）经验

韩国政府在产业升级中发挥强有力的推动作用，在不同时期制定了不同的产业政策，分阶段灵活选择“进口替代战略”“出口导向战略”“知识和技术密集型战略”，以适应全球经济环境的变化。同时，韩国重视研发投入与基础设施建设，重视研发和人才培养。这些为承接资本密集型产业和技术知识密集型产业提供了良好基础。

1. 结合长远目标与短期行动，分阶段推进产业结构转型和升级

韩国现代化产业体系建设是长远目标与具体阶段性计划的结合，根据国际国内形势和产品比较优势的变化，分阶段推进产业结构转型和升级。韩国产业从轻工业、纺织业起步，做大做强钢铁造船、机械有色金属等重工业，同时搭上第四次工业革命浪潮，积极开拓电子、计算机、精密机械、新能源电池等产业。产业政策在韩国产业结构转型升级的过程中起到了举足轻重的作用。韩国政府在不同时期制定了不同的产业政策，韩国的每次产业升级都是在政府强有力地将长远目标与短期目标结合的推动下完成的。为保证在未来战略产业领域的竞争力，2023年2月韩国政府发布“新增长4.0战略路线图”，计划发布15个新增长项目的30多个重点推进方案。

2. 顺应全球经济变迁，推动产业结构升级

韩国在20世纪60年代至80年代的经济高速增长时期，顺应了全球

经济环境的变化，抓住了产业转移和升级的机遇。随着全球经济的发展和技术的不断进步，韩国政府和企业积极推动产业结构优化和升级，从轻工业、纺织业逐步升级到重化工业，并积极开拓电子、计算机、精密机械、新能源电池等产业。这一转变不仅使韩国经济得以快速发展，而且使其在全球经济中的地位逐渐提升。同时，韩国适应了全球化趋势，成为一个外向型经济体。由于本国资源相对匮乏，因此韩国依赖原料进口，依靠劳动力和技术优势进行加工后再出口。这种模式使得韩国成为全球经济的“金丝雀”，对其经济走势的监测和分析也成为国际市场关注的焦点。20 世纪 90 年代以后，韩国注重培育本国具有竞争优势的产业，并把产业升级变成“价值链升级”，将非核心业务外包，依靠自主创新能力，在关键领域赶超发达国家，逐步占据全球价值链的高附加值环节。

3. 重视研发投入与基础设施建设，构建现代化产业体系的基石

20 世纪 60 年代开始，韩国用了短短二三十年时间走完了欧美发达国家用几百年才实现的工业化进程，为广大发展中国家树立了成功追赶的典范。除了外向型政策和鼓励创新以外，强有力的研发投入与基础研究是韩国实现快速追赶的关键原因。持续的研发投入和对基础设施的建设，是韩国在科技领域取得显著成就的关键。有了充裕的研发经费支持，韩国的科技实力明显提升，而不断进步的科技实力又为产业发展注入了新的动力，从而实现良性循环。近年来，韩国政府和民间对科技投入以及韩国国家研究计划执行额不断增加。2022 年，韩国在科技创新领域的投入再创新高，研发经费投入强度在全球范围内仅次于以色列，位居第二。根据韩国科学技术信息通信部最近发布的一项调查，韩国 2022 年政府和民间对科学研究与试验发展（R&D）方面投入的经费达到 112.646 万亿韩元（约合 6111.8 亿元人民币），与国内

生产总值（GDP）之比达到5.21%[①]。此外，政府还单独设立200亿韩元的特别预算[②]，用于“三大创新增长产业”及纳米产业材料、零部件和设备的研究开发，这显示了韩国对科技研发的持续重视和投入。

4. 采取多元措施培养人才，为现代化产业体系建设提供人才支撑

韩国采取多种措施培养人才，包括科技精英学生培养、精英教育对策、STEAM教育、人才终身教育、优秀企业的独特培训及发展机制等，这些措施旨在培养具有基本技能和道德价值观的精英学生，加强人才的终身教育、培养未来人才，为国家的未来发展提供强大的支持和保障。韩国还制定了多项计划和政策，投资发展基础学科和核心技术，提高高端人才实力和科研成果水平。此外，韩国政府制定了未来人才培养计划，政策主要包括“智慧韩国”计划（1999—2005年；2006—2012年）、“智慧韩国+”计划（2013—2019年）、世界一流大学项目（2008—2012年）、“21世纪智慧韩国高水平大学与卓越人才建设工程”（2013—2020年）、“21世纪智慧韩国一流研究型大学培育工程”（2020—2027年）等。韩国建立了完备的教育体系，涵盖各个教育层次，并采取各种优惠政策鼓励培育科技创新人才。这些措施为韩国现代化产业体系建设提供了有力的支持和保障。2022年，韩国研究人员共计60.153万人，较上年增加1.4864万人。其中，专职研究人员48.8774万人，仅次于中国、美国、日本，位居第四。每1000名经济活动人口中有17.4名研究人员，每1000名人口中有9.5名研究人员，在全球居首位[③]。

① 韩国2022年研发经费投入强度全球第二［EB/OL］.（2023-12-07）［2023-12-09］.https://www.cls.cn/detail/1537549.

② 韩国做强三大新产业［EB/OL］.（2022-01-10）［2023-12-09］. http://www.ce.cn/xwzx/gnsz/gdxw/202201/10/t20220110_37240509.shtml.

③ 韩国2022年研发经费投入强度全球第二［EB/OL］.（2023-12-07）［2023-12-09］.www.cls.cn/detail/1537549.

5. 积极推进国内投资发展，获得现代化产业体系的新动力

从 1962 年开始，韩国开始实行由政府主导的外向型经济发展战略，全力以赴地致力于国家经济现代化建设。所采取的措施包括：用外交途径赢得发展经济的国际大环境；在国内大力推进各项经济政策，为经济发展铺平道路。在新经济形势下，为完善产业链供应链、成为“制造业大国”和科技强国，韩国政府在出国访问期间利用经济外交手段，努力吸引外国投资企业对韩国尖端产业或核心供应链进行投资。在韩国政府的努力下，2023 年上半年韩国引进外国直接投资 170.9 亿美元，比 2022 年同期增加 54%①。这一显著增长显示了韩国对外资的强大吸引力及其战略举措的有效性。其中，美国对韩投资达到 36.6 亿美元，同比增长 24.1%，欧盟投资为 42.6 亿美元，同比增加 144.8%②。这表明，美国和欧盟对韩国市场的信心和投资策略的明确，也反映出韩美之间经济合作正在不断深化，进一步巩固了韩国与欧盟之间的经济联系。此外，以三星、SK、现代、LG 等为代表的韩国财阀企业也加大了对半导体、二次电池、人工智能等制造业领域的投资，这不仅有助于提升韩国在这些领域的全球竞争力，而且进一步推动了韩国现代化产业体系的发展和完善。预计 2030 年韩国十大财阀企业投资额将达 974 万亿韩元（张慧智，赵丹，2023）。这些巨额投资将为韩国经济的持续发展注入强大动力，也将为韩国在全球化竞争中赢得更多优势。

---

① 韩国今年上半年吸引外商直接投资创新高［EB/OL］.（2023-07-04）［2023-12-09］.www.cls.cn/detail/1394625.

② 韩今年上半年吸引外商直接投资创新高［EB/OL］.（2023-07-04）［2023-12-09］.https://cn.yna.co.kr/view/ACK20230704002900881?section=search.

### （二）教训

1. 核心产业严重依赖出口，产业发展过于依赖单一市场

作为出口导向的国家，韩国高度依赖全球供应链，特别是电子、汽车和造船等核心产业。出口驱动的产业增长模式受其他国家经济波动的影响较大。出于政治因素，韩国经济过于依赖美国，尤其是近年来韩国政府积极投身于美国的地缘战略，导致其核心产业发展受挫。以韩国贸易顺差主要来源的芯片产业为例，2019 年日本在芯片领域对韩国“卡脖子”；2022 年美国拜登政府通过《通胀削减法案》，通过高额补贴引诱韩国半导体产能回流；2023 年美国对华实行芯片禁令，同时强硬要求韩国不得向中国出售芯片，让韩国芯片企业丧失了最大市场。这些都使得韩国的半导体产业受到重创。可见，没有自主权就没有发展权。此外，韩国经济的结构性问题，如对大型家族企业集团的过度依赖、中小企业发展不足、创新活力不足等逐渐显现，也限制了韩国经济增长。

2. 财阀主导模式导致产业升级陷入困境

韩国政府与财阀的配合策略在 20 世纪 70 年代将韩国打造为科技研发强国。韩国财阀靠出口低端产品实现原始积累，再通过引进西方技术并运用“快速跟进”战略，成功在汽车、造船、电气等行业打造自身技术优势。韩国政府提供财政和市场支持，加强保护国产企业。然而，韩国通过依靠财阀主导模式使钢铁、石化、汽车、造船、半导体、显示器等行业实现大力发展后，在 2008 年以后慢慢失效。虽然韩国政府投入了大量资金用于技术研发，但是财阀主导的研发投入主要集中在传统优势产业，且更多不断通过并购优质的科技公司来提升技术实力，而对其他行业、基础研究、原创技术、高端产品等缺乏投入。这种方式虽然短期内能提升其技术实力，但是实际上并不能解决其自身基础研究薄弱的问题，导致高端产业的竞争力不足，使得韩国难以转型到新兴产业。

3. 高端产业发展受限

韩国的优势产业大都集中于中端产业，尽管近年来韩国政府致力于发展高端产业，但是收效甚微。原因是多方面的。一是韩国的产业结构不合理。虽然韩国的制造业发达，但是产业结构相对单一，主要集中在电子、汽车、钢铁等领域。这种产业结构使得韩国在面对全球经济波动时易受冲击，也限制了高端产业的发展。二是劳动力成本不断上升，使得韩国与一些发展中国家相比失去了劳动力成本优势，造成制造业竞争力下降。三是自主创新能力弱。韩国的工业实力看似强大，但是实际上创新力量薄弱，缺乏前瞻性。随着美日等国不愿再与韩国分享创新技术，韩国在相应的行业领域一直停滞不前。四是韩国企业过于注重本土市场，缺乏国际化视野和开放的经济体系，在面对全球经济变化时难以应对自如。此外，金融业的落后也阻碍了制造业的进一步发展。韩国的金融产业只是政府实施政策的后援机构，未被认定为独立产业，政府指定银行行长，行长就根据政府指示给予贷款。

## 第五节 发达国家现代化产业体系建设的经验启示

建设现代化产业体系是党中央从全面建设社会主义现代化国家的高度作出的重大战略部署，是一项复杂的系统工程。在工业化时代“先起跑”的发达国家中，一些已成功打造了具有一定规模的现代化产业发展体系，并借此占据全球制造业高端，享受着现代化产业带来的丰厚回报。随着新一轮国际产业竞争愈演愈烈、现代产业科技不断变化以及大国竞争摩擦不断，产业体系带来的优势并非一成不变。发达国家在此方面的经验和教训值得中国借鉴。

改革开放以来，我国已建成一套相对完整、健全且部分产业领域已具备较强国际竞争力的产业体系，但尚未形成真正意义上的现代化产业体系，仍需要在巩固目前产业发展优势的基础上，从产业体系的动力体系入手，由内及外地瞄准战略定位，牢牢把握战略性产业平台、微观组织活力与企业家精神、现代创新体系与现代教育体系、全球市场和国际大舞台四个着力点，建立一个“实体经济、科技创新、现代金融、人力资源协同发展”[①] 的现代化产业体系。

## 一、以实体经济为支撑

实体经济是国家经济的立身之本，是财富创造的根本源泉，是国家强盛的重要支柱。加快构建以实体经济为支撑的现代化产业体系是推动经济发展的重要途径，可以促进经济稳定持续增长、提升国际竞争力，更好地满足人民日益增长的美好生活需要。

虽然美国在信息技术、生物技术、新能源等领域领先全球，但是过度金融化和产业空心化也给其经济带来挑战。德国注重实体经济与金融业的协调发展，并发挥政府作用，制定产业政策来引导和支持产业的发展。日本以强大的生产制造能力、精益求精的企业文化和重视研发创新而著称，在经历了泡沫经济冲击后，更注重经济结构调整、技术创新和产业升级。韩国通过坚定的国家战略、强大的研发实力和完善的基础设施推动产业发展，并注重与国际合作，吸收国际先进技

① 习近平．决胜全面建成小康社会 夺取新时代中国特色社会主义伟大胜利——在中国共产党第十九次全国代表大会上的报告［N］．人民日报，2017-10-28（01）．

术和管理经验。

为了加快推动前沿技术研发和应用，要促进战略性新兴产业融合集群发展。首先，要积极构建新一代信息技术、人工智能、生物技术、新能源、新材料、高端装备、绿色环保等一批新的产业增长引擎。同时，要加强全产业链攻关、全要素支持、全生态发展，推动重大战略产业发展。其次，针对数字技术产业、战略性新兴产业和传统产业，应采取不同的升级战略。数字技术产业应保持国际领先地位并突破关键技术难题；战略性新兴产业应提升基础创新能力和优化产业布局；传统产业应加快数字化转型和智能化升级。此外，保障机制的改革路径应包括优化人才资源配置和完善创新激励政策。要建立完善的人才保障体系，优化海外人才引进机制，并调整创新激励政策，变“事前扶持”为“事后激励”，强化市场调节的作用。

## 二、发挥科技创新引领作用

科技创新是建设现代化产业体系的战略性支撑，始终是全球产业发展水平和产业形态演进方向的决定性因素。在提升科技创新体系能力的基础上，加快补齐关键领域核心技术短板，保障技术的全面供给支撑，才能实现以科技创新体系的健全性支撑现代化产业体系的完整性。

在科技创新方面，美国、德国、日本和韩国都有值得借鉴的经验。美国在信息技术、生物技术、新能源等领域的研究实力和成果领先全球，主要得益于其强大的创新能力、高效的资本市场和知识产权保护制度。德国则重视应用研究和技术转化，通过“双元制”教育模式培养了大批高素质技术工人和科研人员。日本政府大力支持科研机构和高校的发展，推行“科技立国”战略。韩国政府则通过支持科研机构和高校的发展、推动技术转移和产业化来提升产业的科技水平和竞争力。

美国、德国、日本和韩国在科技创新方面的实践给我们带来启示。为了打造智能化现代化产业体系，首先要发挥科技创新的引领作用。要瞄准世界科技前沿和国家战略需求，加强基础研究和应用基础研究，突出关键共性技术、前沿引领技术、现代工程技术、颠覆性技术创新，为产业技术进步积累原创资源，为战略性新兴产业的涌现提前做好战略布局。其次要重塑现代产业技术体系，促进科技创新和产业发展深度融合。除了提升大学基础研究、国家实验室水平以外，更要鼓励企业健全自己的研发体系，推动产学研协同创新，完善产业技术创新体系和区域创新体系。针对科技成果转化率低的问题，应提升教育评价导向，引导科技工作者潜心研究，同时弘扬“十年磨一剑”的精神。此外，还应打破人才和知识流动的壁垒，建立健康的学术共同体，提升劳动力整体素质，使其与市场需求相匹配。

## 三、探索现代金融合作模式

金融服务现代化产业体系建设，既要推动产业升级，促进原有产业焕发新活力，又要促进产业创新，大力培育新兴产业。

美国通过政府政策支持、科产金主体协同等，构建了健全的“科技—产业—金融”体系，实现金融链、创新链和产业链的高效耦合。德国金融模式以银行体系为主，间接融资为主导，针对工业制造业企业效果较好，但较难满足新兴产业的融资需求。日本认为不应简单地将金融产品和项目分为“绿色”和“非绿色”项目，还应考虑符合产业转型和创新型的项目。韩国在政府主导下，绿色金融的法制化较为迅速，法律体系较为完善。

我国金融业不能走德美单一化的产业金融发展模式，需要德美模式兼收并蓄、直接融资和间接融资并重、银行与金融市场“双轮驱动”，以多元化金融服务推动我国现代化产业体系建设。首先，金融机构可以通过加强合作，推动绿色金融和可持续发展，提供更多的资金支持。同时，创新金融产品和服务，提供更加灵活多样的融资方式。其次，加强产业间黏性互动，提升产业结构关联度，赋能产业整体效益提升。在数字经济飞速发展的今天，互联网、数字技术的应用加速了产业链和供应链的形成。信贷机构提供的贷款、担保、风控服务，助力不同领域、不同产业在不同区域间的合作向范围广、程度深、层次高的方向演进，实现体系化的高质量发展。最后，绿色低碳是促进现代化产业体系可持续发展的重要方向。因此，银行绿色信贷可以作为国家宏观调控政策的重要手段，为绿色产业提供贷款、担保等绿色金融服务支持，最终实现节能减排、优化产业结构和改变经济增长方式的政策目标。同时，倡导可持续发展理念，提升金融主体社会责任意识，促进金融领域向绿色低碳方向转型。商业银行需要通过绿色信贷投放、强化贷款环境风险评估和管理等手段，以“绿色金融”支持绿色低碳转型发展，助力“双碳”目标的达成。

## 四、塑造现代化人力资源

人才是第一资源，是全面建设社会主义现代化国家的基础性、战略性支撑。塑造现代化人力资源是建设现代化产业体系的重要支撑。当前人类正在经历以人工智能、大数据等为代表的新一轮科技革命和产业变革，国际人才竞争愈加激烈。

经过多年发展，我国已建立起门类齐全的产业体系。但是，经济大而不强的问题依然突出，一些产业尚处在全球价值链的中低端，基础创新能力薄弱，关键环节受制于人，在国际竞争中处于不利地位。要打破这一困境，于危机中育先机、于变局中开新局，关键要加快塑造现代化人力资源，加快建设国家战略人才力量和高水平人才队伍。

塑造现代化人力资源需要从多个方面入手。首先，要完善战略科学家、领军科学家的发现与培养机制。建立宽松的创新氛围，组织产学研协同攻关，探索构建战略性科技人才的发现与有效识别机制，产生良性循环的人才聚集效应。借鉴美国、德国等发达国家的经验，建立科学、规范的选拔和培养机制，为优秀科学家提供良好的发展平台和资源支持。同时，开展国际人才交流与合作，吸引和留住国际顶尖人才。其次，要全面优化培育战略人才力量机制。发挥科教资源优势夯实人才基础，提升自然科学类学生的人文素养，探索科学家苗子的选拔和培养机制。借鉴韩国、日本等国家的经验，加强科学与人文的融合，培养具有全面素质的人才。同时，可以鼓励企业与高校、科研机构合作，共同培养具有实践能力和创新精神的高端人才。最后，要打造人才成长梯队。做大国家战略人才力量的基数，以培养造就一流科技领军人才和创新团队、青年科技人才以及卓越工程师为基础，让各类人才创新活力竞相迸发。借鉴德国、日本等国家的经验，建立完善的人才培养体系和激励机制，为不同类型的人才提供不同的成长路径和发展平台。同时，可加强人才评估和考核，确保人才培养的质量和效果，为高端化现代化产业体系建设提供有力的人才保障和支持。

# 第四章 我国现代化产业体系建设：实践成效

党的十八大以来，以习近平同志为核心的党中央准确把握全球产业发展大势，科学判断我国产业发展形势，坚持把发展经济的着力点放在实体经济上，推动我国工业、农业、服务业和基础设施发展迈上新台阶，形成了产业规模优势、体系优势和部分领域领先优势，我国现代化产业体系建设取得了初步成效。本章对当前我国现代化产业体系建设的整体概况进行回顾，并聚焦新型工业化、农业现代化、服务业、数字经济、现代化基础设施五个方面，回顾自党的十八大以来我国的建设成效，反映新形势下我国现代化产业体系的建设动态。

## 第一节　我国现代化产业体系建设概况

习近平总书记强调，立足实体经济这个根基，做大做强先进制造业，积极推进新型工业化，改造提升传统产业，培育壮大新兴产业，超前布局建设未来产业，加快构建以先进制造业为支撑的现代化产业体系[①]。党的十八大以来，我国加快推进制造强国、质量强国、网络强国建设，各地区各部门大力推动传统产业转型升级，实施传统产业技术改造升级工程，推动传统产业向高端化、智能化、绿色化转型，开展质量提升和品牌建设，以优质供给提升产业发展质效，同时培育壮大新兴产业、前瞻布局未来产业。本节主要聚焦传统产业、优势产业、新兴产业、未来产业和产业科技创新五个方面，对其政策部署和发展现状进行梳理，总结我国现代化产业体系的建设概况。

① 在更高起点上扎实推动中部地区崛起［N］. 人民日报，2024-03-21（01）.

## 一、传统产业转型升级

2024年4月，习近平总书记在重庆考察时强调，要“深入实施制造业重大技术改造升级和大规模设备更新工程，加快传统产业转型升级”①。我国传统产业具有种类多、体量大、市场广、产值高的特点，是现代化产业体系的基底，是形成新质生产力的基础。推动传统产业转型升级，是主动适应和引领新一轮科技革命和产业变革的战略选择，是提高产业链供应链韧性和安全水平的重要举措，是推进新型工业化、加快制造强国建设的必然要求，关系现代化产业体系建设全局。近年来，我国引导和支持传统产业加大技术改造和设备更新，用新技术、新业态改造提升传统产业链，推动传统产业向现代化转型、低端产业向高端化升级，引领传统产业在迈向高端化、智能化、绿色化中焕发新的生机。

### （一）政策部署

党的二十大以来，党中央、国务院对推动传统产业转型升级、保障传统能源和矿产资源供应安全的重视程度不断提高。2022年10月，党的二十大报告提出，要“推动制造业高端化、智能化、绿色化发展”“确保粮食、能源资源、重要产业链供应链安全”。2024年3月，《政府工作报告》将“实施制造业技术改造升级工程，培育壮大先进制造业集群，创建国家新型工业化示范区，推动传统产业高端化、智能化、绿色化转型”作为2024年的政府工作任务。

习近平总书记一直高度重视传统产业的发展，多次强调发展传统

---

① 习近平在重庆考察时强调 进一步全面深化改革开放 不断谱写中国式现代化重庆篇章［N］. 人民日报，2024-04-25（01）.

产业的重要性。2023 年 1 月，在中共中央政治局第二次集体学习中，"传统产业升链"被列为四大重点工作任务之一；2023 年 5 月，在二十届中央财经委员会第一次会议上强调，"坚持推动传统产业转型升级，不能当成'低端产业'简单退出"，国务院常务会议审议通过《关于加快发展先进制造业集群的意见》且再次强调要统筹推进传统产业改造升级和新兴产业培育壮大；2023 年 12 月，在中央经济工作会议上指出，"广泛应用数智技术、绿色技术，加快传统产业转型升级"[①]。结合目前中央及地方的政策部署，当前政策重点支持的方向主要是技术改造、设备更新、智能制造、节能降耗和严控产能。

（1）融合应用数智技术和绿色技术，实施制造业技术改造升级工程。2023 年 12 月，工业和信息化部等八部门发布《关于加快传统制造业转型升级的指导意见》，提出"实施制造业技术改造升级工程，加快设备更新、工艺升级、数字赋能、管理创新，推动传统制造业向高端化、智能化、绿色化、融合化方向转型"。主要围绕以下五个方面开展：一是坚持创新驱动发展，加快迈向价值链中高端，包括加快先进适用技术推广应用、持续优化产业结构、深入实施产业基础再造工程、着力增品种提品质创品牌；二是加快数字技术赋能，全面推动智能制造，包括大力推进企业智改数转网联、促进产业链供应链网络化协同、推动产业园区和集群整体改造升级；三是强化绿色低碳发展，深入实施节能降碳改造，包括开展工业领域碳达峰行动、完善绿色制造和服务体系、推动资源高效循环利用、强化重点行业本质安全；四是推进产业融合互促，加速培育新业态新模式，包括促进石化化工等行业耦合发展、发展服务型制造、持续优化产业布局。五是加大政策支持力

① 中央经济工作会议在北京举行［N］. 人民日报，2023-12-13（01）.

度，营造良好发展环境，包括加强组织领导、加大财税支持、强化金融服务、扩大人才供给。

（2）推进工业领域大规模设备更新。2024 年 3 月，工业和信息化部等七部门联合印发《推动工业领域设备更新实施方案》，聚焦石化化工、钢铁、有色、建材、机械、汽车、轻工、纺织、电子等工业领域重点行业，提出“围绕推进新型工业化，以大规模设备更新为抓手，实施制造业技术改造升级工程，以数字化转型、绿色化升级为重点，坚持市场化推进、标准化引领、软硬件一体化更新，推动制造业高端化、智能化、绿色化发展”。重点任务包括四项行动。一是先进设备更新行动，包括针对工业母机、农机、工程机械等行业，加快服役 10 年以上老旧机床等落后低效设备更新替代；针对航空、光伏、动力电池等行业，对标国际先进水平，更新一批高技术、高效率、高可靠性的先进设备；围绕研发设计、中试验证、检验检测等薄弱环节，更新升级一批试验检测设备。二是数字化转型行动，包括以推进制造业数字化、网络化、智能化为重点，推广应用工业机器人、智能物流等智能制造装备，建设一批智能工厂，加强数字基础设施建设，加快工业互联网、千兆光网、算力中心等规模化部署。三是绿色装备推广行动，包括推动石化化工、钢铁、有色、建材等重点用能行业、重点环节，应用推广节能、节水、环保等绿色装备；推动电机、变压器、锅炉、泵等重点用能设备更新换代；加大工业固废处理设备设施更新升级。四是本质安全水平提升行动，包括推广应用一批先进适用安全装备，加快推动石化化工老旧装置综合技改，推动民爆行业“机械化换人、自动化减人、机器人替人”，加强安全应急、消防等领域装备升级改造与配备配置。

（3）制定高智能化的产业新标准，反向促进企业生产转型升级。发挥标准倒逼、优化、调整、促进作用，提高先进产能占比。2022 年

1月，工业和信息化部、国家标准委联合印发《国家智能制造标准体系建设指南（2021版）》，提出到2025年要累计研制超过40项行业智能制造领域标准，引导先进制造技术与新一代信息技术、数字化平台、智能装备等的融合应用。2023年2月，中共中央、国务院联合印发《质量强国建设纲要》，提出要加快传统制造业技术迭代和质量升级，以先进标准助推传统产业提质增效和新兴产业高起点发展。此外，工业和信息化部针对有色金属行业和钢铁行业，分别于2023年3月和9月印发《有色金属行业智能制造标准体系建设指南（2023版）》和《钢铁行业智能制造标准体系建设指南（2023版）》，促进其数字化转型和智能化升级。2023年4月，国家标准委等11部门联合印发《碳达峰碳中和标准体系建设指南》，加快制定修订火电、钢铁、建材、化工、有色、煤炭、采矿、轻工、机械、交通运输等重点行业强制性能耗限额标准，推动实现能耗限额指标与碳排放强度指标相协调。2024年2月，工业和信息化部印发《工业领域碳达峰碳中和标准体系建设指南》，推进工业领域向低碳、零碳发展模式转变。

（4）从优化存量的角度，对工业重点领域进行节能降碳绿色改造。2023年3月，国家发展和改革委员会等发布《关于进一步加强节能标准更新升级和应用实施的通知》，持续推进节能标准更新升级和应用实施，支撑重点领域和行业节能降碳改造，加快节能降碳先进技术研发和推广应用。2023年6月，国家发展和改革委员会等五部门联合发布《工业重点领域能效标杆水平和基准水平（2023年版）》，对工业重点领域节能降碳改造做出进一步部署。这是继2021年出台《关于严格能效约束推动重点领域节能降碳的若干意见》《高耗能行业重点领域能效标杆水平和基准水平（2021年版）》及2022年出台《高耗能行业重点领域节能降碳改造升级实施指南（2022年版）》后，持续加力推进传统产业转型升级的延续性工作举措，是工业重点领域节能降碳改造政策的“升级版”。2024 年 2 月，工业和信息化部等七部委联合发布《关于加快推动制造业绿色化发展的指导意见》，加快传统产业绿色低碳转型升级，推动新兴产业绿色低碳高起点发展，培育制造业绿色融合新业态，提升制造业绿色发展基础能力。

（5）严控产能，包括严禁新增产能、淘汰落后产能、常态化错峰生产等。严格控产量、控产能，淘汰落后产能，继续执行产能置换政策，同时引导、控制传统化石能源和相关材料的新增消费量。2023 年《政府工作报告》提出，要严格执行环保、质量、安全等法规标准，淘汰落后产能；发挥煤炭主体能源作用，增加煤炭先进产能；优化能源结构，实现超低排放的煤电机组超过 10.5 亿千瓦，清洁能源消费占比由 20.8% 上升到 25% 以上。同时，在各级地方政府的传统工业转型规划中，多地提出要坚决淘汰高耗低效产能，严格项目准入，严禁新建、扩建禁止类和限制类项目，严格执行钢铁、水泥、电解铝等行业产能置换政策，严控新增产能，推动水泥错峰生产常态化，严厉打击违法违规生产行为，严防“地条钢”死灰复燃，对钢铁、水泥、电解铝等“两高”行业能耗、电耗达不到强制性标准产能和存在淘汰类产能的落后企业，落实差别电价、阶梯电价等电价上浮政策等。四川、山西、宁夏、青海等各级地方政府还制定了一系列控制煤炭消费增长、引导煤炭消费量稳定下降的目标。

值得注意的是，与以往“产业转型”的表述不同，当前从中央到地方都强调传统产业的“升级”和“高质量发展”。从更多地强调“转”到更多地强调“升”，是对传统产业重要性的重新审视——坚持推动传统产业实现产业链条升级、产品升级、工艺升级、功能升级。

### （二）建设概况

目前全国多地都在积极推动传统产业转型升级，明确了产业转型升级的具体路线和任务。例如，浙江率先在全国做出全面开展传统制造业改造提升的决策部署，从17个重点传统制造业中分三批遴选出48个分行业省级试点县（市、区），出台17个传统制造业改造提升实施方案，明确改造提升路线图，并抓好年度推进；广东连续发布推动食品工业提质升级、推动纺织服装产业高质量发展等文件，并针对不同传统行业的具体特点出台政策，分门别类推动消费品工业数字化转型，如分别印发了纺织服装行业和家具行业的数字化转型指引，从研发设计、生产运营优化、仓储物流、供应链整合、平台服务升级、商业模式创新、大数据挖掘应用等关键环节，提出具体的数字化转型方案和实现路径；江西印发《打造全国传统产业转型升级高地实施方案（2022—2025年）》，将进一步做强、做精、做优、做特有色金属、石化、建材、纺织、钢铁、食品、家具、船舶等传统产业作为目标，力争打造成为全国传统产业转型升级高地和世界级有色金属产业基地；辽宁密集出台相关政策文件，对传统产业数字化转型进行顶层设计，设立20亿元专项资金支持“数字辽宁、智造强省”建设，以场景驱动传统产业数字化改造，按照“场景、车间、工厂、标杆”发展路径，支持企业建设数字化车间、智能工厂将实施科技型企业培育壮大工程；山东印发《山东省六大传统产业转型升级指导计划》，分行业制定技术突破、产品升级、企业培育、链条配套、产业集聚、淘汰落后等“六个一批”行动路线，推动传统产业转型升级；安徽制定了《安徽省长江经济带发展负面清单实施细则（2022年版）》，对产业发展实施负面清单管理，加快淘汰落后产能，积极促进沿江产业结构调整。

传统产业升级改造，为新质生产力加装了“新引擎”。高端化方面，主要是继续推动实施重大技术装备攻关工程，在大飞机、航空发动机、燃气轮机、电力能源装备、船舶与海工装备、工业母机、高端医疗装备和现代农机装备等领域，努力突破建造一批带有创新性、标志性的装备。智能化方面，多部门联合开展了2022年度智能制造试点示范行动，推进智能制造示范工厂建设，推进传统产业数字化改造。绿色化方面，开展绿色低碳技术攻关和产品示范应用，积极推动实施工业领域碳达峰行动，以创建绿色工厂、开发绿色产品、建设绿色工业园区和构建绿色供应链为牵引，积极推动传统产业绿色低碳改造升级；实施工业能效、水效提升计划，提高能源资源利用效率和清洁生产水平[①]。

2023年以来，一大批传统产业改造升级提速，向价值链中高端跃升。以钢铁行业为例。当前我国钢铁行业正在实施产能置换、超低排放改造、极致能效三大改造工程。通过产能置换，优化钢铁全产业的空间布局和流程布局，实现钢铁产业的高端化、智能化和绿色化；超低排放、极致能效则聚焦于绿色低碳目标。多措并举下，我国钢铁行业转型成效显著：能效水平持续提高，吨钢综合能耗逐年下降，主要生产工序能耗逐渐降低。同时，高附加值产品的市场竞争力逐渐增强，供给体系质量大幅提升。根据中国钢铁工业协会的数据，我国钢铁行业产品结构调整加速，制造业用钢占比从2020年的42%提高至2023年的48%，且2024年初以来继续攀升；2024年第一季度，我国高附加值钢铁产品出口占比已突破35%。再如，近年来我国纺织产业的数字化转型成效显著，行业数字化发展水平总体呈快速提高态势，多项关键指标高于全国制造业的平均水平。数字化生产装备配置水平和工业网络应用水平明显提高。截至2023年6月，纺织企业生产设备数字化率和数字化设备联网率分别达到55.8%和49.1%，高于全国制造业52.8%和46.8%的平均水平；工业软件应用普及率稳步提升，企业上云用云步伐加快，大中小型

① 国务院发展研究中心．中国发展报告2023［M］．北京，中国发展出版社，2023.

企业协同融通发展生态正在形成，工业云平台应用率达到 52.6%。智能化发展提速，智能车间建设进展较快。纺织行业的智能制造就绪率即初步具备智能制造基础条件的企业占比达到 14.6%，高于全国 13.1% 的平均水平。目前棉纺、化纤、针织、印染、服装等纺织细分行业的智能化发展都取得了较大突破，已培育出一批网络协同制造、大规模个性化定制等新业态新模式，并在生产过程中建立了智能在线检测、人机协同作业等一批典型应用场景。2023 年我国整个纺织工业总产值达 1270 亿元，劳动生产效率提升 32%，交货周期缩短 30%。

## 二、优势产业巩固提升

党的二十大指出，巩固优势产业领先地位，在关系安全发展的领域加快补齐短板，提升战略性资源供应保障能力。在现代化产业体系建设中，发展优势产业是提高我国产业整体水平的关键，有利于推动我国产业迈向价值链中高端。当前我国轨道交通装备、船舶与海洋工程装备、新能源汽车、太阳能光伏、通信设备、锂电池、稀土等产业处于并跑乃至领跑位置，这是我国制造业向全球价值链中高端迈进的重要标志。

### （一）政策部署

2023 年以来，国务院及各部委在工作报告中多次强调要大力推动巩固延伸优势产业。2023 年 6 月，国务院常务会议研究促进新能源汽车产业高质量发展的政策措施，指出要巩固和扩大新能源汽车发展优势，进一步优化产业布局，加强重点领域关键核心技术攻关，提升全产业链自主可控能力和绿色发展水平，延续和优化新能源汽车车辆购置税减免政策，构建高质量充电基础设施体系。2023 年 12 月，第十四届全国人民代表大会常务委员会第七次会议上的《中华人民共和国国民经济和社会发展第十四个五年规划和2035年远景目标纲要》实施中期评估报告指出，巩固轨道交通装备、船舶与海洋工程装备、电力装备、新能源汽车、太阳能光伏、通信设备、动力电池等优势产业领先地位。同月，全国工业和信息化工作会议指出：进一步巩固提升优势产业领先地位；加快强链补链延链，提升全产业竞争力；支持新能源汽车换电模式发展，抓好公共领域车辆全面电动化先行区试点；加强光伏行业规范引导和质量监管；促进稀土在航空航天、电子信息、新能源等领域高端应用。2024年3月，《政府工作报告》中将“巩固扩大智能网联新能源汽车等产业领先优势”作为2024年的工作任务。2024年3月，国家发展和改革委员会发布《促进国家级新区高质量建设行动计划》，提出要巩固提升新区千亿级及主导产业竞争优势，同月发布《2024年国民经济和社会发展计划的主要任务》，提出要巩固扩大新能源汽车、信息通信等产业优势。

同时，针对新能源汽车、光伏、轨道交通装备等优势产业，我国出台了多项产业政策，巩固提升其竞争力。例如，针对新能源汽车产业，先后出台了全方位激励政策，从研发环节的政府补助、生产环节的双积分，到消费环节的财政补贴、税收减免，再到使用环节的不限牌不限购、运营侧的充电优惠等，几乎覆盖了新能源汽车整个生命周期；针对光伏产业，国家和地方就光伏项目用地、电力市场、光伏项目建设、光伏技术进步与创新、发展规划等方面出台了相关政策；针对轨道交通装备制造业，出台了一系列支持政策，包括提高对基础设施建设和轨道交通装备制造业的投入、制定轨道交通发展规划和标准、扶持企业科技创新和自主研发、鼓励国际合作等。在诸多政策的合力下，目前我国优势产业的产业链供应链韧性和安全水平得到了有效提升。

### （二）建设概况

党的二十大以来，我国各地方结合自身情况，纷纷出台发展规划、制定行动方案，推动本地特色优势产业实现高质量发展，通过实施产业基础再造工程、重大技术装备攻关工程、关键核心技术攻关工程，开展先进制造业集群发展专项行动，巩固优势产业的领先地位，提升其全产业链优势。例如，湖北发展光电子信息、新能源与智能网联汽车、生命健康、高端装备、北斗五大优势产业，努力打造世界级产业集群，并针对每个优势产业建立省委常委领衔推动的工作机制，制定三年行动方案，组建专家咨询委员会，搭建产业服务平台，强化项目牵引，加快关键核心技术攻关；湖南巩固延伸工程机械、轨道交通、现代农业、文娱旅游等优势产业；上海打造电子信息、生命健康、汽车、高端装备 4 个万亿级产业集群，先进材料、时尚消费品 2 个五千亿级产业集群，在民用航空、高端船舶、高端医疗器械等细分领域培育一批千亿级产业，积极创建国家先进制造业和战略性新兴产业集群；四川推动先进制造业集群高质量发展，开展成渝电子信息等 3 个国家先进制造业集群培育提升三年行动，遴选一批省级先进制造业集群，建设新型显示、核医药、航空航天装备等高技术转化应用产业基地；浙江推动装备制造、纺织服装、五金制品等优势产业迈向中高端；江苏高标准建设 10 个国家先进制造业集群和 16 个省重点集群，着力构建新型电力装备等世界一流、高端装备等国际先进、航空航天等全国领先的集群方阵。

分领域来看，2023 年以来，我国优势产业进一步巩固延伸，高质量发展迈出坚实步伐。例如，在光伏产业，已形成从工业硅、高纯硅材料、硅锭 / 硅棒 / 硅片、电池片、组件、逆变器、光伏辅材辅料、光伏生产设备，到系统集成和光伏产品应用等全球最完整的产业链，具备显著的技术水平高、效率高、成本低和上下游配套健全等优势，形成水风光储一体化协同推进的良好发展格局，并在各主要环节均有一批世界级领先企业，持续领导全球产业供应格局；在新能源产业，我国多项新能源技术和装备制造水平已全球领先，建成了世界上最大的清洁电力供应体系，我国新能源发电技术为全球贡献了70%以上的光伏组件和60%的风电装备，已成为世界能源发展转型和应对气候变化的重要推动者；在轨道交通装备制造业，已形成自主研发、配套完整、设备先进、规模经营的集研发、设计、制造、试验和服务于一体的轨道交通装备制造体系，包括电力机车、内燃机车、动车组、铁道客车、铁道货车、城轨车辆、机车车辆关键部件、信号设备、牵引供电设备、轨道工程机械设备等10个专业制造系统，特别是在“高速”“重载”“便捷”“环保”技术路线推进下，高速动车组和大功率机车取得了举世瞩目的成就；在船舶和海洋工程装备产业，我国船舶和海洋装备研发、建造水平持续提升，高技术船舶和海洋工程装备处在船舶产业价值链的高端，船舶制造完工量和新接订单量均居于全球前列；在新能源汽车产业，我国拥有从材料研发、工程设计到制造管理、总装集成的全产业链，形成了一批契合“国内大循环为主体、国内国际双循环相互促进”要求的汽车产业集群布局，区域产业链供应链体系完整，已形成由整车企业带动、配套先进智能网联产业链以及优越产业政策环境的产业生态。

**专栏 4-1　“新三样”彰显中国制造新优势**

以新能源汽车、锂离子蓄电池、太阳能电池为代表的外贸“新三样”，以及以跨境电商为代表的外贸新业态、新模式跑出“加速度”，成为培育新质生产力的强大动能。

目前我国外贸“新三样”持续凸显中国制造的全球竞争新优势。据海关总署统计，2023年我国“新三样”产品出口合计1.06万亿元，首次突破万亿元大关，同比增长近30%。新能源汽车方面：2023年我国新能源汽车出口120多万辆，同比增长77.6%，出口量稳居全球首位；全年产销量分别为958.7万辆和949.5万辆，同比分别增长35.8%和37.9%，产销量均居世界第一位。锂电池和太阳能电池方面：2023年，我国对美国、德国出口锂电池类中间品实现了两位数的增长，对东盟出口的锂电池、太阳能电池、进口音视频设备零件均高速增长。其中，太阳能电池出口总量为56.37亿个，同比增长38.4%，锂电池出口总额为650.07亿美元，同比增长27.7%。

随着高水平开放稳步推进，我国新平台新业态发展势头良好。2023年，我国自由贸易试验区数量已扩大至22个，合计进出口7.67万亿元，增长2.7%，占进出口总值的18.4%。海南自由贸易港年度进出口连续三年保持两位数增长。统计显示，2023年我国跨境电商进出口2.38万亿元，同比增长15.6%。其中，出口1.83万亿元、增长19.6%，进口5483亿元、增长3.9%，占外贸进出口比重达5.7%。

“新三样”出口高增长背后的主要支撑因素，是我国制造业多年沉淀下来的产业竞争力。以“新三样”为代表的外贸出口产品升级，是我国优势产业巩固发展的一个缩影，反映出我国日益完备的产业链带来的技术创新优势。以光伏产业为例，近年来，从上游硅料技术研发、中游组件生产制造，到下游电站开发，我国光伏产业已形成全球最完整的产业配套环境和供应链体系，行业总产值超过1.2万亿元。从“老三样”到“新三样”的转变，折射出我国产业结构的升级。一是产业附加价值的升级趋势，相较于传统外贸产品，“新三样”等产品附加值更高；二是产业链融合的升级趋势，“新三样”产品更为精细复杂，需要产业链上多个环节有机融合才能顺利完成生产制造；三是产业创新能力的升级趋势，科创要素在产业发展中的作用持续增强，我国产业由“中国制造”向“中国创造”“中国引领”进一步迈进。

## 三、战略性新兴产业培育壮大

习近平总书记指出，战略性新兴产业是引领未来发展的新支柱、新赛道[①]。战略性新兴产业是以重大技术突破和重大发展需求为基础，对经济社会全局和长远发展具有重大引领带动作用、成长潜力巨大的产业，既代表着科技创新的方向，也代表着产业发展的方向，是现代化产业体系的重要支撑。我国自 2009 年开始布局战略性新兴产业，2010 年 10 月国务院印发《关于加快培育和发展战略性新兴产业的决定》。十余年间，我国新能源、新材料、生物工程、新一代信息技术、绿色环保、新能源汽车、人工智能、高端装备等战略性新兴产业实现了长足发展，特别是新能源汽车、锂电池、光伏和新一代信息技术等重点领域创新突破不断加快，获得了阶段性领先地位，成为经济高质量发展的重要支撑。

### （一）政策部署

我国政府高度重视战略性新兴产业的规划布局，将战略性新兴产业的发展规划落实到国家五年计划中，国家“十二五”规划、“十三五”规划、“十四五”规划中都明确提出发展战略性新兴产业（见表 4-1）。同时，国务院先后出台了《“十二五”国家战略性新兴产业发展规划》《“十三五”国家战略性新兴产业发展规划》《关于积极推进“互联网 +”行动指导意见》《促进大数据发展行动纲要》等重大政策文件，持续推动战略性新兴产业快速发展。从表 4-1 可以看出，在不同时期，我国部署发展的战略性新兴产业的具体领域有所变化：“十二五”时期，主要聚焦七大领域；“十三五”时期，在七大领域的

① 习近平．当前经济工作的几个重大问题［J］．求是，2023（4）．

基础上，新增数字创意产业，变为八大领域；“十四五”时期，在八大领域的基础上，新增“航空航天”和“海洋装备”两大产业，同时取消“数字创意”产业，调整为“九大产业”，即新一代信息技术产业、高端装备产业、新材料产业、生物技术产业、新能源汽车产业、新能源产业、绿色环保产业、航空航天产业和海洋装备产业。

**表 4–1 国家发展规划对我国战略性新兴产业发展的布局**

| 发布时间 | 政策名称 | 内容 | 重点领域 |
|---|---|---|---|
| 2011 年 3 月 | 《中华人民共和国国民经济和社会发展第十二个五年规划纲要》 | 第三篇第十章：培育发展战略性新兴产业<br>“以重大技术突破和重大发展需求为基础，促进新兴科技与新兴产业深度融合，在继续做强做大高技术产业基础上，把战略性新兴产业培育发展成为先导性支柱性产业” | 节能环保、新一代信息技术、生物、高端装备制造、新能源、新材料、新能源汽车 |
| 2016 年 3 月 | 《中华人民共和国国民经济和社会发展第十三个五年规划纲要》 | 第五篇第二十三章：支持战略性新兴产业发展<br>“瞄准技术前沿，把握产业变革方向，围绕重点领域，优化政策组合，拓展新兴产业增长空间，抢占未来竞争制高点，使战略性新兴产业增加值占国内生产总值比重达到 15%” | 新一代信息技术、高端装备、新材料、生物、新能源汽车、新能源、节能环保、数字创意 |
| 2021 年 3 月 | 《中华人民共和国国民经济和社会发展第十四个五年规划和 2035 年远景目标纲要》 | 第三篇第九章：发展壮大战略性新兴产业<br>“着眼于抢占未来产业发展先机，培育先导性和支柱性产业，推动战略性新兴产业融合化、集群化、生态化发展，战略性新兴产业增加值占 GDP 比重超过 17%” | 新一代信息技术、生物技术、新能源、新材料、高端装备、新能源汽车、绿色环保、航空航天、海洋装备 |

资料来源：作者根据公开资料整理。

2022 年 10 月，党的二十大作出了“推动战略性新兴产业融合集群发展，构建新一代信息技术、人工智能、生物技术、新能源、新材料、高端装备、绿色环保等一批新的增长引擎”[①] 的重要部署。2022 年 12 月，中央将壮大战略性新兴产业纳入《扩大内需战略规划纲要（2022—2035 年）》，对深入推进国家战略性新兴产业集群发展、建设国家级战略性新兴产业基地、建设国家新型工业化产业示范基地、培育世界级先进制造业集群作出明确部署。2023 年以来，习近平总书记在不同场合多次强调培育和发展战略性新兴产业：2023 年 7 月，在中共中央政治局会议上提出，“要大力推动现代化产业体系建设，加快培育壮大战略性新兴产业、打造更多支柱产业”[②]；2023 年 9 月，在黑龙江考察时强调，“整合科技创新资源，引领发展战略性新兴产业和未来产业，加快形成新质生产力”[③]；在主持召开新时代推动东北全面振兴座谈会时进一步强调，“积极培育新能源、新材料、先进制造、电子信息等战略性新兴产业，积极培育未来产业，加快形成新质生产力，增强发展新动能”[④]；2023 年 12 月，在中央经济工作会议指出，“打造生物制造、商业航天、低空经济等若干战略性新兴产业”[⑤]。

党的二十大以来，从国家到地方纷纷加大对战略性新兴产业的支持力度。工业和信息化部启动了国家先进制造业集群培育提升工作，

① 习近平 . 高举中国特色社会主义伟大旗帜 为全面建设社会主义现代化国家而团结奋斗——在中国共产党第二十次全国代表大会上的报告［N］. 人民日报，2022-10-26（01）.

② 中共中央政治局召开会议 分析研究当前经济形势和经济工作［N］. 人民日报，2023-07-25（01）.

③ 习近平在黑龙江考察时强调 牢牢把握在国家发展大局中的战略定位 奋力开创黑龙江高质量发展新局面［N］. 人民日报，2023-09-09（01）.

④ 牢牢把握东北的重要使命 奋力谱写东北全面振兴新篇章［N］. 人民日报，2023-09-10（01）.

⑤ 中央经济工作会议在北京举行［N］. 人民日报，2023-12-13（01）.

推动战略性新兴产业集群式发展；国务院国资委部署央企产业焕新和未来产业启航等专项行动，聚焦新一代移动通信、人工智能、新材料等15个重点产业领域方向的布局建设。2023年8月，工业和信息化部等四部委联合印发《新产业标准化领航工程实施方案（2023—2035年）》，聚焦新一代信息技术、新能源、新材料、高端装备、新能源汽车、绿色环保、民用航空、船舶与海洋工程装备等8个战略性新兴产业，以及元宇宙、脑机接口、量子信息、人形机器人、生成式人工智能、生物制造、未来显示、未来网络、新型储能等9个未来产业，统筹推进战略性新兴产业和未来产业标准的研究、制定、实施和国际化。2023年12月，全国工业和信息化工作会议指出：启动智能网联汽车准入和上路通行试点，推进北斗规模应用和卫星互联网发展；壮大新能源、新材料、高端装备、生物医药及高端医疗装备、安全应急装备等新兴产业，打造生物制造、商业航天、低空经济等新的增长点；出台未来产业发展行动计划，瞄准人形机器人、量子信息等产业，着力突破关键技术、培育重点产品、拓展场景应用。2024年3月的《政府工作报告》提出：实施产业创新工程，完善产业生态，拓展应用场景，促进战略性新兴产业融合集群发展；巩固扩大智能网联新能源汽车等产业领先优势，加快前沿新兴氢能、新材料、创新药等产业发展，积极打造生物制造、商业航天、低空经济等新增长引擎[①]。当前我国31个省（区、市）战略性新兴产业的发展重点见表4-2。

① 政府工作报告——2024年3月5日在第十四届全国人民代表大会第二次会议上［EB/OL］.（2024-03-12）［2024-05-08］.https://www.gov.cn/yaowen/liebiao/202403/content_6939153.htm.

表 4-2　我国 31 个省（区、市）战略性新兴产业的发展重点

| 区域 | 省（区、市） | 发展重点 |
|---|---|---|
| 东部地区 | 北京 | 大力发展新一代信息技术产业、医药健康产业、新能源智能网联汽车产业、绿色智慧能源产业等战略性新兴产业；前瞻布局量子信息、新材料、人工智能、卫星互联网、机器人等未来产业；培育新一代信息技术产业、新能源智能网联汽车产业 2 个万亿级产业集群和绿色智慧能源产业集群；构建“一核两翼三圈三轴，两区两带五新双枢纽”的产业空间格局；到 2025 年，高精尖产业增加值占地区生产总值比重达到 30% |
| | 天津 | 集中攻坚信息技术应用创新、动力电池、车联网、集成电路等重点产业链；大力发展新一代信息技术、航空航天、新能源汽车、新材料、生物医药等产业；优化沿海产业布局，打造临海先进制造产业带，构建“两带集聚、双城优化、智谷升级、组团联动”的市域产业空间结构 |
| | 河北 | 完善大数据与物联网、信息技术制造业、人工智能与智能装备、新能源汽车与智能网联汽车、先进环保、生物医药健康、新能源与智能电网装备、高端装备制造、新材料、氢能等战略性新兴产业链；实施战略性新兴产业集群发展工程，建设一批战略性新兴产业示范基地；超前布局应急产业、康复辅助器具产业、区块链、太赫兹、智能传感器、量子通信等高潜力未来产业链 |
| | 山东 | 以“雁阵形”产业集群为基础，深耕细作“5+5”十强产业；重点发展新一代信息技术、高端装备、新能源、新材料、现代海洋、医养健康五大领域；2025 年，全省战略性新兴产业增加值占地区生产总值比重达到 17% 以上 |
| | 江苏 | 重点打造物联网、高端装备、节能环保、新型电力（新能源）装备、生物医药和新型医疗器械等万亿级产业集群；重点聚焦集成电路、生物医药、人工智能等前沿领域，积极发展新一代信息技术、新材料、节能环保、新能源、新能源汽车等产业；着力培育 50 条重点产业链，做强 30 条优势产业链，提升 10 条卓越产业链；推动互联网、大数据、人工智能等融合应用；前瞻布局第三代半导体、基因技术、空天与海洋开发、量子科技、氢能与储能等领域；到 2025 年，战略性新兴产业产值占规上工业比重超过 42% |

续表

| 区域 | 省（区、市） | 发展重点 |
|---|---|---|
| 东部地区 | 浙江 | 聚焦生物医药、集成电路等十大标志性产业链；打造新一代信息技术、汽车及零部件、绿色化工、现代纺织和服装等世界级先进制造业集群、一批年产值超千亿元的优势制造业集群和百亿级的“新星”产业群；积极壮大生命健康产业；加快发展新材料产业；大力培育新一代信息技术、生物技术、高端装备、新能源及智能汽车、绿色环保、航空航天、海洋装备等产业；超前布局发展第三代半导体、类脑芯片、柔性电子、量子信息、物联网等未来产业 |
| | 上海 | 重点聚焦集成电路、生物医药、人工智能三大领域创新；重点打造电子信息产业、生命健康产业、汽车产业、高端装备产业、新材料产业、现代消费品产业六大产业集群；到 2025 年战略性新兴产业增加值占全市生产总值比重达到 20% 左右 |
| | 广东 | 进一步巩固提升重点发展新一代电子信息产业、5G 产业、超高清视频产业、新能源及智能网联汽车、生物医药产业、新一代电子信息等十大战略性支柱产业；前瞻布局半导体与集成电路产业、高端装备制造产业、氢能产业等十大战略性新兴产业；“十四五”期间，十大战略性新兴产业集群营业收入年均增长 10% 以上；计划在区块链、量子通信、人工智能、信息光子、太赫兹、新材料、生命健康等未来产业领域努力抢占未来发展制高点 |
| | 福建 | 将围绕新材料、新能源、节能环保、生物与新医药、海洋高新等重点领域，加快打造一批百亿级、千亿级战略性新兴产业集群；围绕人工智能、区块链、泛物联网、量子科技、类脑科学、柔性电子、高效储能、无人驾驶等新技术领域，前瞻布局新兴产业前沿科学问题研究与技术研发，加快新技术、新产品产业化应用，培育未来产业 |
| | 海南 | 加快发展数字经济、石油化工新材料、现代生物医药三大战略性新兴产业；培育壮大南繁产业、深海产业、航天产业三大未来产业；优化升级清洁能源、节能环保、高端食品加工三大优势产业；到 2025 年，高新技术产业增加值达到 1500 亿元、占地区生产总值比重达到 15%，重点园区产值达到 12000 亿元 |

续表

| 区域 | 省（区、市） | 发展重点 |
|---|---|---|
| 中部地区 | 山西 | 重点围绕信创产业、半导体产业、大数据融合创新产业、碳基新材料产业、光电产业等，打造14个战略性新兴产业集群；到"十四五"末，产业结构和经济结构拐点显现，战略性新兴产业成为支撑经济增长的重要动力源 |
| | 河南 | 把制造业高质量发展作为主攻方向，强化战略性新兴产业引领、先进制造业协同驱动；积极构建新型显示和智能终端、生物医药、节能环保、新能源及网联汽车、新一代人工智能、网络安全、尼龙新材料、智能装备、智能传感器、5G等产业链；重点培育10个千亿级新兴产业集群；前瞻布局北斗应用、量子信息、区块链、生命健康、前沿新材料等未来产业 |
| | 安徽 | 大力发展新一代信息技术、人工智能、新材料等十大新兴产业；重点培育新型显示、集成电路、新能源汽车和智能网联汽车、人工智能、智能家电5个世界级战略性新兴产业集群；建设先进结构材料、化工新材料、生物医药、现代中药、机器人、核心基础零部件、高端装备制造、云计算、网络与信息安全等30个左右在全国具有较强影响力和竞争力的重大新兴产业基地 |
| | 湖北 | 突出"光"特色，做强"芯"核心，做大"屏"规模，强化"端"带动，优化"网"生态；大力发展光通信与激光、集成电路、新型显示、智能终端、下一代信息网络、生物医药等战略性新兴产业；加快生物产业从培育到壮大的转变；推动新能源与智能网联汽车产业基地建设；着力培育光电子信息、大健康、汽车等4个具有国际影响力的万亿级产业集群；打造"光芯屏端网"世界级产业集群，建设全国生物经济先行示范区；提升航空航天与北斗、新材料、高端装备、绿色环保、数字创意等新兴产业发展能级 |
| | 湖南 | 围绕工程机械、轨道交通、航空动力三大产业，打造三大具有全球影响力的产业集群；着重发展电子信息、先进材料、智能和新能源汽车、生物轻纺、智能装备等产业；加快壮大新一代信息技术、生物技术、新能源、新材料、高端装备、新能源汽车、绿色环保以及航空航天、海洋装备等产业；实施战略性新兴产业培育工程；积极推动新一代半导体、生物技术、绿色环保、新能源、高端装备等产业发展，打造九大基（高）地；积极推进量子信息、6G技术、类脑智能、氢能核能利用、合成生物、低维材料、超材料、深海深地深空等未来产业领域创新发展 |

续表

| 区域 | 省（区、市） | 发展重点 |
|---|---|---|
| 中部地区 | 江西 | 重点聚焦航空、电子信息、装备制造、中医药、新能源、新材料六大战略性新兴产业；大力发展 VR 产业、物联网产业、大数据和云计算产业、集成电路产业、人工智能产业、北斗产业、区块链产业七大数字经济产业；着力实施“2+6+N”产业高质量跨越式发展行动；培育万亿级电子信息产业；建设航空、装备制造、中医药、新能源、新材料 5 个产业重要基地；打造全国新兴产业培育发展高地和全国数字经济产业重要基地 |
| 西部地区 | 重庆 | 重点发展新一代信息技术、新能源汽车、高端装备制造、新材料、生物产业、节能环保六大战略性新兴产业；集中优势资源培育一批产值规模超千亿的产业集群和基地，带动全市战略性新兴产业规模迈上万亿级；“十四五”末，重庆市战略性新兴产业规模要达 1 万亿元以上 |
| | 四川 | 重点发展生物产业、高端装备制造（轨道交通装备产业），节能环保产业、新一代信息技术产业（网络安全、集成电路、新型显示）、新能源（核能与核技术）、新材料等战略性新兴产业集群；着重培育新能源（氢能及燃料电池）、高端装备制造（高性能机器人、高端航空航天装备）、新材料、新一代信息技术（物联网、车联网等信息基础产业、人工智能）、数字创意产业（超高清、工业设计）、生物产业（生物药、高性能医疗器械、创新疫苗和抗体药物、核医学、生物治疗与再生医学、脑科学与类脑智能、大健康产业基地）等产业 |
| | 贵州 | 重点围绕新能源产业、生物产业、新材料产业、高端装备制造产业、新能源汽车产业、节能环保产业、新一代信息技术产业等七大战略性新兴产业，充分发挥国家级园区等重点园区的引领带动作用，打造成为全省经济发展的重要增长极；到 2025 年，培育打造千亿级园区 5 个、五百亿级园区 10 个、百亿级园区 50 个 |
| | 云南 | 重点发展新一代信息技术、高端装备制造、新材料、新能源、节能环保等战略性新兴产业；着重培育新一代信息技术（人工智能、量子通信）、高端装备制造业（卫星应用）、生物产业（生物技术）等未来战略新兴产业；到 2035 年，形成一批国际国内先进水平的战略性新兴产业集群，建成立足全国面向南亚、东南亚的战略性新兴产业发展高地 |

续表

| 区域 | 省（区、市） | 发展重点 |
| --- | --- | --- |
| 西部地区 | 西藏 | 推进新一代信息技术、新能源、生物等新兴产业发展壮大；推动清洁能源、高原生物、绿色工业、高新数字成为经济增长的重要引擎、转型发展的重要动力、人民幸福生活的重要指标、国民经济的重要支柱性产业、高质量发展的亮点和标志；产业增加值年均增长 10% 以上 |
| | 广西 | 重点发展新一代信息技术、新能源汽车、高端装备制造、节能环保、新材料、生物产业、新能源等战略性新兴产业；着重培育生物工程、第三代半导体、人工智能、量子信息、氢能与储能未来新兴产业；积极培育“蛙跳”产业；打造未来技术应用场景，探索构建跨越物理边界的“虚拟”产业园和产业集群 |
| | 内蒙古 | 实施战略性新兴产业培育工程；建立梯次产业发展体系；大力发展智能制造装备产业（现代装备制造业）、新材料、生物产业、节能环保、航空装备（通用航空）等产业；积极培育品牌产品和龙头企业 |
| | 陕西 | 重点发展新一代信息技术、高端装备、新能源、新能源汽车、新材料等支柱产业提质增效；着重培育新一代信息技术（人工智能、未来通信技术、北斗导航）、新能源（氢能）、生物产业（生命健康）等新兴未来产业；到 2025 年，战略性新兴产业产值占规上工业比重超过 25.5% |
| | 甘肃 | 重点发展新材料（半导体材料）、新能源（氢能、储能和分布式能源）、新一代信息技术（信息、电池）、航空装备产业（航空航天配套）等新兴产业；着重培育生物产业（大健康产业系统设计和实施、靶向药物开发）、环保研发与技术服务（真空镀膜技术延伸利用）、新材料（凹凸棒产业、石墨烯化工材料、晶质石墨产业）、新一代信息技术产业（高分卫星、北斗导航技术、量子通信）等未来产业 |
| | 宁夏 | 重点发展新能源、新材料、新一代信息技术、先进装备制造，节能环保产业及数字文化创意产业等战略性新兴产业；到 2025 年，战略性新兴产业增加值占地区生产总值比重超过 10% |
| | 青海 | 重点发展新材料、生物产业、智能装备制造、节能环保、新能源、新一代信息技术（应急产业中信息通信）等战略新兴产业 |
| | 新疆 | 重点发展新一代信息技术、先进装备制造业、新能源、新材料、生物医药、节能环保、新能源汽车等产业，提升产业规模和市场竞争力 |

续表

| 区域 | 省（区、市） | 发展重点 |
|---|---|---|
| 东北地区 | 辽宁 | 重点发展新一代信息技术产业、高端制造装备业（高技术制造业）、生物医药产业、节能环保产业、新材料、新能源（清洁能源、氢能产业）等战略性新兴产业；着重培育新一代信息技术（类脑智能、量子信息、未来网络、柔性电子、第三代半导体）、生物产业（基因技术）、深海空天开发技术、氢能与储能、新材料（增材制造、石墨烯）等前沿科技和产业变革领域；到 2025 年，战略性新兴产业增加值占地区生产总值比重达到 8.5% |
| | 吉林 | 重点发展新材料、新能源、卫星及应用产业（商用卫星）、航空装备产业（通用航空）、生物医药（医药健康）、智能装备制造、数字创意等战略性新兴产业；着重培育新材料（新型显示材料）、新一代信息技术（激光通信工程，微纳传感器、机器视觉、算法模型等人工智能，激光雷达、新一代通信芯片等核心产业） |
| | 黑龙江 | 重点发展新一代信息技术、航空航天、生物医药、高端装备制造、新材料、新能源汽车、新能源、节能环保等产业；提高通用飞机、先进直升机、无人机、小卫星制造和应用、船舶和海洋装备、传感器、动物疫苗等产业发展能级；布局发展前沿领域新材料，把以石墨为代表的碳基材料、以轻量化为代表的先进复合材料产业打造成最具优势和潜力的产业；到 2025 年，规上战略性新兴产业总产值占规上工业总产值比重达到 15% 以上 |

资料来源：作者根据公开资料整理。

总的来说，“十四五”时期我国对战略性新兴产业的政策部署以提升产业创新能力、坚持开放融合发展为发展方向，以筑牢产业安全体系、破解产业发展“卡脖子”问题为核心任务，以集中优势资源实施重大攻关、打造世界级产业集群为主导路径。引导互联网、大数据、AI 等信息技术与实体经济在更深层面上融合。通过发展新旧动能转换，支撑区域协调发展，促进经济发展迈向更高质量阶段。

（二）建设概况

近年来，我国在强化顶层设计、优化空间布局、提高集群间协同能力、提升产业链供应链韧性等方面协同发力，有序推动战略性新兴产业融合集群发展。战略性新兴产业呈快速发展状态，新业态、新模式不断涌现，经济发展新动能指数及其增速整体呈上升趋势，经济增长新动能作用不断增强，特色产业集聚区不断涌现，空间分布格局逐步显现。

（1）新一代信息技术产业。当前我国新一代信息技术产业已形成珠三角、长三角、环渤海和中西部地区四大产业集聚区。珠三角地区新一代信息技术产业初步形成以深圳为研发中心，东莞、惠州等市为生产基地的珠江东岸电子信息产业集聚区，在智能终端、信息通信、集成电路设计等领域具有良好产业基础。长三角地区新一代信息技术产业形成以电子器件、信息通信、集成电路、新型显示等为代表的新一代信息技术产业体系，产业主要集聚在上海、杭州、南京、无锡、苏州、合肥等地。环渤海地区新一代信息技术产业主要集聚在北京、天津、石家庄、青岛、济南等地，重点发展集成电路、新型显示、电子元器件、软件、信息技术服务、云计算、大数据等领域。中西部地区新一代信息技术产业主要集聚在重庆、成都、武汉、长沙、西安等地，重点发展半导体材料、新型显示、集成电路、电子元器件、智能终端、高端软件等领域。

（2）新能源汽车。目前我国新能源汽车产业主要集聚在珠三角、长三角、京津冀等地区。珠三角地区已形成广州、深圳、佛山等新能源汽车核心集聚区，以及以东莞、惠州、肇庆等为代表的关键零部件及新材料配套项目集中区。长三角地区已形成以上海为总部，在苏浙皖设立制造基地的联动模式。京津冀地区中，北京新能源汽车产业重点布局在北京经济技术开发区、顺义区、昌平区、大兴区等地，天津新能源汽车产业重点布局在滨海新区、天津经济技术开发区、东丽区、西青区、宁河区等地，河北新能源汽车产业重点布局在保定、沧州等地。

（3）新材料产业。全国新材料布局呈现差异化发展，各产业集群形成优势互补局面。其中，浙江、江苏、广东和山东等地新材料产业总产值目标均超万亿元，以浙江、江苏为代表的长三角地区专注于新能源汽车、电子信息、医疗和高性能化工等领域新材料的研发生产，以广东为代表的珠三角地区以高性能复合材料和稀土等领域为主，以山东为代表的环渤海地区集群以战略基础材料、特种材料和前沿新材料研发生产为主。

（4）民用航空产业。民用航空产业大力推动机场网、航线网建设，在京津冀、长三角、粤港澳大湾区和成渝等地区布局建设四大世界级机场群及各枢纽机场，并通过政策、资金等多方面支持中西部和支线机场建设，机场体系结构更加均衡。

（5）新能源产业。新能源产业优化布局，其中长三角、环渤海地区主要承担新能源产业研发、高端制造功能，是我国新能源产业发展的高地，中部地区承担核心材料研发制造功能，西部地区依托丰富的自然资源，是新能源发电项目承载地，目前国内规模化应用的新能源产业包括太阳能、风能、核能、氢能等。

（6）船舶与海洋工程装备产业。我国船舶与海洋工程装备产业初步形成长三角、环渤海、珠三角等三大造船基地的空间布局，涌现出一批具有较强国际竞争力的大型企业和专业化配套企业。长三角产业集群以上海、江苏、浙江为重点区域，总完工量占全国总量的60%，其中江苏省尤为突出，单省完工量就占全国总量的40%以上；环渤海产业集群包括大连、天津、威海和烟台等城市，其完工量占全国总量的20%左右；珠三角产业集群的布局包括广州、深圳、福建马尾等地区，其完工量占全国总量的10%左右。其中，长三角产业集群的综合能力尤为突出，能建造所有船型，其周边产业链配套完善，甲板机械、动力系统、舵铸造整个配套产业链也多集中于长三角。

（7）高端装备制造业。目前已形成环渤海、长三角、珠三角和中西部等多个产业集聚区。其中，环渤海集聚区是高端装备研发、设计和制造基地，发展重点是海洋工程装备、轨道交通装备、智能制造装备；长三角集聚区是高端装备制造业开发和生产基地，发展重点是智能制造装备、航空航天装备；珠三角集聚区是高端装备制造业开发和生产基地，发展重点为智能制造装备、海洋工程装备；中西部集聚区是高端装备制造业生产基地，发展重点是轨道交通装备、卫星制造与应用、智能制造装备。

（8）绿色环保产业。目前呈“一带一轴分布”的格局，即辽宁至珠三角地区的“沿海行业带”和四川至长三角地区的“沿江发展轴”。其中，以天津、山东、江苏、上海、浙江和广东为代表的东南沿海地区引领我国环保产业发展，形成环保产业发展的前沿阵地。

总体来说，当前我国战略性新兴产业的发展基础良好，规模不断壮大，山东、广东、北京、上海、湖南、湖北、河南、福建等多个省市已形成诸多国家级战略性新兴产业集群，呈现领跑经济之势。其中，新一代信息技术、生物、高端制造、绿色低碳四大领域创新最密集、市场潜力最大，是促进经济高质量发展、培育发展新动能、获取未来竞争新优势的关键所在。目前，战略性新兴产业发展强力支撑了国家重大区域战略实施。新一代信息技术、生物、航空航天、节能环保产业集群依托大院大所集聚等优势，加速了京津冀地区新动能；新一代信息技术、高端装备与新材料、新能源产业集群，强力支撑了长三角地区的产业基础，完善了区域产业体系功能；移动互联网、新能源汽车、生物、数字创意等产业集群蓬勃发展，推动着粤港澳大湾区的新技术新业态快速兴起。

## 四、未来产业前瞻布局

未来产业由前沿技术驱动，当前处于孕育萌发阶段或产业化初期，是具有显著战略性、引领性、颠覆性和不确定性的前瞻性新兴产业[①]。未来产业代表新一轮科技革命与产业变革的方向，是重塑全球创新版图与经济格局最活跃的变革力量，更是牢牢把握未来发展主动权的关键所在。大力发展未来产业，是引领科技进步、带动产业升级、培育新质生产力的战略选择，对于支撑我国中长期经济增长、构筑新型竞争优势、引领现代化产业体系建设具有先导作用。当前我国前瞻布局元宇宙、脑机接口、量子信息、人形机器人、生成式人工智能、生物制造、未来显示、未来网络、新型储能等九大未来产业，开辟发展新领域新赛道，塑造发展新动能新优势，加快形成新质生产力。

（一）政策部署

党中央、国务院一直高度重视前瞻布局未来产业发展。2020 年 4 月，习近平总书记在浙江考察时首次提出未来产业，强调要“抓紧布局数字经济、生命健康、新材料等战略性新兴产业、未来产业”[②]。2020 年 10 月，习近平总书记在深圳经济特区建立 40 周年庆祝大会上的讲话中指出，要围绕产业链部署创新链、围绕创新链布局产业链，前瞻布局战略性新兴产业，培育发展未来产业，发展数字经济[③]。《中华人民共和国国民经济和社会发展第十四个五年规划和 2035 年远景目标纲要》明确指出，在类脑智能、量子信息、基因技术、未来网络、深海空天开发、氢能与储能等前沿科技和产业变革领域，组织实施未来产业孵化与加速计划，谋划布局一批未来产业。2023 年 7 月，习近平总书记在考察四川时再次要求，前瞻部署未来产业，促进数字经济与实体经济深度融

① 见《工业和信息化部等七部门关于推动未来产业创新发展的实施意见》（工信部联科〔2024〕12 号）。

② 习近平在浙江考察时强调 统筹推进疫情防控和经济社会发展工作 奋力实现今年经济社会发展目标任务［N］. 人民日报，2020-04-02（01）.

③ 习近平在深圳经济特区建立 40 周年庆祝大会上的讲话［N］. 人民日报，2020-10-15（02）.

合[①]。我国中长期未来产业的发展思路与重点领域蓝图逐渐展开。

各部委结合自身职能积极推进未来产业发展。2021年4月，国家发展和改革委员会召开新闻发布会表示，国家发展和改革委员会将会同有关方面，加强顶层设计和统筹协调，提前布局并积极培育发展未来产业。2022年11月，科学技术部、教育部批复《未来产业科技园试点及培育名单》，北京、上海、江苏、湖北、广东、四川、陕西、黑龙江8个省份的10家未来产业科技园成为首批未来产业科技园建设试点，依托地方优势，重点培育空天科技、信息安全、未来网络、生物医药、未来交通等领域。2023年9月，工业和信息化部印发《关于组织开展2023年未来产业创新任务揭榜挂帅工作的通知》，面向元宇宙、人形机器人、脑机接口、通用人工智能等四个重点方向，聚焦核心基础、重点产品、公共支撑、示范应用等创新任务，突破一批标志性技术产品，加速新技术、新产品落地应用。2024年1月，工业和信息化部等七部委联合印发《关于推动未来产业创新发展的实施意见》，提出要重点推进未来制造、未来信息、未来材料、未来能源、未来空间和未来健康六大方向产业发展，围绕技术供给、产品打造、主体培育、丰富场景、支撑体系等方面，加强对未来产业的前瞻谋划、政策引导。

（二）建设概况

近年来，我国各省市纷纷出台了实施未来产业发展专项规划、行动计划、实施方案与配套政策，将前瞻布局未来产业作为拼经济、谋长远的重头戏。截至目前，全国已有26个省级行政区相继在各自2024年政府工作报告中对未来产业做出规划，其中至少有12个省级行政区发布了专门政策文件。全国31个省（区、市）的未来产业发展布局概

① 推动新时代治蜀兴川再上新台阶 奋力谱写中国式现代化四川新篇章［N］. 人民日报，2023-07-30（01）.

况见表4–3。其中，山西最早发布产业规划，于2021年5月发布《山西省“十四五”未来产业发展规划》——这也是国内首个省级层面的“十四五”未来产业规划，从主导性、先导性、颠覆性、前瞻性四方面选定了25个细分产业；紧随其后，2022年上海发布未来产业集群行动方案；2023年以来，江西、浙江、广东、河北、重庆、北京、湖南、江苏、山东、安徽等相继制定了有关发展规划、实施方案或指导意见，广东在全国率先针对具体未来产业制定了行动计划。

表4–3 我国31个省（区、市）未来产业布局概况

| 区域 | 省（区、市） | 政策 | 产业布局 |
|---|---|---|---|
| 东部地区 | 北京 | 《北京市促进未来产业创新发展实施方案》（2023年9月） | 六大领域20个产业：未来信息（通用人工智能、6G、元宇宙、量子信息、光电子）；未来健康（基因技术、细胞治疗与再生医学、脑科学与脑机接口、合成生物）；未来制造（类人机器人、智慧出行）；未来能源（氢能、新型储能、碳捕集封存利用）；未来材料（石墨端材料、超导材料、超宽禁带半导体材料、新一代生物医用材料）；未来空间（商业航天、卫星网络） |
| | | 《2024年北京市政府工作报告》 | 促进新能源、新材料、商业航天、低空经济等战略性新兴产业发展，开辟量子、生命科学、6G等未来产业新赛道 |
| | 天津 | 《天津市工业布局规划（2022—2035年）》（2022年7月） | 谋划布局量子信息、未来网络、新一代通信、基因技术、类脑智能、无人驾驶、先进材料、深海深空等未来产业，加快前沿科技探索与应用，推动产业加速变革 |
| | | 《2024年天津市政府工作报告》 | 积极布局人工智能与超算、生物制造、生命科学、脑机交互与人机共融、深海空天、通用机器人等未来产业新赛道 |
| | 河北 | 《河北省战略性新兴产业融合集群发展行动方案（2023—2027年）》（2023年4月） | 发展空天信息产业、先进算力产业、鸿蒙欧拉产业生态、前沿新材料产业、基因与细胞产业、绿色氢能产业等六大未来产业 |

续表

| 区域 | 省（区、市） | 政策 | 产业布局 |
|---|---|---|---|
| 东部地区 | 山东 | 《山东省制造业创新能力提升三年行动计划（2023—2025 年）》（2023 年 4 月） | 加快布局人形机器人、元宇宙、量子科技、未来网络、碳基半导体、类脑计算、深海极地、基因技术、深海空天开发等前沿领域，推进 6G 技术研发和应用。建设济南、青岛未来产业先导区。力争到 2025 年，重点依托省级以上高新区、经济开发区等特色园区，打造 10 个左右特色鲜明、创新力强的未来产业集群 |
| | | 《2024 年山东省政府工作报告》 | 加快未来产业前瞻布局。围绕人工智能、生命科学、未来网络、量子科技、人形机器人、深海空天等领域，实施 20 项左右前沿技术攻关，推动 15 个省级未来产业集群加快壮大。支持济南、青岛、烟台打造未来产业先导区 |
| | 江苏 | 《江苏省人民政府关于加快培育发展未来产业的指导意见》（2023 年 12 月） | 第三代半导体、未来网络、氢能、新型储能、细胞和基因技术、合成生物、零碳负碳（碳捕集利用及封存）等 10 个成长型未来产业，以及量子科技、深海深地空天、类人机器人、先进核能等一批前沿性未来产业 |
| | | 《2024 年江苏省政府工作报告》 | 开辟未来网络、量子、生命科学、氢能和新型储能、深海深地空天等产业新赛道，力争在前沿新材料、高端芯片、重载机器人、关键装备等领域取得新突破，推动工业母机、工业软件等高质量发展 |
| | 浙江 | 《浙江省人民政府办公厅关于培育发展未来产业的指导意见》（2023 年 2 月） | 未来网络、元宇宙、空天信息、合成生物、未来医疗等 9 个快速成长的未来产业；量子信息、脑科学与类脑智能、深地深海、可控核聚变及核技术应用、低成本碳捕集利用与封存等 6 个潜力巨大的未来产业 |
| | 上海 | 《上海打造未来产业创新高地发展壮大未来产业集群行动方案》（2022 年 9 月） | 五大产业 16 个细分领域：未来健康产业集群（脑机接口、生物安全、合成生物、基因和细胞治疗）；未来智能产业集群（智能计算、通用 AI、扩展现实 XR、量子科技、6G 技术），未来能源产业集群（先进核能、新型储能）；未来空间产业集群（深海探采、空天利用）；未来材料产业集群（高端膜材料、高性能复合材料、非硅基芯材料） |
| | | 《2024 年上海市政府工作报告》 | 全力落实新一轮集成电路、生物医药、人工智能“上海方案”，培育提升新能源汽车、高端装备、先进材料、民用航空、空间信息等高端产业集群，加快打造未来产业先导区 |

续表

| 区域 | 省（区、市） | 政策 | 产业布局 |
|---|---|---|---|
| 东部地区 | 广东 | 《广东省发布五大未来产业集群培育具体行动计划》（2024年2月） | 未来电子信息、未来智能装备、未来生命健康、未来材料、未来绿色低碳 |
| | | 《2024年广东省政府工作报告》 | 发展集成电路、新型储能、前沿新材料、超高清视频显示、生物制造、商业航天等新兴产业；实施五大未来产业集群行动计划，超前布局6G、量子科技、生命科学、人形机器人等未来产业，创建国家未来产业先导区 |
| | 福建 | 《2024年福建省政府工作报告》 | 前瞻布局人工智能、量子科技、氢能等未来产业，推进福州、厦门、泉州人工智能产业园建设 |
| | 海南 | 《2024年海南省政府工作报告》 | 培育新质生产力。充分发挥气候温度、海洋深度、地理纬度和绿色生态“三度一色”优势，聚焦种业、深海、航天、绿色低碳、生物制造、低空经济等新领域新赛道 |
| 中部地区 | 山西 | 《山西省“十四五”未来产业发展规划》（2021年5月） | 信息技术应用创新、大数据融合创新、碳基新材料、特种金属材料、半导体、智能网联新能源汽车等9个主导性未来产业；云计算与工业互联网、煤炭清洁高效利用、核能、氢能等7个先导性未来产业；碳基芯片、高速飞车等4个颠覆性未来产业；人工智能、数字孪生与虚拟现实、智能传感及物联网等5个前瞻性未来产业 |
| | | 《山西省未来产业培育工程行动方案》（2022年2月） | 人工智能、数字孪生与虚拟现实、智能传感及物联网、区块链、氢能、核能、量子产业、碳基芯片、高速飞车 |
| | | 《2024年山西省政府工作报告》 | 积极发展低空经济，布局发展高速飞车、绿色氢能、量子信息、前沿材料等未来产业 |

续表

| 区域 | 省（区、市） | 政策 | 产业布局 |
|---|---|---|---|
| 中部地区 | 河南 | 《河南省加快未来产业谋篇布局行动方案》（2022年1月） | 量子信息、氢能与储能、类脑智能、未来网络、生命健康、前沿新材料 |
| | | 《2024年河南省政府工作报告》 | 壮大新型材料产业、新能源汽车产业、电子信息产业、先进装备产业、现代医药产业、现代食品产业、现代轻纺产业7个先进制造业集群28个重点产业链，向下梳理延伸N个专精特新细分领域。拓展商业航天、低空经济、氢能储能、量子科技、生命科学等领域，积极开辟新赛道，建设国家未来产业先导区 |
| | 安徽 | 《安徽省未来产业先导区建设方案（试行）》（2024年2月） | 通用智能、量子科技、未来网络、生命与健康、先进材料、低碳能源、空天信息、第三代半导体、区块链、元宇宙等未来产业 |
| | 湖北 | 《湖北省制造业高质量发展“十四五”规划》（2021年10月） | 前瞻布局量子信息、下一代网络、精准医疗、脑科学与类脑研究、液态金属等一批未来产业 |
| | | 《2024年湖北省政府工作报告》 | 实施战略性新兴产业倍增计划，推动光电子信息、高端装备制造等五大优势产业突破性发展，支持算力与大数据、量子科技等新兴特色产业发展，“光芯屏端网”、汽车制造与服务、大健康三大产业达到万亿级规模。推进未来产业发展行动计划，实施6G创新工程、人形机器人突破工程，加快生命科学、AI大模型、前沿材料、未来能源等领域产业布局，建设一批概念验证中心、中小试基地、众创空间，推动形成“新技术突破－新场景应用－新物种涌现－新赛道爆发”的正反馈循环 |

续表

| 区域 | 省（区、市） | 政策 | 产业布局 |
| --- | --- | --- | --- |
| 中部地区 | 湖南 | 《湖南省现代化产业体系建设实施方案》（2023年12月） | 前瞻布局人工智能、生命工程、量子科技、前沿材料等未来产业 |
| | | 《2024年湖南省政府工作报告》 | 前瞻布局未来产业。加强集成电路、工业母机、基础软件等关键技术突破；人工智能产业聚焦推进工业机器人、服务机器人等关键软硬件研发与制造；生命工程产业着力推动人工生物设计、脑机接口、类脑芯片等领域研发创新，发展生物制造产业；量子科技产业强化在先进计算、智能制造、检测计量等领域的应用场景建设；前沿材料产业重点围绕3D打印材料、超导材料、纳米材料等领域开展技术攻关 |
| | 江西 | 《江西省未来产业发展中长期规划（2023—2035年）》（2023年1月） | 创新突破三大赋能型未来产业：未来信息通信（人工智能、工业互联网、元宇宙、柔性电子、微纳光学、卫星应用、量子科技）；未来新材料（稀土功能材料、高性能金属材料、高性能纤维及复合材料、石墨烯材料、碳纳米管宏观膜与连续纤维）；未来新能源（新型储能、氢能、先进核能、CCUS）。<br>做大做强三大先导型未来产业：未来生产制造（智能机器人、增材制造、智能制造系统集成）；未来交通（智能网联汽车未来航空、中低速磁悬浮列车）；未来健康（生命科学、生物技术、功能食品、智能医疗） |
| | | 《2024年江西省政府工作报告》 | 聚焦电子信息、新能源、新材料、装备制造、航空、生物医药等新兴产业；实施未来产业培育发展三年行动，创建一批未来产业先导试验区和未来技术产业研究院，努力在元宇宙、人工智能、新型显示、新型储能、低空经济等领域抢占先机 |

续表

| 区域 | 省（区、市） | 政策 | 产业布局 |
|---|---|---|---|
| 西部地区 | 重庆 | 《2024 年重庆市政府工作报告》 | 聚焦智能网联新能源汽车、新一代电子信息制造业、先进材料、智能装备及智能制造、软件信息等产业方向。实施未来产业和高成长性产业发展行动，推动卫星互联网产业园建设，深化北斗规模应用及配套产业发展，加快开辟低空经济、生物制造等新领域新赛道，不断塑造发展新动能新优势 |
| | 四川 | 《2024 年四川省政府工作报告》 | 重点布局发展人工智能产业，培育生物技术、卫星网络、新能源与智能网联汽车等新兴产业；加快发展低空经济，支持有人机无人机、军用民用、国企民企一起上，支持成都、自贡等做大无人机产业集群，布局发展电动垂直起降飞行器；推进集成电路、工业软件等领域关键核心技术攻坚及产业化，推动北斗规模应用和产业集聚发展；深入实施战略性新兴产业融合集群发展工程，争创第二批国家战略性新兴产业集群，新布局一批省级集群；谋划建设未来产业科技园，争创国家未来产业先导区、生物经济先导区 |
| | 贵州 | 《2024 年贵州省政府工作报告》 | 加快抢占未来产业新赛道；发挥智算规模和数据要素优势，加快发展数据标注、模型训练等人工智能基础产业，着力突破旅游等行业大模型产业，大力发展北斗、元宇宙、平台经济、渲染、电竞、动漫等新产业，新兴数字成长型企业突破 800 家，塑造数字经济发展新优势 |
| | 云南 | 《2024 年云南省政府工作报告》 | 大力培育新材料、稀贵金属、先进装备制造、光电等新兴产业，布局发展人工智能、生物制造、卫星应用、低空经济、氢能及储能等未来产业，形成新质生产力 |
| | 西藏 | 《2024 年西藏自治区政府工作报告》 | 依托国家战略工程，以“整体推进”模式谋划区域产业布局，以大工程振兴大产业、带动大发展；制定推进新型工业化实施意见，规上工业和数字经济增加值均增长 10% 以上。设立以专项债为主的清洁能源产业专项资金，确保建成电力装机增长 25% 以上；加强铜、锂等战略资源绿色开发，实现优势矿产上产扩能、提质增效 |

续表

| 区域 | 省（区、市） | 政策 | 产业布局 |
|---|---|---|---|
| 西部地区 | 广西 | 《2024年广西壮族自治区政府工作报告》 | 瞄准新能源汽车、生物医药、新材料等战略性新兴产业，推进一批标志性牵引性项目。前瞻布局人工智能、生命科学等未来产业 |
| | 内蒙古 | 《2024年内蒙古自治区国民经济和社会发展计划》（2024年2月） | 制定未来产业发展推进方案，围绕低碳能源等领域，聚焦新型储能、氢能、高性能复合材料等方向 |
| | | 《内蒙古自治区建设多元发展多极支撑现代化产业体系实施方案》（2024年3月） | 推动新能源、新材料、现代装备制造、生物医药、数字经济五大新兴产业延链强链补链融合集群发展；超前谋划布局未来能源、未来材料、未来制造、未来信息、未来健康六大未来产业，开辟新赛道 |
| | | 《2024年内蒙古自治区政府工作报告》 | 聚焦低碳能源、前沿材料、未来网络、空天、生命与健康等五大领域和新型储能、氢能、高性能复合材料、高效催化材料、第三代半导体、算力网络、卫星通信导航、生物育种等八大方向 |
| | 陕西 | 《2024年陕西省政府工作报告》 | 培育壮大战略性新兴产业，打造氢能、光子、低空经济、机器人等新增长点，前瞻布局人工智能、量子信息、生命科学等未来产业 |
| | 甘肃 | 《2024年甘肃省政府工作报告》 | 争创石化化工、冶金有色、新能源及新能源装备制造3个国家级先进制造业产业集群，打造装备制造、数字经济、生物医药等省级先进制造业集群，培育认定5个省级中小企业特色产业集群；推进中小企业“智改数转网联”行动。持续抓好庆阳“东数西算”产业园建设；支持天水打造集成电路封测产业聚集区；支持金昌打造全国重要的新能源电池及电池材料生产供应基地 |

续表

| 区域 | 省（区、市） | 政策 | 产业布局 |
| --- | --- | --- | --- |
| 西部地区 | 宁夏 | 《2024年宁夏回族自治区政府工作报告》 | 加快建设新型材料等“七大产业基地”，着力打造“中国氨纶谷”“中国新硅都”“世界葡萄酒之都”。实施“制造业集群发展工程”，加快先进制造业和现代生产性服务业融合发展，重点培育现代化工、新型材料2个两千亿级产业集群，建构装备制造、数字信息、轻工纺织3个千亿级产业集群，力争进入国家先进制造业集群方阵 |
| | 青海 | 《2024年青海省政府工作报告》 | 实施新能源、新材料等重点产业链高质量发展行动，加强质量支撑和标准引领，进一步提高制造业特别是高技术制造业和装备制造业占比，积极谋划未来产业，培育产业新赛道 |
| | 新疆 | 《2024年新疆维吾尔自治区政府工作报告》 | 大力发展新能源新材料等战略性新兴产业集群，加快推动哈密北、准东、喀什、若羌等一批千万千瓦级新能源基地和乌鲁木齐、伊犁、克拉玛依、哈密等4个氢能产业示范区建设，全年新增新能源装机规模力争达到2000万千瓦；推动铝基、铜基、钛基、锂基等产业链延伸发展，加快发展新能源装备、高端输变电、新型农牧机械等先进制造业 |
| 东北地区 | 辽宁 | 《辽宁省“十四五”战略性新兴产业发展规划》（2022年8月） | 谋划布局一批未来产业，在增材制造、柔性电子、第三代半导体、量子信息科技、储能材料、光学材料等领域下功夫，走在全国前列。聚焦类脑智能、量子信息、基因技术、未来网络、深海空天开发技术、氢能与储能、增材制造、柔性电子、第三代半导体、石墨烯等前沿科技和产业变革领域，加快布局 |
| | | 《2024年辽宁省政府工作报告》 | 前瞻性布局未来产业，在人工智能、元宇宙、深海深地开发、增材制造、柔性电子、氢能储能、细胞治疗、生物育种等方面，加快推动技术产品化、产品产业化 |
| | 吉林 | 《2024年吉林省政府工作报告》 | 超前布局人工智能、人形机器人、生物制造、元宇宙、新型储能等未来产业 |
| | 黑龙江 | 《2024年黑龙江省政府工作报告》 | 聚焦新能源、航空航天、高端装备、新材料、生物医药等重点领域 |

资料来源：作者根据公开资料整理。

从方向来看，各地基本围绕未来制造、未来信息、未来材料、未来能源、未来空间、未来健康6个领域布局，其中量子信息、基因技术、未来网络、合成生物、人工智能、新材料、深海空天开发、类脑智能、氢能与储能等是各地规划中的高频词，目前全国约有20个省份围绕上述前沿科技领域布局未来产业。不过，各地在赛道选择上又体现出错位竞争和基础延续的特点。以北京、上海、广东三地为例，尽管均瞄准航天领域，但北京重点开展火箭及其返回舱、控制系统、发动机等的研发和星座建设；上海强调卫星发射组网及商业运营业务的发展；广东则发力卫星导航系统和互联网平台、发射基地与回收平台，计划为“一带一路”共建国家和地区提供海上发射服务。再如，在未来材料领域，至少已有10个地区做出了具体规划，但基于各自的资源禀赋和产业基础，江西主要发展稀土功能材料、高性能金属材料（铜、钨）等资源依赖性较强的领域，上海着重布局高端膜材料、高性能复合材料和非硅基芯材料，广东则针对下游需求将重心放在超导、纳米、新能源等领域。从全局来看，各地由不同细分赛道切入，将共同组成完整产业链，并有效规避同质竞争。

总体来看，我国未来产业发展势头可喜、潜力巨大、远景可期，一批先行地区已在未来产业孵化培育上取得了显著成效。例如，安徽量子信息、上海人工智能大模型、浙江类脑智能、江苏未来网络等逐步形成一批全球创新引领成果。然而，不容忽视的是，一些地方对发展未来产业尚存在畏难情绪，对其战略地位认识不足；一些地方认为未来产业遥不可及、高不可攀，仍处于观望状态；一些地方布局未来产业又出现“扎堆”苗头。此外，尽管各地各部门积极出台了未来产业发展支持政策，但是存在分散发力、缺乏统筹等问题，不能适应未来产业打通科技链、产业链、政策链、人才链、资金链等对跨部门协调合作的要求。有序布局未来产业，亟须坚持“全国一盘棋”统筹优化，需要避免出现长期战略短期化、创新资源分散化、产业布局重复化等问题。

## 专栏 4-2　人工智能对现代化产业体系建设的影响

习近平总书记指出，“人工智能是新一轮科技革命和产业变革的重要驱动力量，加快发展新一代人工智能是事关我国能否抓住新一轮科技革命和产业变革机遇的战略问题”[①]“是引领这一轮科技革命和产业变革的战略性技术，具有溢出带动性很强的‘头雁’效应”[②]。作为第四次工业革命的通用性目的技术，人工智能借助移动互联网、大数据、超级计算、传感网、脑科学等新理论新技术驱动，正呈现出深度学习、跨界融合、人机协同、群智开放、自主操控等新特征，进而对经济发展、社会进步、国际格局等产生重大而深远的影响。从产业发展的角度看，人工智能作为新一轮产业变革的核心驱动力，正在释放历次科技革命和产业变革积蓄的巨大能量。例如，通过与制造业深度融合，深度融入制造业各环节及上下游产业链，对产业发展起到赋能、赋智、赋值作用，加快推进新型工业化；将消费领域、生产领域及流通和分配领域有机衔接在一起，重构生产、分配、交换、消费等经济活动各环节，从而提升整个社会再生产过程的协调性、有序性和高效性；通过深度学习与快速迭代，实现技术的自我进化和自我升级，进而引致整个行业领域的优化升级；与经济社会各领域渗透融合，在医疗、金融、安防、教育、交通、物流等多个领域实现新业态、新模式和新产品的突破式应用，带动生产流程、产品、信息消费和服务业的智能化、高附加值转型发展；等等。

①② 习近平：加强领导做好规划明确任务夯实基础 推动我国新一代人工智能健康发展［N］. 人民日报，2018-11-01（01）.

目前我国人工智能产业发展从基础技术研发到产业应用都获得了国家政策层面的支持。2020年，国家发展和改革委员会发布《关于加快推进数字经济发展的实施意见》，其中明确提出要加快人工智能、大数据等新一代信息技术的发展，推动产业数字化转型；2021年，国家自然科学基金委员会、工业和信息化部等部门发布《人工智能领域科技计划指南》和《关于促进人工智能和实体经济深度融合发展的指导意见》，提出支持人工智能基础理论、关键技术、应用示范等研究，着力推动大型人工智能模型的研究和人工智能与实体经济深度融合，加快产业智能化升级；2022年，科技部等六部门联合印发《关于加快场景创新以人工智能高水平应用促进经济高质量发展的指导意见》，提出鼓励在制造、农业、物流、金融、商务、家居等重点产业深入挖掘人工智能技术应用场景，促进智能经济高端高效发展；2023年4月，国家互联网信息办公室发布《生成式人工智能服务管理办法（征求意见稿）》，促进生成式人工智能健康发展和规范应用；2023年7月，国家网信办联合国家发展和改革委员会等七部门共同发布《生成式人工智能服务管理暂行办法》，旨在促进生成式人工智能健康发展和规范应用，维护国家安全和社会公共利益。此外，自2023年以来，北京、上海、深圳等多个一线城市围绕人工智能产业出台政策规定，抢占新一代人工智能创新发展高地。多地还利用数据资源优势，把人工智能产业作为经济发展的重要抓手。例如，贵州加快提升算力服务水平，推动公共数据资源高质量配置、高效益供给，促进人工智能技术与经济社会发展深度融合，推动人工智能技术应用场景创新，探索产业转型升级和数字综合建设新路子。

## 五、产业科技创新加速

习近平总书记指出，科技创新能够催生新产业、新模式、新动能，是发展新质生产力的核心要素[①]。“以科技创新引领现代化产业体系建设”，是2023年中央经济工作会议提出的2024年经济工作九项重点任务之首。党的十八大以来，我国产业科技创新有力推动了现代化产业体系建设。

（一）创新投入产出规模快速增长

1. 创新投入快速增长

一是创新投入规模快速增长。自2012年以来，我国R&D经费投入保持了最强劲的增长态势，2000—2022年期间平均增速达到17.4%，2022年突破3万亿，是2000年的34倍之多，投入规模仅次于美国，连续11年稳居世界第二位；2022年规模以上工业企业的R&D经费为19361.8亿元，同比增长10.5%；2022年研发经费投入超过千亿元的行业大类有7个[②]，其经费占全部规模以上工业企业R&D经费的比重为63.2%，其中研发投入规模最大的是计算机、通信和其他电子设备制造业（4099.9亿元），研发投入强度最大的是医药制造业（3.57%）；企业创新主体地位进一步稳固，企业对R&D经费增长的贡献达到84.0%，是拉动R&D经费增长的主要力量，占全国R&D经费的比重为77.6%，有570多家工业企业入围全球研发投入2500强，占比近1/4[③]。

① 习近平在中共中央政治局第十一次集体学习时强调 加快发展新质生产力 扎实推进高质量发展［N］. 人民日报，2024-02-02（01）.

② 即计算机、通信和其他电子设备制造业，电气机械和器材制造业，汽车制造业，通用设备制造业，专用设备制造业，医药制造业，化学原料和化学制品制造业。

③ 见《2022年全国科技经费投入统计公报》。

二是创新投入强度持续提升。2022 年我国 R&D 经费投入强度为 2.54%，在世界上排名第 13 位，介于欧盟（2.2%）和 OECD 国家（2.7%）之间，与 OECD 国家差距进一步缩小；重点领域 R&D 经费投入强度稳步提高，2022 年规模以上工业企业的研发投入强度为 1.39%，其中高技术制造业和装备制造业的 R&D 经费投入强度分别为 2.91% 和 2.34%；2022 年我国专精特新“小巨人”企业共设立国家级、省级研发机构超过 1 万家，平均研发人员占比达 28.7%，平均研发强度达 8.9%①。

2. 创新产出增速领跑全球

一是知识产权拥有量不断增加。截至 2023 年底，我国 ( 不含港澳台 ) 发明专利有效量为 401.5 万件，同比增长 22.4%，首次超过 400 万件。其中，高价值发明专利拥有量 166.5 万件，占 41.5%，较上年提高 1.1 个百分点。我国国内注册商标有效量为 4404.7 万件，同比增长 8.4%。

二是数字经济领域创新强劲。按照世界知识产权组织划分的 35 个技术领域统计，截至 2023 年底，我国国内有效发明专利增速前三的技术领域分别为信息技术管理方法、计算机技术和基础通信程序，分别同比增长 59.4%、39.3% 和 30.8%，远高于国内平均增长水平②。

三是知识产权海外申请平稳向好。根据世界知识产权组织公布的 2023 年全球知识产权申报统计数据，2023 年全球专利合作条约（PCT）国际专利申请总量为 27.26 万件，中国是申请量最大来源国，自 2019 年以来持续位居世界首位；从 2012 年至今，在本国人专利申请量 / 十

① 见《2022 年全国科技经费投入统计公报》。

② 孙琳 . 中国国内企业拥有有效发明专利占比首超七成［N］. 人民政协报，2024-01-19（05）.

亿购买力平价美元 GDP 的排名上，我国持续保持全球首位。从制造业不同领域的创新产出看，我国在测量、机械工具领域的专利申请占比远超美、日、韩、德、英、法等国。

（二）国家高新区成为重要创新策源地

截至 2023 年 11 月，全国高新技术产业开发区（以下简称“国家高新区”）总数达 178 家，依托其中 66 家建设了 23 家国家自主创新示范区，聚集了 43%的专精特新中小企业、36%的高新技术企业、近 60%的独角兽企业及 67%的科创板上市企业，以及近 80% 的全国重点实验室、70% 的国家制造业创新中心、78% 的国家技术创新中心，成为引领带动产业科技创新和高新技术产业发展的重要力量。2023 年，全国 178 家国家高新区实现生产总值 18 万亿元，占全国 GDP 比重为 14.3%，实现工业增加值 9.2 万亿元，占全国比重约 23%。从研发投入看，国家高新区企业研发经费投入超万亿元，占全国企业研发经费投入近一半。从成果产出看，国家高新区企业拥有发明专利占全国接近一半；智能机器人、卫星导航等一批引领性原创成果在高新区加速产业化，第一枚人工智能芯片、第一个量子通信卫星等均诞生在高新区。目前，国家高新区已成为落实国家区域重大战略的主要阵地。目前我国京津冀、长三角、粤港澳大湾区集聚了全国 1/4 的国家高新区，其中东部地区地级市国家高新区覆盖率已达 71%，中部地区地级市覆盖率已达 59%[①]。此外，产业科技创新平台网络不断优化。目前全国布局建设了 27 家国家制造业创新中心、2 家国家地方共建制造业创新中心、260 家省级制造业创新中心，网络化制造业创新生态基本形成；在高新技术领域布局建设国家技术创新中心 11 家、国家高新技术产业化基地

① 工业和信息化部举行“发挥国家高新区作用 加快推进新型工业化”新闻发布会［EB/OL］.（2023-12-13）［2024-05-13］.https://www.gov.cn/lianbo/fabu/202402/content_6934357.htm.

246家[①]；包括中试平台在内的高水平产业科技创新平台体系正在加快建设。

（三）企业成为推动创新创造的主力军

根据国家知识产权局的数据，截至2023年底，国内有效发明专利中，企业所占比重超七成。其中，国家高新技术企业、科技型中小企业拥有有效发明专利213.4万件，同比增长24.2%，占国内企业总量的73.4%[②]。2022年我国570多家工业企业入围全球研发投入2500强，占比近1/4。2012年以来，规模以上制造业企业研发经费投入总额增长近3倍，研发经费投入强度达到1.55%，相较2012年提高0.69个百分点。我国工业企业发明专利申请数从2012年的17.6万件提高到2022年的55.5万件[③]。以专精特新"小巨人"企业为例。从创新投入看，2023年"小巨人"企业的平均研发强度达6.3%，平均研发费用总额超3100万元，平均研发人员占比达28%，创新投入远高于其他同等规模企业。从创新产出看，"小巨人"企业共获得20万余项授权发明专利，平均每户约17项[④]。

（四）农业科技创新步伐加快

我国农业科技进步贡献率基本逐年提升。如图4–1所示，我国农业科技进步贡献率从2012年的54.5%持续提高到2023年的超过63%，除

① 金壮龙.全面贯彻落实党的二十大精神 大力推进新型工业化［EB/OL］.（2024–02–28）［2024–05–11］.https://www.miit.gov.cn/xwdt/gxdt/ldhd/art/2024/art_0a5c77d3a75a4b429474e10c24f446a3.html.

② 国务院新闻办发布会介绍2023年知识产权工作进展情况［EB/OL］.（2024–01–16）［2024–05–11］.https://www.gov.cn/lianbo/fabu/202401/content_6926362.htm.

③ 金壮龙.全面贯彻落实党的二十大精神 大力推进新型工业化［EB/OL］.（2024–02–28）［2024–05–11］.https://www.miit.gov.cn/xwdt/gxdt/ldhd/art/2024/art_0a5c77d3a75a4b429474e10c24f446a3.html.

④ 年度观察·数字里的经济密码丨1.2万家："小巨人"迸发创新"大能量"［N］.经济参考报，2023–12–15.

2019年以外，其他年份均高于全国科技进步贡献率水平[①]。农业科研平台建设成效显著。我国现有国家级农业科研平台867个，包括1个国家实验室（崖州湾国家实验室）、37个全国重点实验室、4个国家重大科技基础设施、1个世界一流水平的国家作物种质库（国家畜禽、水产、微生物种质资源库正在建设过程中）、545个农业农村部重点实验室（其中企业重点实验室150个）、20个区域技术公共研发中心、148个农业科学观测实验站和111个农业科研试验基地。这些农业科研平台形成科技创新整体合力，极大促进了农业科技创新与成果转化效率，取得了节水抗旱小麦、超级稻、白羽肉鸡等一批重大标志性成果[②]。按照关键技术集成、创新要素集聚、关联企业集中、优势产业集群要求，截至2023年底，已建立南京、太谷、成都、广州、武汉5个现代农业产业科技创新中心，陕西杨凌、山东黄河三角洲等9家国家级农业高新技术产业示范区[③]，110个国家现代农业科技示范基地，300个国家级农业科技园区，带动省级园区发展到3000个，基本覆盖我国主要农业功能类型区和优势农产品产业带，“农业硅谷”初具雏形。此外，认定了60个国家农业科技创新联盟，向160个国家乡村振兴重点帮扶县选派了1557名专家组成科技代表团，形成了各具特色的协同创新模式[④]。全产业链标准体系构建。2022年国家现代农业全产业链标准化示范基地开始启动创建，2023年农业农村部公布了第一批178个示范基地创建单位[⑤]。

① 推进农业农村现代化大步向前［N］. 人民日报，2023-05-04（03）.

② 科研创新成果显著 科技支撑力度强劲［N］. 农民日报，2023-12-23.

③ 王晓君，毛世平. 新时代中国农业科技创新发展的成就［J］. 科技导报，2023，41（20）.

④ 国务院新闻办举行发布会 介绍2022年农业农村经济运行情况［EB/OL］.（2023-01-18）［2023-12-16］.https：//www.gov.cn/xinwen/2023-01/18/content_5737816.htm?eqid=d734b7e20001e59c-00000003645caccd.

⑤ 农业农村部公布第一批178个国家现代农业全产业链标准化示范基地创建单位名单［EB/OL］.（2023-08-30）［2023-12-16］.https：//www.moa.gov.cn/xw/zwdt/202308/t20230830_6435519.htm.

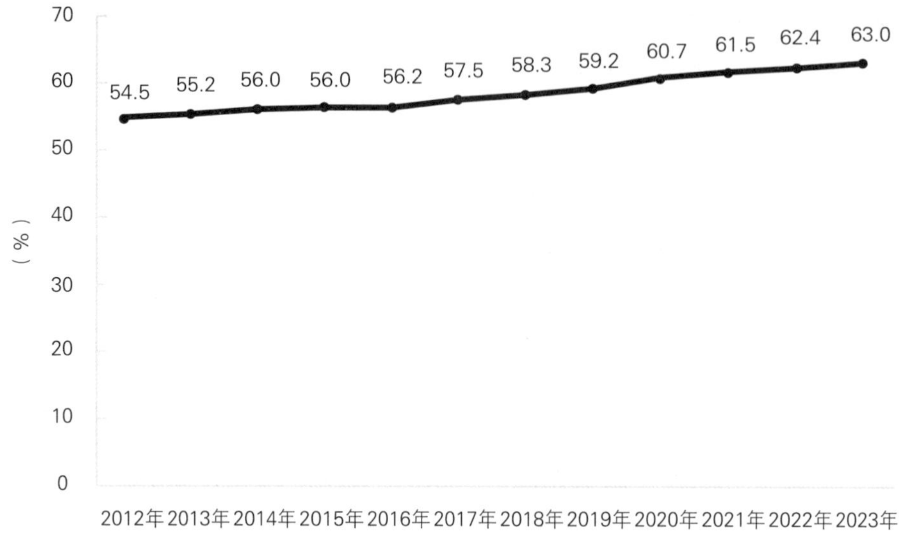


**图 4-1 2012—2023 年我国农业科技进步贡献率**

数据来源：农业农村部网站、科技部网站。

### （五）重点领域科技创新不断取得重大突破

近年来，聚焦制造业重点战略领域，重大科技专项、制造业高质量发展专项等重大专项加快实施，涌现出一批重大创新成果。例如，重点突破了量子通信与量子计算机、航空发动机及燃气轮机等重大研究任务；刷新了深海深潜器的世界纪录；培育了人工智能、智能硬件、新型显示、移动智能终端、5G、先进传感器等满足未来先进制造业高质量发展的技术与设备。此外，我国在载人航天、探月探火、航空母舰、大飞机、高速动车组、大型邮轮、高端医疗装备、能源装备、大型掘进装备等领域也取得一批重大标志性创新成果，关键材料保障能力大幅提升，引领我国制造业不断攀上新的高度。同时，工业机器人应用覆盖了国民经济 60 个行业大类、168 个行业中类，服务机器人、特种机器人在教育、医疗、物流等多个领域的产业转型升级中发挥了重要作用；我国自主研制的无人联合收割机、无人施肥播种一体机等智能农机具，大幅提高了农业生产效率；新能源汽车、智能家电、智能家具、智能穿戴等新产品、新应用越来越多地走进寻常百姓家，不断满足人民群众对美好生活的需要①。

## 第二节　我国现代化产业体系建设成效

当前，我国现代化产业体系的宏阔布局正在铺展。2023年，我国产业体系日益健全，产业链日趋完整，造船工业领跑全球，新能源、电子信息、生物医药、人工智能等战略性新兴产业不断壮大，装备制造业支撑作用日趋凸显，新型工业化向纵深推进，5G、工业互联网规模化应用进入新阶段。产业整体实力和质量效益持续提高，产业创新力、竞争力、抗风险能力显著提升。

现代化产业体系是中国式现代化在产业层面的具体表现。从产业构成来看，包括现代化工业、现代化农业、现代化服务业和现代化基础设施等。本节聚焦新型工业化、农业现代化、服务业、数字经济、现代化基础设施五个方面，总结党的十八大以来我国取得的建设成效。

### 一、新型工业化深入推进

习近平总书记强调，把高质量发展的要求贯穿新型工业化全过程，把建设制造强国同发展数字经济、产业信息化等有机结合，为中国式

① 我国机器人产业规模持续壮大［EB/OL］.（2023-11-21）［2023-12-11］.https://www.gov.cn/govweb/yaowen/shipin/202311/content_6916374.htm.

现代化构筑强大物质技术基础[①]。工业是综合国力的根基、经济增长的主引擎、技术创新的主战场，也是建设制造强国、质量强国、数字中国等的重要支撑。加快推进新型工业化，是党中央着眼全面建成社会主义现代化强国作出的重要战略部署。党的十八大以来，我国新型工业化步伐显著加快，工业规模稳步壮大、产业结构持续优化、数字化绿色化转型不断推进，聚焦新型工业化持续发力，不断夯实我国经济根基。

（一）工业体系优势更加凸显

工业在稳定经济大盘中的“压舱石”作用进一步凸显。

一是工业体系更加健全。我国工业体系具有强大的制造能力和完善的配套能力。目前我国拥有 41 个工业大类、207 个工业中类、666 个工业小类，是全世界唯一拥有联合国产业分类中全部工业门类的国家[②]。

二是工业产品品种、品质、品牌稳步提升。根据国家统计局的数据，中国制造业规模连续 13 年居全球首位，有 220 多种工业产品产量排世界第一[③]；个人计算机、手机、空调、太阳能电池板等重要产品产量占全球一半以上，生产了全球六成左右的粗钢、水泥、电解铝、甲醇等原材料，是钟表、自行车、缝纫机、家具等 100 多种轻工产品的全球第一大生产国，也是全球第一大信息通信产品生产国、全球第一大汽车生产国[④]；家电、制鞋等领域与国际标准一致性程度达到 95% 以

① 把高质量发展的要求贯穿新型工业化全过程 为中国式现代化构筑强大物质技术基础［N］. 人民日报，2023-09-24（04）.

② 工信部：我国新型工业化步伐显著加快［EB/OL］.（2023-03-02）［2023-12-15］.https：//www.gov.cn/xinwen/2023-03/02/content_5744063.htm.

③ 央企践行“三个转变”十年盘点［EB/OL］.（2024-05-10）［2024-05-10］.http://www.sasac.gov.cn/n2588020/n2877938/n2879597/n30275940/c30731475/content.html.

④ 国家发展改革委产业发展司 . 坚定不移推动制造业高质量发展［J］. 习近平经济思想研究，2022（3）.

上。同时，我国中高端产品供给能力显著增强。水下机器人、无人机等技术以及磁共振、超声影像等高端医学影像装备处于国际领先水平，智能手机、计算机、电视、工业机器人等新产品产量位居世界首位①。

三是工业规模进一步壮大。我国工业经济保持中高速增长。如图 4–2 所示，2012—2023 年我国全部工业增加值从 20.89 万亿元增长到 39.91 万亿元，其中 2022 年突破 40 万亿元大关，2023 年我国全部工业增加值占 GDP 比重达 31.7%②。2023 年我国全年规模以上工业增加值同比增长 4.6%，重点行业生产整体向好，41 个工业大类行业中 28 个保持增长。我国制造业规模稳定增长。如图 4–3 所示，2012—2023 年我国制造业

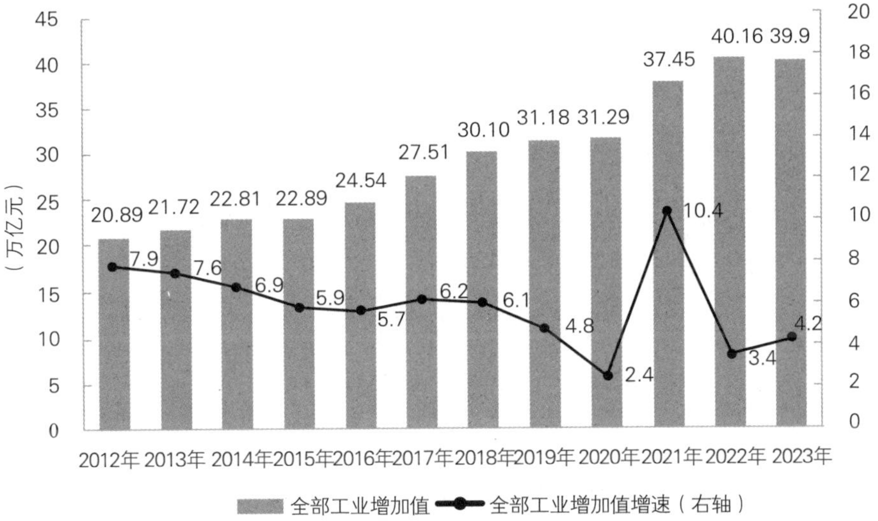


**图 4–2　2012—2023 年我国全部工业增加值及其增速**

数据来源：国家统计局网站公布的 2012—2023 年历年国民经济和社会发展统计公报。

---

① 我国四成以上主要工业产品产量世界第一［EB/OL］.（2022–06–26）［2023–12–15］.https://www.gov.cn/xinwen/2022–06/26/content_5697790.htm.

② 鼓励先进、淘汰落后，大力促进先进设备生产应用——设备更新，撬动超 5 万亿元大市场［N］. 人民日报海外版，2024–04–11（04）.

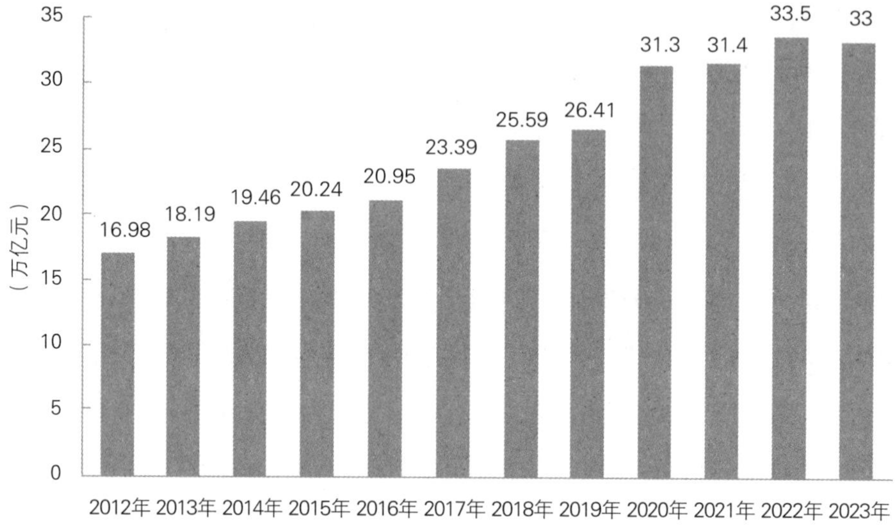


**图 4-3 2012—2023 年我国制造业增加值走势**

数据来源：国家发展改革委网站。

增加值从 16.98 万亿元增加到 33 万亿元，2023 年占我国 GDP 比重超过 27%，占全球比重超过 30%，从 2010 年开始连续 14 年位居世界首位[①]。

（二）制造业综合实力显著增强

我国迎来从“制造大国”到“制造强国”的历史性跨越，已形成规模大、体系全、竞争力较强的制造业体系。

1. 制造业产业结构持续优化升级

一是传统产业转型升级加快。我国持续实施重大技术改造升级工程。2012 年以来，技术改造投资占工业投资比重持续稳定在 40% 以上，工业绿色发展取得积极成效，工业能耗明显下降；2012—2022 年，我国规模以上工业单位增加值能耗累计下降超过 36%；2022 年大宗工业固废资源综合利用率超过 52%，较 2012 年提高近 10 个百分

① 制造业强起来步伐持续加快［N］. 光明日报，2024-02-22（15）.

点[①]；钢铁、原铝、水泥熟料等单位产品能效处于世界先进水平。此外，我国绿色产品供给能力显著增强。2022年我国光伏产业链主要环节产量全球占比均超过70%；2023年我国新能源汽车产销量占全球比重超过60%，连续9年位居全球第一。

二是优势产业领先地位巩固加强。一批批优势产业正朝着高端化、智能化、绿色化、融合化的方向稳步迈进。高端装备制造业方面：200多家企业高效协同，国产大飞机C919投入商业运营；雅万高铁开通运营，中国高铁首次全系统、全要素、全产业链“出海”；首台（套）设备2200多台、设备国产化率达93.4%，全球首座第四代核电站投入商运；F级50兆瓦重型燃气轮机投产，国产核磁共振仪器实现量产，光伏电池、组件产量全球占比分别达到90.3%和84.8%；2023年我国太阳能电池、新能源汽车、发电机组（发电设备）产品产量分别增长54.0%、30.3%、28.5%。船舶制造业方面：2023年我国造船业三大指标（造船完工量、新接订单量、手持订单量）全面增长，国际市场份额继续保持全球领先，我国首艘国产大型邮轮“爱达·魔都号”命名交付；我国已具备同时建造航空母舰、大型LNG运输船、大型邮轮的能力，集齐造船工业“三颗明珠”。先进制造业集群发展取得历史性成就，先进制造业集群发展专项行动成效显著。粤港澳大湾区、长三角地区、京津冀地区以及中西部重点城市群涌现出一批网络化协同高效、规模集聚效应明显的集群。截至2022年底，我国在新一代信息技术、高端装备、新材料、新能源等领域创建了45个国家级先进制造业集群、100个中小企业特色产业集群，主导产业总产值突破20万亿元[②]。

① 我国规上工业单位增加值能耗10年累计下降超36%——工业绿色发展成效明显［N］. 经济日报，2023-06-12.

② 强筋壮骨 铸就发展新优势——我国推进新型工业化综述［EB/OL］.（2023-03-31）［2023-09-21］.https：//www.gov.cn/govweb/yaowen/liebiao/202309/content_6905503.htm.

三是战略性新兴产业蓬勃发展。自 2012 年以来，我国战略性新兴产业规模量质齐升、产业韧性增强，区域重大战略支撑作用凸显，产业生态不断优化，成为推动产业结构优化的强劲引擎。2022 年我国战略性新兴产业增加值占国内生产总值比重超过 13%[①]。其中，新能源汽车、智能手机、消费级无人机、光伏等战略性新兴产业快速发展，部分重点产业已跻身世界前列，我国新能源发电装机量、新能源汽车产销量、智能手机产量、海洋工程装备接单量等均位居全球第一。中国中车、华为、小米、腾讯等一批领军型企业形成了国际竞争力和市场影响力。战略性新兴产业集群建设步伐加快，成为产业创新策源地、优质企业集聚地、重大创新项目承载地和区域经济发展新高地。2019 年国家发展改革委公布了首批 66 个国家级战略性新兴产业集群。

四是未来产业有序布局。2021 年，国家“十四五”规划和 2035 年远景目标纲要在强化国家战略科技力量、整合优化科技资源配置等多个方面对量子信息发展进行规划；国务院印发《国家标准化发展纲要》提出要加强量子领域等关键技术领域的标准化研究；2022 年量子信息作为“关键技术”被列入国务院印发的《“十四五”数字经济发展规划》。2021 年 2 月，我国把低空经济列入国民经济发展规划；2023 年 10 月，工业和信息化部等四部门联合印发《绿色航空制造业发展纲要（2023—2035 年）》，提出到 2025 年电动通航飞机投入商业应用，eVTOL 飞行器实现试点运行，到 2035 年建成具有完整性的绿色航空制造体系；2024 年中央经济工作会议明确把低空经济与人工智能、生物制造、商业航天等一并作为 2024 年重点工作内容。我国航天业正由以

---

① 战略性新兴产业增加值占国内生产总值比重超 13% 国家级先进制造业集群产值超 20 万亿元［EB/OL］.（2023-07-06）［2023-12-15］.https：//www.gov.cn/yaowen/liebiao/202307/content_6890146.htm.

国防现代化为主的封闭化模式向“军民协同”的开放化、市场化、国际化模式转型，北京、西安、深圳、上海、武汉、宁波等多个城市纷纷出台促进商业航天发展相关行动计划或配套政策，加快航天全产业链布局和关键核心技术突破，商业航天产业园区如雨后春笋般在各地涌现，逐步形成了航天科技产业的初步聚集。特别是在商业火箭和卫星制造领域已逐步成型，成为中国航天产业的中坚力量。在应用服务领域，以遥感、导航、通信传统应用场景为主，载人航天、深空探测、太空站等业务仍处于萌芽阶段，总体经济规模较小。

**专栏 4-3 我国生物制造发展取得长足进步**

生物制造将生物科学和工程学的成果应用于工业制造领域，以可再生生物质资源为原料，开发新产品的制造路线，大规模生产人类所需的化学品和高分子材料等，包括生物制造的新产品、新工艺、新技术，是以工业生物技术为核心、利用生物体机能进行物质加工与合成的绿色生产方式和先进生产方式，被认为具有引领“第四次工业革命”的潜力，有望在能源、化工、医药和材料等领域改变世界工业制造格局，已成为大国竞争的前沿阵地。

生物制造作为提升经济竞争力的着力点，是我国继绿色制造、智能制造后，推进制造强国建设的又一个重要抓手。生物制造产业是生物经济重点发展方向，是加快构建绿色低碳循环经济体系的新兴产业，对于发展新质生产力具有重大意义。

近年来，我国生物制造发展取得长足进步。目前我国生物制造细分行业门类逐步增多，生物制造核心产业增加值规模快速增长，培育形成一批年销售额超过百亿元的龙头企业和优势产品，形成一批细分领域特色产业集聚区。其中，长三角地区成为重点企业聚集最多的地区；依托科研、人才等要素优势，北京、广东等省份在原始技术创新领域占有优势，同时聚集了一批行业重点企业；华北、华中地区，湖北、河北、安徽等省份的骨干企业数量较多，具有发展的良好潜力；西部地区以聚焦特色天然产物生物制造、食品配料的生物科技企业为主。虽然目前我国生物制造产业发展态势良好，但是仍然面临一些问题。从产业规模看，我国生物制造核心产业增加值占工业增加值比重仅2.4%，低于美国（11%）、欧盟（6.2%）、日本（3.2%），在工业经济的占比有待提高；从产业结构看，中高端配料及装备供给能力不足，部分关键原配料及装备依赖进口，如工业核心菌种、酶制剂等核心原配料对外依存度较高。

2. 制造业高质量发展步伐明显加快

党的十八大以来，我国制造业高端化、智能化、绿色化转型成效明显。

一是制造业高端化扎实推进，装备制造业和高技术制造业的支撑作用日益凸显。2023年全国规模以上工业增加值同比增长4.6%；其中，装备制造业增加值同比增长6.8%，占规模以上工业增加值比重从2012年的28%提升至2023年的33.6%；高技术制造业增加值同比增长2.7%，占规模以上工业增加值比重从2012年的9.4%提升至2023年的15.7%，如图4-4所示。65家制造业企业入围《财富》杂志世界500强企业榜单。截至2023年9月，累计培育5批1.2万余家专精特新“小巨人”企业，带动地方培育近9万家专精特新中小企业[①]。

① 强筋壮骨 铸就发展新优势——我国推进新型工业化综述［EB/OL］.（2023-03-31）［2023-09-21］.https：//www.gov.cn/govweb/yaowen/liebiao/202309/content_6905503.htm.

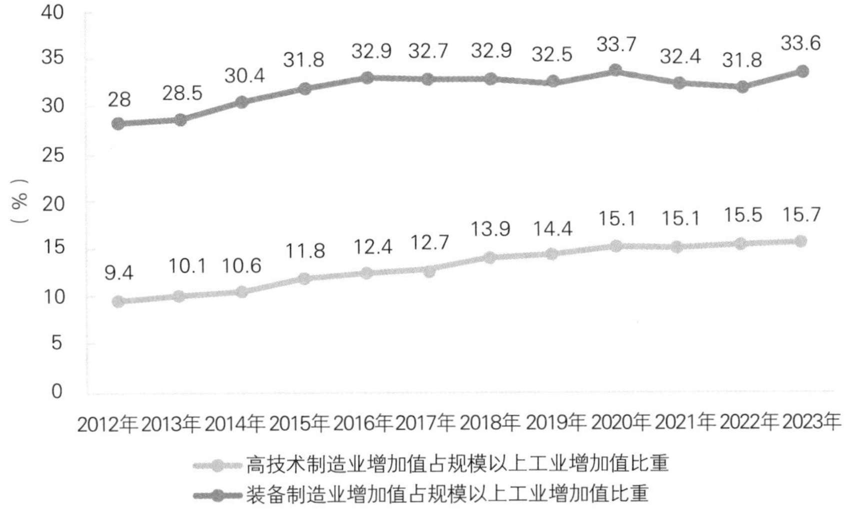


**图 4-4　2012—2023 年我国高技术制造业增加值、装备制造业增加值占规模以上工业增加值比重**

数据来源：国家统计局网站公布的 2012—2023 年历年国民经济和社会发展统计公报。

二是制造业数智化转型高效推进。重点行业转型步伐不断加快。截至 2023 年 12 月底，我国已培育 421 家国家级智能制造示范工厂以及 1 万多家省级数字化车间和智能工厂，建成数量占全球四成的“灯塔工厂”，在石化、印染、家电等行业形成了一批高水平示范企业，人工智能、数字孪生等技术在 90% 以上的示范工厂得到应用；大飞机、新能源汽车、高速动车组等领域示范工厂的研制周期平均缩短近 30%、生产效率提升约 30%；钢铁、建材、民用爆炸物品等领域示范工厂的本质安全水平大幅提升，碳排放减少约 12%，转型示范效应凸显；2023 年我国工业企业数字化研发设计工具普及率达到 79.6%，关键工序数控化率达到 62.2%[①]。通过智能化改造，示范标杆

① 国务院新闻办发布会介绍 2023 年工业和信息化发展情况［EB/OL］.（2024-01-19）［2024-05-11］. https://www.gov.cn/zhengce/202401/content_6927371.htm.

工厂的产品研发周期平均缩短 20.7%，生产效率平均提升 34.8%，产品不良率平均下降 27.4%，碳排放平均减少 21.2%。数字技术和产业供给水平大幅提升。2023 年我国智能制造装备产业规模超过 3.2 万亿元，人工智能企业数量超过 4400 家；我国已成为全球最大的智能制造应用市场，涌现出虚拟验证、共享制造等新场景、新方案、新模式，工业机器人、工业软件等数字产品和服务能力不断提升，制造业机器人密度已达到每万名工人 392 台；钢铁、石化、锂电池等领域系统集成能力达到国际先进水平，底盘一体化压铸、电芯精密制造、光伏组件柔性装配解决方案取得突破，初步形成全链条数字技术和产业体系①。

三是绿色低碳转型成效显著。我国产业结构向绿色化、低碳化持续优化。2023 年钢铁、电解铝、石化化工、建材等行业中的落后产能进一步退出，78 家钢铁企业的 3.9 亿吨粗钢产能完成全流程超低排放改造，有色金属、建材、钢铁、化工等重点行业主要污染物和二氧化碳排放强度持续下降。绿色制造体系建设持续推进。根据工业和信息化部的数据，截至 2023 年底，我国累计在国家层面创建绿色工厂 5100 家、绿色工业园区 371 家、绿色供应链管理企业 605 家，培育绿色制造专业化服务机构 500 余家；其中，绿色工厂产值占制造业总产值的比重超过 17%。能源资源利用更加高效。重点用能行业能效水平持续提升，乙烯等行业达到能效标杆水平的产能比例已经超过 30%；全年规模以上工业用水重复利用率预计超过 93%；信息基础设施能效也不断优化，截至 2023 年底，累计培育 196 家绿色数据中心。工业资源综合利用效率进一步提高，2023 年全年大宗工业固

① 工业经济高质量发展扎实推进［N］. 人民日报，2024-01-20（04）.

废利用量将超过22亿吨，全年新能源汽车废旧动力电池综合利用量22.5万吨①。

3. 制造企业综合实力大幅提升

一是企业主体数量大幅增加。规模以上工业企业数量由2012年的34.4万家增加至2023年11月底的48.3万家。截至2022年末，我国中小微企业数量超过5200万户，成为新技术、新产业、新业态的重要源泉。截至2023年末，全国高新技术企业数量达46.5万家，在支撑高水平科技自立自强和现代化产业体系建设中发挥了重要作用。

二是产业链骨干企业加快壮大。2023年入围“世界500强”的中国企业有142家，位居世界第一，其中制造业企业数量达到63家。中国制造业企业500强资产总额从2012年的21.44万亿元增长到2022年的50.02万亿元，营业收入从23.38万亿元增长到51.06万亿元，双双翻了一番。

三是专精特新企业加速涌现。截至2023年底，累计培育创新型中小企业21.5万家、专精特新中小企业10.3万家。其中：专精特新“小巨人”企业1.2万家，超四成“小巨人”企业聚集在新材料、新一代信息技术、新能源及智能网联汽车领域，超六成深耕工业基础领域；制造业“单项冠军”企业1186家，重点细分领域产品市场占有率位居全球前三。这些细分领域的“单打冠军”和“配套专家”是产业链供应链不可或缺的重要组成部分②。

---

① 国务院新闻办发布会介绍2023年工业和信息化发展情况［EB/OL］.（2024-01-19）［2024-05-11］.https://www.gov.cn/lianbo/fabu/202401/content_6927364.htm.

② 金壮龙.全面贯彻落实党的二十大精神 大力推进新型工业化［EB/OL］.（2024-02-28）［2024-05-11］.https://www.miit.gov.cn/xwdt/gxdt/ldhd/art/2024/art_0a5c77d3a75a4b429474e10c24f446a3.html.

## 二、农业现代化水平实现跃升

习近平总书记指出："要推进农业农村现代化，夯实粮食生产基础，坚持质量兴农、绿色兴农，不断提高农业综合效益和竞争力"①"农业现代化，关键是农业科技现代化"②。农业现代化是我国农业发展的重要目标。党的十八大以来，党中央始终把"三农"工作放在全党工作首位，全面实施创新驱动发展战略。党的十九大报告中提出全面推进乡村振兴和加快农业农村现代化。党的二十大报告中提出加快建设农业强国。2023 年中央农村工作会议提出要强化科技和改革双轮驱动，加大核心技术攻关力度，改革完善"三农"工作体制机制，为农业现代化增动力、添活力。农业科技创新对"三农"发展的支撑引领作用不断增强，为保障国家粮食安全和打赢脱贫攻坚战作出了重要贡献，为农业现代化加速发展提供强劲动力。

### （一）科技驱动农业经济增长

#### 1. 粮食安全保障能力显著增强

一是粮食和重要农产品供给稳定。2023 年全国粮食总产量 1.39 万亿斤，连续 9 年稳定在 1.3 万亿斤以上，人均粮食占有量超过 490 公斤③，高于国际公认的 400 公斤的粮食安全线，实现谷物基本自给、口粮绝对安全；大豆油料扩种成效明显，2023 年大豆和油料作物面积达到

---

① 习近平．贯彻新发展理念推动高质量发展 奋力开创中部地区崛起新局面［N］．人民日报，2019-05-23（01）．

② 习近平在吉林考察时强调　坚持新发展理念深入实施东北振兴战略 加快推动新时代吉林全面振兴全方位振兴［N］．人民日报，2020-07-25（01）．

③ 郁静娴．粮食产量再创新高，农民收入保持增长："三农"基本盘进一步夯实［N］．人民日报，2024-01-24（04）．

3.5 亿亩以上，大豆产量达 2084 万吨，连续 2 年创新高[①]。二是耕地保护加力推进。至 2023 年底，我国累计建成高标准农田超过 10 亿亩，全国耕地灌溉面积超过 10 亿亩[②]。三是品种更加丰富多样。棉油糖胶稳定发展，肉蛋奶、水产品、果菜茶供给充裕。四是品质持续优化升级。农产品质量安全例行监测合格率稳定在 97% 以上。五是种业振兴深入推进。2023 年我国主要农作物良种覆盖率超过 96%，良种对粮食生产的贡献率超过 45%；主要农作物种子质量合格率始终稳定保持在 98% 以上，农作物种源自给率超过 95%，自主选育品种面积占比超过 95%[③]。

2. 农业物质技术装备条件明显改善

一是生产全程机械化水平提高。截至 2022 年 10 月，我国已建成 758 个主要农作物生产全程机械化示范县[④]；2023 年全国农作物耕种收综合机械化率超过 73%，特别是小麦的该指标超过 97%，装有北斗定位作业终端的农机装备达 180 万台（套），基本实现了全程机械化，畜牧水产、设施农业等机械化水平也有了较大提升[⑤]。二是农机装备总量迈上新台阶。全国农机总动力达到 11.04 亿千瓦；大马力、高效率、多功能和复式作业机具保有量快速增加，240 马力无级变速拖拉机、油菜移栽机等短板机具成功量产；农机装备对粮食增产贡献率显著提高，粮食机收损失率控制在 3% 以内[⑥]。

---

① 扩面积提单产 我国大豆产量连续两年创新高［EB/OL］.（2023-12-16）［2024-05-11］. http://finance.people.com.cn/n1/2023/1216/c1004-40140244.html.

② 农业农村部：多措并举加快高标准农田建设进度［EB/OL］.（2024-04-19）［2024-05-11］. https://economy.gmw.cn/2024-04/19/content_37273812.htm.

③ 1.3 万亿斤以上，连续 9 年的丰收答卷［N］. 人民日报，2023-12-19（02）.

④ 农业机械化加快向全程全面高质量发展［EB/OL］.（2022-10-14）［2023-12-16］.http：//www.njhs.moa.gov.cn/qcjxhtjxd/202210/t20221017_6413369.htm.

⑤ 粮食产量、人均粮食占有量、粮食播种面积等主要指标均有提升——五组数据看“中国饭碗”之稳［N］. 人民日报，2023-09-14（04）.

⑥ 实现高水平自立自强 农业科技迈出坚实步伐［N］. 科技日报，2023-02-15（01）.

（二）现代乡村产业体系基本建立

一是乡村产业基础进一步夯实。农业园区建设提档升级，截至2023年底，我国申请创建的国家现代农业产业园数量累计达288个；乡村产业全链条升级，截至2023年底，优势特色乡村产业集群累计达到180个，全产业链产值超过4.6万亿元，辐射带动1000多万户农民，770个乡镇被认定为国家农业产业强镇①。二是农民生活条件明显改善，脱贫攻坚成果得以持续巩固。目前每个脱贫县都形成了2～3个特色主导产业，近3/4的脱贫人口与新型农业经营主体建立紧密利益联结。在产业带动、就业拉动下，2023年我国农村居民人均可支配收入达到21691元，比上年名义增长7.7%，扣除价格因素实际增长7.6%，农村居民收入增速快于城镇，城乡收入倍差持续下降至2.39倍，比2022年缩小0.06②。三是农村新产业新业态加快发展。2023年休闲农业营业收入达8400亿元，从业人数保持在1100万以上，带动近900万农户发展；"数商兴农"项目取得了显著成效，2023年农村网络零售额达到2.49万亿元，同比增长14.7%；全国农产品网络零售额突破5900亿元，同比增长11.0%；农村电商蓬勃发展，各类涉农电商超过3万家③。

（三）农业绿色转型持续推进

1. 农业生产方式加快转变

一是农业面源污染治理协同推进。化肥农药利用率均超过41%，畜禽粪污、秸秆、农膜等利用率分别超过78%、88%和80%。二是重点流域生态环境加快改善。长江十年禁渔推进有力，水生生物资源保

① 推动提升现代农业全产业链标准化水平[N]．人民日报，2023-12-15（01）．

② 2023年居民收入恢复性增长 城乡地区间差距继续缩小[EB/OL]．（2024-01-26）[2024-05-13]．https://m.gmw.cn/2024-01/26/content_1303643453.htm.

③ 国务院新闻办发布会介绍2023年农业农村经济运行情况[EB/OL]．（2024-01-23）[2024-05-13]．https://www.gov.cn/lianbo/fabu/202401/content_6927911.htm.

护持续向好，黄河流域深度节水成效初显，农业生态环境问题得到治理。三是绿色优质农产品供给增加。农业生产和农产品“三品一标”深入推进，绿色、有机、地理标志农产品产量占比达到11%，农产品质量安全例行监测合格率达97.6%[①]。

2. 绿色低碳产业链条加快构建

一是农产品绿色流通体系逐步健全。优化农产品冷链物流网络布局，建设约5.1万个产地冷藏保鲜设施，产地农产品低温处理和商品化处理能力明显提升。二是绿色低碳园区建设稳步推进。在现代农业产业园、农业现代化示范区、农业绿色发展先行区等全域推进农业生产“三品一标”，实现了全链条循环利用、全值利用。

3. 农业生态系统得到有效修复

自2012年以来，我国统筹推进山水林田湖草沙系统治理，增强农业生态系统循环能力。一是保护修复林草生态系统，开展大规模国土绿化行动，全面实施禁牧、休牧和草畜平衡制度，森林覆盖率超过23%，草原综合植被盖度达到58%，为全球贡献了最多的新增绿化面积。二是保护修复重点流域生态系统，黄河流域地下水超采综合治理稳步开展，长江十年禁渔成效初显、水生生物多样性逐步恢复[②]。

## 三、服务业质量效益持续提升

党的二十大报告指出，构建优质高效的服务业新体系，推动现代服务业同先进制造业、现代农业深度融合。党的十八大以来，我国服

① 国务院新闻办举行发布会 介绍2022年农业农村经济运行情况［EB/OL］.（2023-01-18）［2023-12-16］.https://www.gov.cn/xinwen/2023-01/18/content_5737816.htm?eqid=d734b7e20001e59c-00000003645caccd.

② 马爱平．十年来，我国农业现代化建设迈上新台阶［N］．科技日报，2022-06-28（02）．

务业规模持续扩大，结构不断优化，服务贸易快速增长，新兴动能亮点纷呈，从高速度发展向高质量发展稳步迈进，在经济社会发展中的地位和作用日益提升，为构建优质高效服务业新体系提供了良好基础。

（一）总量稳步增长

1. 产业规模日益壮大

服务业推动增长“主动力”格局巩固。如图 4–5 所示，我国服务业增加值从 2012 年的 24.49 万亿元增长至 2023 年的 68.82 万亿元，高于同期国内生产总值的年均增速，也高于第二产业平均增速。服务业增加值占国内生产总值的比重从 2012 年的 45.5% 上升到 2023 年的 54.6%（高于第二产业 12.9 个百分点），在国民经济中的比重稳步提升，对经济增长的贡献率超过 60%。特别是面对复杂严峻的国际环境和国内疫情带来的影响，服务业展现出强大韧性，保持稳定增长态势。2023 年服务业对经济增长的贡献率为 60%，高于第二产业贡献率，拉

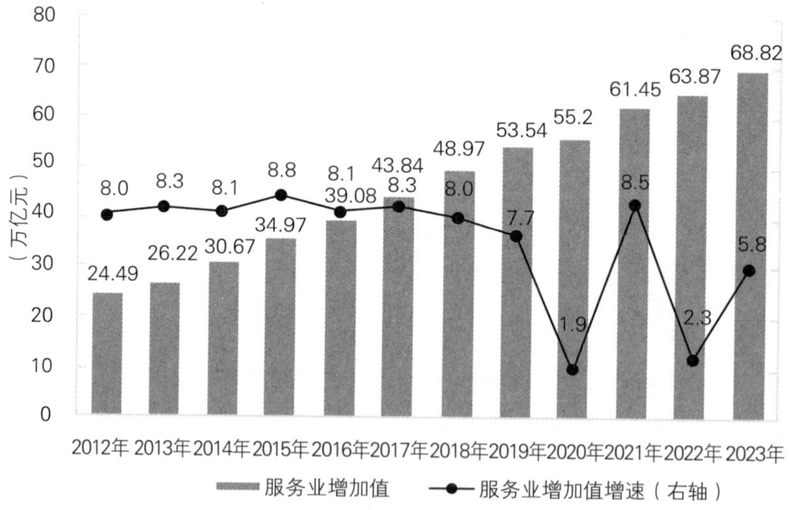


**图 4–5　2012—2023 年我国服务业增加值及其增速**

数据来源：国家统计局网站公布的 2012—2023 年历年国民经济和社会发展统计公报。

动国内生产总值增长 3.2 个百分点，成为经济运行在合理区间的有力保障[①]。

2. 服务贸易快速增长

党的十八大以来，我国加快构建开放型经济新体制，服务供给能力和需求水平明显提升，服务业对外开放规模质量并进。2013 年以来，我国服务贸易出口竞争力持续提升，服务贸易总额和服务进口额稳居世界第二。2023 年我国服务进出口总额 65754.3 亿元，同比增长 10%，服务贸易规模创历史新高。服务贸易结构持续优化，知识密集型服务进出口竞争力显著提升。2023 年知识密集型服务进出口 27193.7 亿元，同比增长 8.5%，占服务贸易进出口总额的比重由 2012 年的 33.6% 提升至 2023 年上半年的 43.5%。其中，知识密集型服务出口 15435.2 亿元，同比增长 9%，增长最快的领域为保险服务，增幅达 67%。知识密集型服务进口 11758.5 亿元，同比增长 7.8%，增长最快的领域为个人文化和娱乐服务，增幅达 61.7%。知识密集型服务贸易顺差 3676.7 亿元，同比扩大 423.5 亿元[②]。

（二）结构持续优化

1. 现代服务业蓬勃发展

党的十八大以来，随着供给侧结构性改革的深入推进和信息技术的快速发展，现代服务业加速崛起，成为拉动国民经济增长、促进生产生活方式转变、带动产业转型升级和协调发展的重要力量。2012 年以来，我国批发和零售业，交通运输、仓储和邮政业，住宿和餐饮业等传统服务业的绝对规模虽然在增长，但其占比在不断下降，2022 年三大行业占

---

① 国务院新闻办就 2023 年国民经济运行情况举行发布会［EB/OL］.（2024-01-17）［2024-01-22］.https：//www.gov.cn/zhengce/202401/content_6926623.htm.

② 2023 年我国服务进出口总额同比增一成［N］. 人民日报，2024-02-02（10）.

服务业增加值比重之和为 28.5%，较 2012 年下降 6.1 个百分点。同期，信息传输、软件和信息技术服务业，租赁和商务服务业等现代服务业实现快速发展，2022 年两大行业占服务业增加值比重之和为 13.6%，比 2012 年上升 4.1 个百分点，成为推动服务业持续增长的新动能①。2023 年规模以上服务业企业营业收入比上年增长 8.3%，利润总额增长 26.8%②。

2. 传统服务业在创新发展中转型升级

随着互联网、大数据、5G、人工智能等技术在实践中与更多服务场景加速融合，批发零售、交通运输、住宿餐饮等传统服务业结合平台经济、共享经济、体验经济等新模式，积极发展线上线下融合的电子商务、网上购物、电商直播、即时零售、网约出行、外卖订餐等新业态，有力推动了生产性服务业向专业化和价值链高端延伸、生活性服务业向高品质和多样化升级。根据商务部发布的数据，截至 2023 年 12 月，我国网络购物用户规模达 9.15 亿人，增速达到 8.2%，占到网民整体的 83.8%③。根据国家邮政局发布的数据，2023 年我国快递业务量累计完成 1320.7 亿件，同比增长 19.4%，连续 10 年稳居世界第一④。快递业务“进村”“进厂”“出海”深入推进，快递服务覆盖全国 95% 建制村，行业规模持续扩大。

3. 生产性服务业和生活性服务业健康成长

生产性服务业是服务业的重要组成部分，是当前中国经济极具活力的产业，也是未来经济发展极具潜力的产业。党的十八大以来，我

① 数据来源：国家统计局。

② 中华人民共和国 2023 年国民经济和社会发展统计公报［EB/OL］.（2024-02-29）［2024-05-11］.https://www.gov.cn/lianbo/bumen/202402/content_6934935.htm.

③ 我国网络购物用户规模超 9 亿人［EB/OL］.（2024-03-22）［2024-05-11］.https://m.gmw.cn/2024-03/22/content_1303692771.htm.

④ 2023 年我国快递业务量初步统计达 1320 亿件［EB/OL］.（2024-02-29）［2024-05-11］.https://www.gov.cn/lianbo/bumen/202401/content_6925102.htm.

国生产性服务业加速向专业化迈进，助推产业改造升级；生活性服务业不断向高品质延伸，提升百姓生活品质。生产服务业增加值占比超过生活服务业。数据显示，2022 年我国生产性服务业增加值为 37.90 万亿元，占服务业增加值的比重为 59.33%，占 GDP 的比重为 31.31%。其中，批发和零售业增加值最高，为 11.45 万亿元，占比达 30.2%；其次是金融业，增加值为 9.68 万亿元，占比 25.5%；交通运输、仓储和邮政业占比 13.1%，信息传输、软件和信息技术服务业占比 12.6%，租赁和商务服务业占比 12.6%①。

4. 重点服务业领域发展活力持续释放

现代服务业支撑作用增强。2023 年，信息传输、软件和信息技术服务业，租赁和商务服务业，金融业增加值比上年分别增长 11.9%、9.3% 和 6.8%。服务业新兴领域发展壮大。在现代信息技术的推动下，基于大数据、云计算、物联网、人工智能的服务应用和创新日趋活跃，我国服务业特别是高技术服务业向着高质量发展转变。2023 年我国高技术服务业投资持续增长，比上年增长 11.4%，高于全部服务业固定资产投资 11 个百分点；其中，科技成果转化服务业、电子商务服务业投资分别增长 31.8%、29.2%。2023 年 1–11 月，规模以上科技服务业、高技术服务业企业和战略性新兴服务业企业营业收入分别比上年增长 11.4%、11.2% 和 7.7%②。

## （三）产业融合持续加深

### 1. 产业融合发展持续深化

信息技术赋能实体经济，数字化应用场景不断扩展，先进制造业与

① 数据来源：国家统计局。

② 国家统计局相关部门负责人解读 2023 年主要经济数据［EB/OL］.（2024–01–18）［2024–05–11］.https://www.gov.cn/lianbo/bumen/202401/content_6926737.htm.

现代服务业进一步融合。2017—2022年，工业和信息化部遴选了6批次制造业与互联网、新一代信息技术与制造业融合发展试点示范单位，在“数字领航”企业、两化融合管理体系贯标、中德智能制造合作、特色专业型工业互联网平台等若干重点方向确定了一批试点单位。在浙江省、江苏省、广东省、山东省等诸多制造业强省分别确定了省级两化融合试点单位，并给予大力支持。2023年1—11月，规模以上供应链管理服务、互联网数据服务企业营业收入同比分别增长17.4%和22.0%，增速分别高于规模以上服务业企业8.9个百分点和13.5个百分点①

### 专栏4-4 服务型制造实践——以苏州为例

服务型制造是制造业与服务业融合发展的新型制造模式和产业形态，是“两业融合”的重要方向。工业和信息化部于2016年、2020年分别出台了《发展服务型制造专项行动指南》和《关于进一步促进服务型制造发展的指导意见》，鼓励制造业企业不断增加服务要素在投入和产出中的比重，有效推动了制造业转型升级。从实践经验来看，服务型制造的实现路径主要有两种：“服务投入”，即将服务作为中间要素投入制造业；“服务产出”，即最终产出除了产品还包含服务。近些年，我国服务型制造的新模式、新业态不断涌现，形成了以工业设计服务、供应链管理、共享制造、检验检测认证服务、节能环保服务、生产性金融服务等“服务投入”为主的新模式，以及定制化服务、全生命周期管理、总集成总承包等“服务产出”为主的新模式。

① 国家统计局相关部门负责人解读2023年主要经济数据［EB/OL］.（2024-01-18）［2024-05-11］.https://www.gov.cn/lianbo/bumen/202401/content_6926737.htm.

作为首批国家级服务型制造示范城市，苏州奋力推进先进制造业与现代服务业耦合共生，探索形成了延伸式、强链式、集群式、平台式四种融合形态，实现了制造业为服务业提供场景、服务业为制造业赋能增效的互动发展态势。①延伸式融合。这是苏州服务型制造的基本模式。苏州推动制造业、服务业龙头与领军企业从单纯的产品制造商或服务提供商向“产品 + 服务”提供商转型，将工业设计服务延伸至“设计 + 制造”体系，加快实现制造业服务化和服务业制造化。②强链式融合。苏州着力放大链主企业的“头雁”效应，打通上下游全价值链，实现从源头供应到成品交付的全流程一站式服务，培育出一批群链牵引力强、创新水平高、核心竞争力突出、市场前景广阔的全链式解决方案提供商和系统服务商，不断引领产业链深度融合和高端跃升。③集群式融合。以数字经济时代产业创新集群融合发展为主抓手，苏州聚焦电子信息、装备制造、生物医药、先进材料四大主导产业创新集群，以及数字赋能型、知识驱动型、消费导向型三类新兴服务业，构建“4+3”特色产业创新集群培育机制，不断强化“群与群”融合、“业对业”奔赴，持续提升全过程、全领域产出价值和运行效率。④平台式融合。以平台为载体，汇聚制造业和服务业企业资源，实现跨企业、跨行业、跨领域的立体式融合，这是苏州平台式“两业融合”的特点。例如，作为江苏省“两业融合”试点企业，亨通集团借助工业互联网平台，协同上下游企业，提供包含研发、生产、销售、施工、服务等的全生命周期服务，成为国内外一流的通信工程产业链全业务集团化综合服务提供商。

2. 服务业数字化转型走深走实

“互联网 +”激发服务业新动能，服务业数字化步伐加快，数字消费拓展消费新空间。如图 4–6 所示，电子商务平台交易额从 2014 年的 16.4 万亿元增长至 2023 年的 46.8 万亿元，成为刺激消费的重要力量。同时，数字贸易培育出口新优势，跨境电商高速发展。2023 年跨境电商进出口规模达到 2.38 万亿元，同比增长 15.6%。参与跨境电商进口的消费者人数逐年增加，2023 年达到 1.63 亿。跨境电商快速发展，我国在“买全球、卖全球”方面的优势和潜力持续释放[①]。此外，服务贸易数字化进程加快。2022 年我国可数字化交付的服务进出口额达到 2.51 万亿元，同比增长 7.8%，居世界第五位，规模再创历史新高。2023 年上半

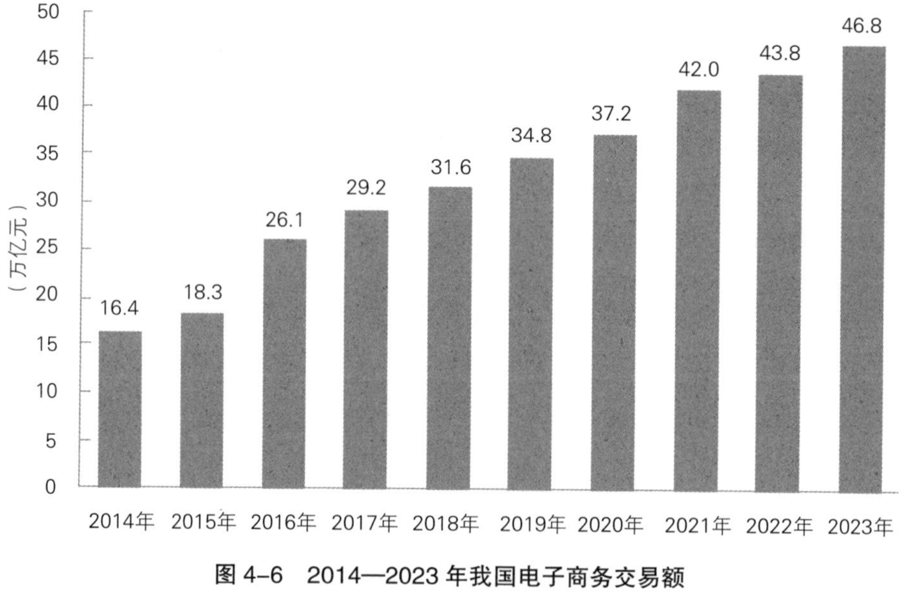


**图 4–6 2014—2023 年我国电子商务交易额**

数据来源：商务部网站、国家统计局网站、国家互联网信息办公室网站。

① 规模稳中有增 质量优中有升——2023 年外贸运行观察［EB/OL］.（2024-01-13）［2024-05-11］.https://www.gov.cn/yaowen/liebiao/202401/content_6925842.htm.

年继续增长 12.3%，高出服务进出口总体增速 3.8 个百分点[①]。中国数字交付的服务组织国际竞争力进一步提升，服务贸易数字化进程进一步加快。

## 四、数字经济加快发展

以数据为关键要素、以数字技术为支撑、以现代信息网络为重要载体的数字经济正在成为现代化产业体系发展壮大的不竭动力。数字经济已成为培育新质生产力的重要阵地和促进经济社会发展的加速器。

### （一）数字经济成为高质量发展的重要引擎

一是数字经济规模稳定增长。根据国家互联网信息办公室发布的《数字中国发展报告（2022 年）》，2022 年我国数字经济规模达 50.2 万亿元（见图 4-7），增长速度继续保持在 10% 的高位，已连续 11 年显著高于同期 GDP 名义增速，总量稳居世界第二位，占 GDP 的比重提升至 41.5%[②]。据初步核算，2023 年我国数字经济规模达 56.1 万亿元，占 GDP 比重超过 44%。

二是数字经济核心产业发展壮大。2023 年我国数字经济核心产业增加值估计会超过 12 万亿元，占 GDP 比重 10% 左右。其中，2023 年我国工业互联网核心产业规模达 1.35 万亿元规模以上；电子信息制造业实现营业收入 15.1 万亿元；软件业务收入达 12.32 万亿元，同比增长 13.4%；电信业务收入累计完成 1.68 万亿元，同比增长 6.2%。数字产业集群综合竞争力稳步攀升。由北京、上海、深圳引领的京津冀、

---

① 数据来源：商务部发布的《中国数字贸易发展报告（2023）》。

② 国家互联网信息办公室发布《数字中国发展报告（2022 年）》[EB/OL].（2023-05-23）[2023-10-26].http://www.cac.gov.cn/2023-05/22/c_1686402318492248.htm.

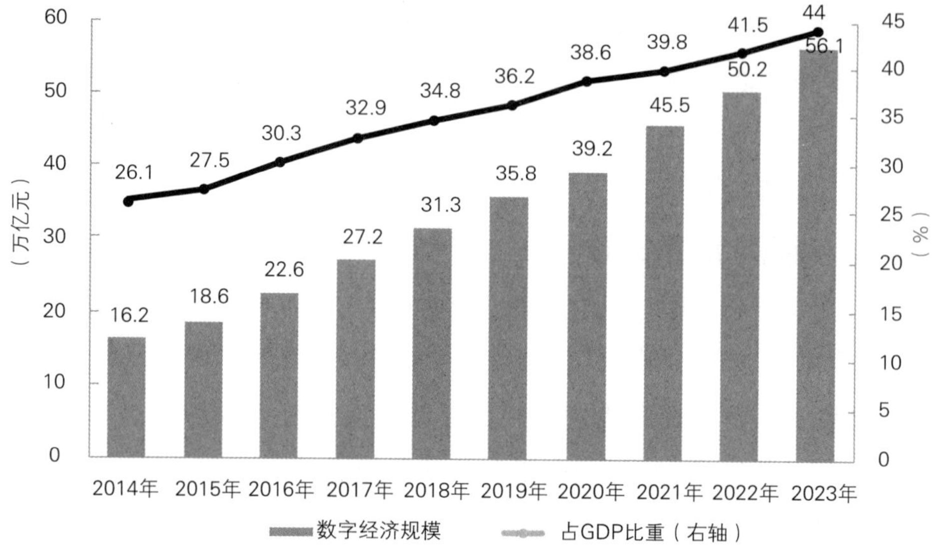


**图 4-7 2014—2023 年我国数字经济规模及占 GDP 比重**

数据来源：《中国互联网发展报告 2021》《数字中国发展报告（2020 年）》《数字中国发展报告（2021 年）》《数字中国发展报告（2022 年）》《数字中国建设发展报告（2018 年）》《2017 中国数字经济发展报告》《中国数字经济发展白皮书（2020 年）》。

长三角和粤港澳大湾区三大核心城市群呈现出"三足鼎立"的数字经济发展格局。其中，长三角数字产业集群是全球最大的数字经济产业集聚区，成为中国数字经济发展的重要引擎；成渝、东北、中原等城市群数字化进程按下"加速键"，同比增速持续上升。

三是数字企业创新发展动能不断增强。2022 年我国市值排名前 100 位的互联网企业总研发投入达 3384 亿元，同比增长 9.1%。科创板、创业板已上市战略性新兴产业企业中，数字领域相关企业占比分别接近 40% 和 35%①。钢铁、汽车、装备、石化等领域涌现出数字化管理、平台化设计、网络化协同、规模化定制等新业态新模

① 国家互联网信息办公室发布《数字中国发展报告（2022 年）》[EB/OL].（2023-05-23）[2023-10-26].http://www.cac.gov.cn/2023-05/22/c_1686402318492248.htm.

式，新型制造模式从概念框架走向落地实施，有力赋能传统产业转型升级。

（二）数实融合广度深度持续拓展

一是数字化转型助力农业现代化。数字经济成为促进农业升级、农民进步、农村发展的重要引擎。根据中国社会科学院财经战略研究院发布的《中国数字经济高质量发展报告（2023）》，2022 年我国第一产业数字经济渗透率为 10.5%，同比提升 0.4 个百分点。农业数字化加快向全产业链延伸。根据国家互联网信息办公室发布的《数字中国发展报告（2022 年）》，目前农业生产信息化率超过 25%，智能灌溉、精准施肥、智能温室、产品溯源等新模式得到广泛推广；基于北斗系统的农机自动驾驶系统超过 10 万台（套）。

二是融合基础设施赋能效应逐步显现。工业互联网平台、5G 应用全面融入国民经济体系。根据工业和信息化部的数据，目前工业互联网已全面融入 49 个国民经济大类，涵盖全部工业大类，目前具有一定影响力的工业互联网平台超过 340 家，重点平台连接设备超过 9600 万台（套），国家“两化”融合公共服务平台服务工业企业 18.3 万家，助力制造业降本增效①；5G 应用已融入 71 个国民经济大类，在工业、矿业、电力、港口、医疗等行业深入推广，应用案例数超 9.4 万个②；“5G+ 工业互联网”进入规模化发展新阶段，2023 年“5G+ 工业互联网”项目超过 1 万个，已覆盖 41 个国民经济大类，实现工业行业大类全覆盖，并向水利、轨道交通等其他国民经济重点行业加速延伸。

三是服务业数字化转型深入推进。扩大消费新动能更加强劲。2023

① 国务院新闻办发布会介绍 2023 年工业和信息化发展情况［EB/OL］.（2024-01-19）［2024-05-11］. https://www.gov.cn/zhengce/202401/content_6927371.htm.

② 5G 应用深入千行百业［N］. 人民日报，2024-03-20（18）.

年，我国网上零售额15.42万亿元，增长11%，连续11年成为全球第一大网络零售市场；其中，实物商品网络零售额占社会消费品零售总额比重增至27.6%，创历史新高。服务消费新热点更加多元。在线旅游、在线文娱和在线餐饮销售额合计对网零增长贡献率为23.5%，拉动网络零售额增长2.6个百分点。数实融合新模式更加丰富。产业电商平台交易功能进一步强化，商务部重点监测平台交易额增幅达到30%；国家电子商务示范基地作用更加突显，整合培育形成30余个数字化产业带，助力行业企业降本增效；“数商兴农”成效显著，全年农村和农产品网络零售额分别达2.49万亿元和0.59万亿元，增速均快于网络零售额总体①。

**专栏4-5 我国重点省市“平台经济”实践**

作为数字经济的重要基础和支撑，平台经济正在深度影响经济结构和竞争格局，不断激发地方经济发展的创新活力。我国各省市围绕特色要素，开展一系列特色互联网平台打造实践。

（1）北京市依托创新资源集聚优势打造综合性科技服务平台。北京市多措并举，通过“三个15%”“不低于150亿”及“增资30亿”等多组量化指标，在金融机构联动、创新试点发力、完善担保体系等方面形成多方合力，支持平台企业发展。例如，支持今日头条打造数字文娱平台、京东打造电子商务平台、美团打造数字生活服务平台等。

（2）浙江省以龙头企业为引领打造电子商务平台。浙江省积极构建基于互联网的“平台+生态”模式，以电子商务为中心是浙江省平台经济发展最显著的特征。以阿里巴巴等

① 商务部电子商务司负责人介绍2023年我国电子商务发展情况［EB/OL］.（2024-01-20）［2024-05-11］. http://ca.mofcom.gov.cn/article/xwfb/202401/20240103468129.shtml.

龙头企业为引领，由龙头电商平台带动9158、网易考拉、卷瓜科技、网盛科技、浙江盘石等中小电商企业发展。浙江省通过政策支持电子商务发展，加强电商服务资源对接，推进电子商务产业创新发展和提供良好的营商环境。例如，2020年浙江省人民政府与阿里巴巴签署战略合作协议合力实施“春雷计划”，推动中小企业构建数字化产销体系。

（3）山东省依托工业资源优势打造工业互联网平台。山东省出台专项政策支持工业互联网发展，先后印发了《山东省人民政府办公厅关于加快工业互联网发展若干措施的通知》《山东省产业互联网“个十百”平台培育及奖补办法》等政策措施，支持海尔、浪潮等龙头企业依托自身优势打造工业互联网平台，并通过“云服务券”方式，积极引导企业上云。

（4）重庆市围绕企业发展需求打造互联网“双创”平台。重庆市拥有“双创”平台发展基础，是西部地区互联网企业重要聚集地之一。重庆为互联网企业提供资金、税收等方面的优惠，并大力支持龙头企业发挥数据和产品优势建设互联网创新平台。例如，重庆市对猪八戒网进行了两次政府投资，其中第二次增投10亿元注资猪八戒网，打造猪八戒互联网“双创”平台。

### （三）人工智能产业迅速发展

#### 1. 人工智能加速迈向全面应用新阶段

当前我国人工智能正从单点应用向多元化应用、从通用场景向行业特定场景不断深入。其中，以生成式人工智能等为代表的智能经济活动正在快速增长，越来越多面向垂直场景的行业大模型涌现出来，并成为推动制造业智能化改造与数字化转型、加快推进新型工业化，进而培育发展新质生产力的新引擎。根据中国信息通信研究院与工业和信息化部赛迪研究院公布的数据，2023 年我国人工智能核心产业规模为 5784 亿元，增速 13.9%；2023 年我国生成式人工智能的企业采用率已达 15%，市场规模约为 14.4 万亿元；2035 年生成式人工智能有望为全球贡献近 90 万亿元的经济价值，其中我国将突破 30 万亿元[①]。不过，也应当看到，目前我国人工智能发展也存在一些问题。比如，在人工智能原创算法和开源系统领域存在短板，高端芯片、关键部件、高精度传感器等产业基础薄弱，高质量数据不足、模型效率有待提高等。

2. 人工智能创新能力显著提升

根据《2023 年全球人工智能指数报告》，中国在人工智能指数排名中位居第二，仅次于美国，超过英国、德国、日本等发达国家。一是人工智能专利申请量居世界首位。根据中国信息通信研究院发布的《全球数字经济白皮书（2023 年）》，2013 年至 2023 年第三季度，全球人工智能专利申请量累计达 129 万，其中中国占 64%，位列全球第一。二是创新载体建设取得新进展。一批新型研发机构在人工智能大模型、人工智能计算芯片等领域取得了技术突破；截至 2023 年底，中国 10 亿参数规模以上的大模型数量已超 100 个，行业大模型深度赋能电子信息、医疗、交通等领域，形成上百种应用模式，赋能千行百业[②]。三是关键核心技术局部突破，部分关键应用技术居世界先进水平。我国企业在应用算法、智能芯片、开源框架等关键核心技术上已取得

① 张国栋 . 人工智能前景广阔，多方合力谋划布局［EB/OL］.（2024-03-14）［2024-05-12］. https://www.zgswcn.com/news.html?aid=171541.

② 张运，张滢，徐倩 . 数智时代，创新何以驱动［N］. 中国教育报，2024-05-06（05）.

重要突破，图像识别、语音识别等应用技术进入国际先进行列，智能传感器、智能网联汽车等标志性产品有效落地应用。四是我国人工智能产业生态初步形成。目前我国已有超过 400 所学校开办人工智能专业，高端人才居全球第二位。截至 2023 年底，我国人工智能产业已形成长三角、京津冀、珠三角三大集聚发展区，核心企业数量超过 4400 家，居全球第二位，百度、阿里、华为、腾讯、科大讯飞、云从科技、京东等一批 AI 开放平台初步具备支撑产业快速发展的能力①。

## 五、现代化基础设施建设快速发展

现代化基础设施既包括交通、能源、水利等传统基础设施，又包括以信息网络为基础，提供数字转型、智能升级、融合创新等方面基础性、公共性服务的新型基础设施。一方面，新型基础设施可以提升传统基础设施的服务质量和效率；另一方面，传统基础设施能够成为新型基础设施发挥作用的有力支撑。经过长期不懈的努力，我国目前在现代化基础设施体系建设方面取得了重要进展。

### （一）传统基础设施建设快速发展

综合交通运输体系建设取得了历史性成就。我国建成“全球最大高速铁路网、高速公路网、世界级港口群”交通基础设施网络，“十纵十横”综合运输大通道基本贯通，高速铁路、高速公路等均居全球第一位；2023 年以来，全国新建高速铁路 1700 千米，新建包括改扩建高速公路超过 7000 千米，新增及改善高等级航道 1000 千米，新增城市轨道交通运营里程超过 360 千米，全国综合立体交通网加速完善；截

① 中国人工智能产业核心企业数量超 4400 个居全球第二［N］. 新京报，2024-03-23.

至2022年末，我国综合交通网总里程超过600万千米，国家综合立体交通网建成率约78.6%、主骨架线路建成率约87%，高速铁路营业里程居世界第一位，港口拥有生产性码头泊位2.1万个，民用颁证机场达到254个[①]；截至2022年9月，高速铁路对百万人口以上城市覆盖率超过95%，高速公路对20万人口以上城市覆盖率超过98%，民用运输机场覆盖92%左右的地级市[②]。全球电压等级最高、装机规模最大、资源配置能力最强的特大型电网已经建成，220千伏及以上输电线路突破80万千米（郑栅洁，2023）。特大型水利工程、三代核电等实现跨越式发展，“四横三纵”国家水网主骨架和大动脉正在形成，离岸深水港、枢纽机场工程建造技术迈入全球先进或领先行列。港珠澳大桥、白鹤滩水电站、南水北调等标志性工程的建设，标志着我国在交通、能源、水利等基础设施领域加速迈向世界强国行列。

（二）新型基础设施实力显著增强

根据国家统计局的数据，2023年上半年，我国新型基础设施建设投资同比增长16.2%；其中，5G等信息类新型基础设施投资增长13.1%，智慧交通等融合类新型基础设施投资增长34.1%[③]。

1. 信息基础设施规模能级大幅提升

一是通信网络基础设施迈向高质量规模化阶段。2023年我国工业互联网在网络方面基本建成低时延、高可靠、广覆盖的网络体系，工业互联网标识解析体系全面建成；截至2023年底，全国5G基站总数

---

① 十组数据见证新时代伟大成就［EB/OL］.（2023-12-12）［2023-12-16］.https：//www.gov.cn/yaowen/liebiao/202312/content_6919636.htm.

② 深入贯彻落实新发展理念交通通信实现跨越式发展——党的十八大以来经济社会发展成就系列报告之六［EB/OL］.（2022-09-21）［2023-10-27］.http://www.stats.gov.cn/xxgk/jd/sjjd2020/202209/t20220921_1888529.html.

③ 上半年新型基础设施建设投资同比增长16.2%——投资增长放缓结构持续优化［EB/OL］.（2023-07-23）［2024-05-11］.https://www.gov.cn/yaowen/liebiao/202307/content_6893671.htm.

超337.7万个，已建成全球最大的光纤和移动宽带网络，覆盖所有地级市城区和县城[①]，5G工业专网应用加速，轻量化核心网、软硬件一体化的专网解决方案逐渐落地应用；我国建成全球规模最大的移动物联网，成为全球主要经济体率先实现“物超人”的国家，2022年移动物联网终端连接数达18.45亿户，占全球总连接数的70%以上，2023年预计超23亿[②]。二是新技术基础设施实现规模化发展。目前全国范围内已有十余个城市的区块链基础设施建设完成并投入使用，多数城市区块链基础设施体系中均包括多条场景链、业务链，形成较大规模级节点网络，城市区块链基础设施规模化应用成效初步显现，产业生态加速构建[③]。三是算力基础设施达到世界领先水平。全国一体化大数据中心体系基本构建，“东数西算”工程加快实施；25个平台（含筹建）被批复建设国家新一代人工智能公共算力开放创新平台；目前正在加快构建联网调度、普惠易用、绿色安全的全国一体化算力体系，已在产业生态、算力供给、网络传输、业务调度、系统运营、技术创新等方面进行部署；全国在用数据中心超过650万标准机架，近5年年均增速超过30%，在用数据中心算力总规模超180EFLOPS，位居全球第二[④]。

2. 融合基础设施取得积极进展

智慧交通建设开启加速度。截至2023年底，我国内河电子航道图发布里程超过5700公里，高等级航道电子航道图覆盖率超过70%，已建和在建自动化集装箱码头超过40个，已安装使用北斗终端的道路运

---

① 5G应用深入千行百业［N］. 人民日报，2024-03-20（18）.

② 我国移动物联网连接数占全球70%［N］. 人民日报，2023-01-30（01）.

③ 见《区块链白皮书2023》（中国信息通讯研究院）。

④ 国家互联网信息办公室发布《数字中国发展报告（2022年）》［EB/OL］.（2023-05-23）［2023-10-26］.http：//www.cac.gov.cn/2023-05/22/c_1686402318492248.htm.

输和城市客运车辆超1000万辆，重点领域北斗系统应用率超过95%[①]。车联网基础设施建设全面提速。截至2023年底，全国共建设17个国家级测试示范区、7个国家级车联网先导区、16个智慧城市与智能网联汽车协同发展试点城市[②]，完成智能化道路改造超过5000千米，从单条道路测试扩展到区域示范。此外，能源互联网和智能充电设施快速发展，智慧能源建设持续深入。截至2022年11月，全国最大的新能源集控中心累计接入光伏场站86座，汇集接入2000多万个数据观测点[③]。

3. 创新基础设施加快优化

我国重大科技基础设施建设成效显著。截至2023年底，我国已布局建设77个国家重大科技基础设施即大科学装置，已覆盖主要科研领域，主要分布在北京、上海、合肥、大湾区等综合性国家科学中心，形成了一批重大科技基础设施集群；其中，在建和运行的大科学装置达57个，部分设施综合水平迈入全球“第一方阵”[④]。技术开发设施体系不断完善。截至2023年末，纳入新序列管理的国家工程研究中心207个，国家企业技术中心1798家[⑤]。

① 我国新型基础设施建设呈现良好发展势头［EB/OL］.（2024-02-08）［2024-05-11］.https://www.chinanews.com.cn/gn/2024/02-28/10171586.shtml.

② 智能网联汽车产业化进程提速［N］. 经济日报，2024-01-22.

③ 陶元. 融合基础设施建设赋能千行百业［N］. 经济日报，2023-02-24.

④ 王贻芳院士：中国已布局建设77个大科学装置覆盖主要科研领域［EB/OL］.（2024-04-28）［2024-05-11］.https://www.chinanews.com.cn/gn/2024/04-28/10208219.shtml.

⑤ 中华人民共和国2023年国民经济和社会发展统计公报［EB/OL］.（2024-02-29）［2024-05-11］.https://www.gov.cn/lianbo/bumen/202402/content_6934935.htm.

# 第五章

# 我国现代化产业体系建设：案例评析

围绕党中央在现代化产业体系建设方面的决策部署，我国多个地方政府出台了一系列政策文件，紧密结合区域产业基础、特色与优势，积极构建符合地方战略定位与发展要求的现代化产业体系，并取得了良好成效。参考林木西、王聪对2006—2020年全国30个省份现代化产业体系建设水平的测度结果①，并全面结合部分城市的实践特色，本章分别从省域和市域两个层面出发，选取北京、江苏、广东、浙江四省市以及合肥、深圳、成都、沈阳四市为案例样本，总结提炼其构建现代化产业体系的优秀实践和经验。案例省市选取的理由如下：从量化评定来看，北京的现代化产业体系综合指数均值遥遥领先，2006—2020年每年均居于全国首位，“科技创新”是北京现代化产业体系实践的显著特色，形成了以科技创新推进新型工业化进程的“北京路径”；江苏作为制造业大省，具备完整的产业体系，是国内产业链供应链的重要枢纽和支撑，也是国内国际双循环的战略枢纽，“以强链壮群坚守实体经济”是江苏形成的实践经验；广东以打造现代农业产业园推动传统农业完成向现代农业的“渐变”，形成推进农业现代化的“广东样板”；2020年浙江现代化产业体系综合指数均值位居全国第五，“以数字经济为核心”的浙江方案，是浙江现代化产业体系建设的特色；合肥、深圳、成都和沈阳分别为我国的中部地区、东部地区、西部地区和东北地区的地级市，它们均是以科技创新引领现代化产业体系建设的典范。

① 林木西，王聪．现代化产业体系建设水平测度与区域差异研究［J］．经济学动态，2022（12）．

# 第一节　省域层面

## 一、北京：以科技创新推进新型工业化进程

新时代北京主动适应全球新一轮科技革命和产业变革，深度对接国家战略，全面落实党中央、国务院及工业和信息化部关于深入推进新型工业化的决策部署，以首都发展为统领，以推动高质量发展为主题，持续巩固以高精尖产业为代表的实体经济根基，稳步推进国际科技创新中心建设，加快“五个突破”①，推进动力转换、效率提升、结构优化“三大变革”，重点实施“八大工程”②，走出新型工业化的“北京路径”，积极构建具有首都特色、高端创新引领的现代化产业体系。

### （一）高端引领

北京集中优势力量，选取主攻方向，聚焦发展高端产业和产业链的高端环节，着力发展技术创新能力强、辐射带动能力强的高精尖产业，持续巩固以高精尖产业为代表的实体经济根基。

“十三五”期间，根据党的十九大发展要求，北京市以有序疏解北京非首都功能、提升发展水平为根本要求，以创新驱动为导向，落实京津冀协同发展战略，选取十个代表新经济增长的产业作为重点发展的高精尖产业。2017 年 12 月，北京市人民政府发布实施《加快科技创

① 即产业基础再造提升、产业链条优化升级、智能绿色全面覆盖、制造服务深度融合、区域发展开放联动。

② 即万亿级产业集群培育“五个一”、产业“筑基”、创新成果转化“接棒”、企业“登峰”、产业链强链补链、“新智造 100”、服务型制造领航、京津冀协同智造示范等工程。

新发展新一代信息技术等十个高精尖产业的指导意见》，特别是针对新材料领域提出要在石墨烯、光电子材料、量子材料等前沿方向推进原始创新和颠覆性技术创新，加速新材料科技成果转化，尽快实现产业化；针对新能源汽车领域提出要增强汽车创新能力，完善整车和零部件技术的创新，提升整车竞争能力。“十三五”时期，高精尖产业已成为首都经济发展的重要引擎，自主创新能力显著提升，在特种机器人、创新药、自动驾驶、人工智能等领域处于国内甚至全球领先地位，涌现出一大批行业标杆企业①。“十四五”期间，北京继续巩固完善高精尖产业格局，前瞻布局未来产业。2021 年 8 月，北京市人民政府印发《北京市“十四五”时期高精尖产业发展规划》，提出构建“2441”高精尖产业体系，打造高精尖产业 2.0 升级版，即做大两个国际引领支柱产业，做强四大特色优势的“北京智造”产业，做优四个创新链接的“北京服务”产业，抢先布局生物技术与生命科学、“双碳”技术等一批未来前沿产业，为高精尖产业持续发展培育后备梯队。2023 年 10 月，北京市印发《北京市促进未来产业创新发展实施方案》，在 6 个领域布局通用人工智能、6G、智慧出行、量子信息等 20 个未来产业。目前类脑智能、量子信息、未来空天技术等未来产业已初具规模，为发展新质生产力夯实了可靠的产业基础，北京的产业生态正一步步“超前”迈进。

北京市通过推动“三城一区”②主平台、中关村国家自主创新示范区主阵地的建设与发展，开展高精尖产业布局规划，提升科技创新能级。其中，推动中关村科学城强化基础前沿布局，

① 张景华 . 北京“十四五”时期高精尖产业发展规划发布［N］. 光明日报，2021-08-29（03）.

② 即中关村科学城、怀柔科学城、未来科学城和北京经济技术开发区，是北京加强全国科技创新中心建设的主平台。

建立具有重大产业变革前景的颠覆性技术培育和发现机制，打造科技创新出发地、原始创新策源地和自主创新主阵地，率先建成国际一流科学城；加快怀柔科学城重大科技基础设施和科研平台的建设进度，着力构建国家重大基础设施服务保障体系，将其打造成世界级原始创新的承载区；搞活未来科学城，深化央地、央校等联动合作，打造全球领先技术创新高地、协同创新先行区、创新创业示范城；提升北京经济技术开发区和北京创新产业集群示范区（顺义），积极承接好三大科学城成果外溢，强化联动发展，打造具有全球影响力的高精尖产业主阵地；推动“一区多园”统筹协同发展，按照“一园一产”原则，支持分园出台主导产业政策，实现16个分园均有特色园区布局。目前“三城一区”主平台和中关村国家自主创新示范区主阵地的带动作用日益凸显。数据显示：2022年中关村国家自主创新示范区企业总收入8.7万亿元，约占全国高新区比重的1/6，增加值约占全市地区生产总值的1/3；2023年1—11月，中关村国家自主创新示范区重点监测的规模以上企业实现总收入7.3万亿元，其中，实现技术收入1.9万亿元，占总收入的26.0%，同比提高5.9个百分点，收入结构进一步优化；“三城一区”内大中型重点企业研发费用合计2429.8亿元，同比增长4.8%，占全市大中型重点企业研发费用的比重为69.4%；区域全年固定资产投资同比增长5%，中关村科学城、北京创新产业集群示范区（顺义）等投资保持较快增长[①]。

① 陈雪柠．北京国际科技创新中心建设稳步推进 去年新设科技型企业12.3万家［N］．北京日报，2024-01-23.

目前“高精尖”已成为北京产业发展的底色。根据2023年9月发布的《北京高精尖产业发展指数报告（2023）》，2014—2021年，北京高精尖产业发展指数增长2.66倍，年均增长率为20.36%，其中2019—2021年增长最为迅速。2022年，北京高精尖产业增加值占比达到30.9%，高技术制造业增加值占规上工业的比重达到32.3%，远高于全国平均水平。新一代信息技术、科技服务业2个万亿级产业集群，以及医药健康、智能装备、人工智能、节能环保、集成电路5个千亿级产业集群在北京崛起。2020—2022年，北京工业重点产业投资年均增速41%，高端制造领域对工业投资增长贡献超八成。打造智能工厂、数字化车间共83个，92家企业入选国家级绿色工厂。通过持续开展“疏解整治促提升”专项行动，累计退出一般制造业企业3286家，万元工业增加值能耗、水耗分别约为全国平均水平的36%和18%。通过实施产业“筑基”工程和产业链强链补链工程，创建了3家国家级制造业创新中心、103家企业技术中心，新建工业母机中试验证中心、人形机器人创新中心等7个产业创新平台，前瞻布局了集成电路、医药健康、智能制造等领域一批战略项目，集成电路核心技术取得突破，形成了CPU、GPU、存储器、DPU全栈计算芯片能力，发布了国内首款商业应用级高性能开源处理器核①。

### （二）创新驱动

北京超前部署基础前沿研究，开展科研体制机制创新，先行先试系列改革措施，吸引、培育全球顶尖人才，打造高质量发展新动能，构建了科技创新与产业发展相结合的新格局，并形成了五个方面的“北京经验”。

① 姜广智．以新型工业化推动首都经济高质量发展［N］．中国电子报，2023-10-17（01）．

一是构建创新体系。坚持使命引领，服务国家战略，超前部署基础前沿研究，形成以国家实验室引领的“三级”国际科技创新的新体系，提升原始创新和源头供给能力。二是探索创新管理机制。围绕经济发展新高地建设，积极探索新型研发机构“五新”管理机制[①]，以机制创新带动科技创新发展，努力打造国家战略科技力量。三是布局产业政策体系，形成了一些推动科技创新的产业政策。例如，积极布局“10+3”高精尖产业体系，形成信息技术、生物医药双引擎能力，并打造高端引领型产业集聚区，新动能持续释放。四是改革人才制度。包括改革高端人才培养、引进及评价制度，完善人才激励机制和人才有序流动环境，加快建设层次合理、结构优化的人才高地，形成“北京经验”并在全国推广。例如，建立了人才梯度培育与奖励制度，创新高端人才引进与职称评聘机制，并建立了人才流动不内卷的多层次人才体系等。五是培育国际生态。坚持开放创新，吸引全球高端创新资源，持续打造国际影响力品牌，营造国际化合作创新环境，以“两区”建设为抓手，打造对外开放的“北京样板”，培育国际化开放创新生态[②]。

2023 年 5 月发布的由中国工程院院士邬贺铨牵头、40 余位院士共同参与完成的《北京国际科技创新中心建设情况评估报告》（以下简称“报告”）表明，现阶段北京原始创新和科技源头供给能力显著提升、多项指标达到国际领先水平，已初步建成具有全球影响力的科技创新中心。2023 年北京共有 411 人次入选全球“高被引科学家”，同比增长 21.2%，占全球的 5.8%，比上年提高 0.9 个百分点。世界知识产权组织发布的《全球百强科技创新集群》榜单中，北京位列第四位，科

① 即新的运行体制、新的财政支持政策、新的绩效评价机制、新的知识产权激励和新的固定资产管理方式。

② 北京国际科技创新中心建设如何？五个“北京经验”公布［N］. 北京商报，2023-05-26.

学研究国际影响力不断提升。如图 5–1 所示，自 2019 年以来，北京全社会 R&D 经费投入强度（R&D 经费与地区生产总值之比）保持在 6% 以上，基础研究经费占比 16% 以上，研发能力进一步增强。企业创新主体作用不断强化。2023 年 6 月，北京市经济和信息化局印发《北京市高精尖产业科技创新体系建设实施方案》，率先在省级层面开展产业科技创新系统布局，以进一步提升企业创新能力，优化产业发展结构，增强产业科技创新体系对北京国际科技创新中心建设和现代化产业体系构建的重要支撑作用。

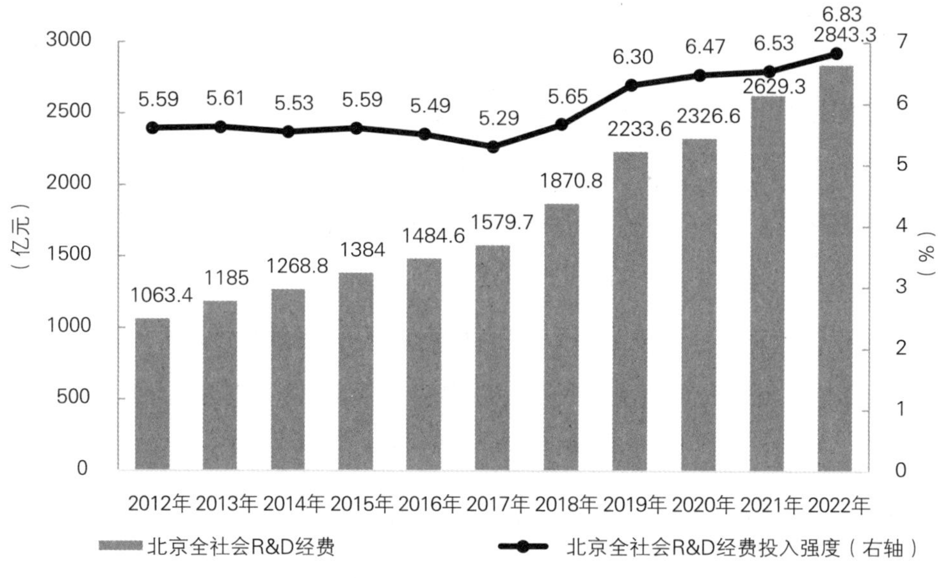


**图 5–1　2012—2022 年北京全社会 R&D 经费及投入强度**

数据来源：北京市人民政府网站。

北京不断壮大国家战略科技力量，立足首都国际科技创新中心建设，不断完善以国家实验室、全国重点实验室、综合性国家科学中心、新型研发机构、高水平高校院所以及科技领军企业为主体的战略科技力量体系化布局。①构建国家实验室体系及国家级创新平台。2023 年高标准建设中关村、昌平、怀柔三个国家实验室，优化重组 75 家在京全国重点实验室，其中 12 家成为首批标杆全国重点实验室，加速建设 7 家国家技术创新中心和 3 家国家制造业创新中心；整体统筹国家实验室、全国重点实验室和创新中心等资源力量，凝聚中央和地方合力，贯通科研体系，逐渐形成跨学科跨领域的创新网络。②着眼为基础研究和原始创新提供优质的公共服务平台。加速建设怀柔综合性国家科学中心，部分达到国际先进水平的大科学装置、交叉研究平台投入使用试运行，怀柔已成为全国重大科技基础设施集聚度最高的区域之一。③持续布局世界一流新型研发机构。出台《北京市支持建设世界一流新型研发机构实施办法（试行）》，布局建设智源人工智能研究院、量子信息科学研究院、脑科学与类脑研究中心等 9 所新型研发机构，诞生了新一代量子计算云平台 Quafu、首次实现高码率异步测量设备无关量子密钥装置且其通信距离突破 500 千米、超大规模智能模型“悟道 3.0”、首次实现哺乳动物完整染色体的可编程连接等重大原创成果。

### （三）数字赋能

北京以数字赋能现代化产业体系建设，出台了一系列政策，推动数字技术与实体经济深度融合。一方面，推进数字产业化。完善数据治理机制，推进算力等数字基础设施建设，加快发展人工智能大模型、高级别自动驾驶、人形机器人等数字新产业。2023 年 7 月，北京市率先印发国家“数据二十条”[①]落地实施意见——《关于更好发挥数据要素作用进一步加快发展数字经济的实施意见》，开展首席数据官制度试点，启动全国首个数据基础制度先行区建设，以数据交易为引领的数据要素市场体系初步形成。另一方面，推进产业数字化。以全球数字经济标杆城市建设为引领，充分发挥科教资源和人才智力优势、海量数据和丰富应用场景优势，着力促进数字技术与实体经济深度融合，着力推动数字赋能传统产业转型升级，着力培育新产业新业态新模式，不断做强做优做大数字经济，取得了积极成效。

数字经济正在成为北京经济发展的最强驱动力。目前北京的万人5G基站拥有量、工业互联网二级节点接入数、国家级智能制造系统方案供应商数量、高级别自动驾驶示范区开放测试道路总里程等均居全国首位，人工智能、区块链、北斗、网络安全等新兴产业规模排在全国前列。全国10亿参数规模以上的大模型北京有106家，已备案上线5家。2023年北京数字经济增加值18766.7亿元，按现价计算，比上年增长8.5%，占地区生产总值比重达42.9%[②]。

2024年1月北京市政府工作报告强调，要“做强做优做大数字经济，更好赋能首都高质量发展”，统筹推进数字产业化，大力支持产业数字化，扎实推进智慧城市建设。比如，将加快建设全球数字经济标杆城市，积极布局数字经济关键赛道，以数字化驱动生产方式、生活方式和治理方式全面变革。数字经济作为科技革命和产业变革的先导力量，正在赋能产业发展新质生产力。

① 即2022年12月中共中央、国务院发布的《关于构建数据基础制度更好发挥数据要素作用的意见》。

② 姜广智．以新型工业化推动首都经济高质量发展［N］．中国电子报，2023-10-17（01）．

（四）企业主体

北京着力构建企业梯度培育体系，扎实推动专精特新企业梯队培育，支持专精特新企业聚焦主业精耕细作，参与建链强链补链延链，构建大中小企业融通创新生态。链接首都科创资源，构建全成长阶段基金工具体系和 HICOOL、创客北京等平台。完善公共服务体系，试点设立专精特新服务站，打造一站式集成服务平台和大中小企业融通发展平台。实施激发专精特新企业活力的十大强企行动，为专精特新企业量身打造专属政策措施。北京“专精特新”专板在全国首批备案设立，已有 150 家企业进入专板培育。

北京市统计局的数据显示：截至 2023 年末，北京累计培育和认定的专精特新企业 7180 家，拥有国家级专精特新“小巨人”企业 795 家（居全国首位），拥有独角兽企业 114 家，较 2022 年末增加 12 家；从企业研发投入看，2023 年 1—11 月，全市大中型重点企业中，79.6% 的企业开展了研发活动，比上年同期提高 1.3 个百分点，共投入研发费用 3501.1 亿元，同比增长 4.6%；汽车制造、计算机、通信和其他电子设备制造、智能网联汽车等领域的企业研发费用保持较快增长；从企业研发产出看，截至 2023 年末，北京市有效发明专利量为 57.4 万件，同比增长 20.2%，万人发明专利拥有量为 262.9 件，同比增长 20.4%。

（五）人才为本

北京着力打造高水平人才高地。一是大力集聚战略科技人才。出台《新时代推动首都高质量发展人才支撑行动计划》《“十四五”北京国际科技创新中心建设人才支撑保障行动计划》，研究制定《北京高水平人才高地建设方案》，系统布局科技人才发展工作；实施“科技新星计划”和“朱雀计划”等重点人才项目，加快引进和培养拔尖领军人才、中青年人才以及科研项目经理人；依托国家实验室、新型研发机构等平台，加快集聚战略科学家、科技领军人才、杰出青年人才。二是自主培养高质量人才。深入实施“北京学者”“智源学者计划”“脑科学科研开放合作计划”等培养支持项目，培育有国际影响力潜质的优秀科研人才；截至2023年底，科技新星计划、北京市杰出青年科学基金项目、智源学者计划等各类人才计划累计遴选支持超过3300余人；推进实施工程硕博士项目，开展工程硕博士培养改革专项试点工作；开展科学家创业CEO培养工作，联合清华大学、北京大学、中国科学院大学围绕前沿信息技术、生物医药两个领域启动三个科学家创业CEO人才特训班招生。三是深化人才发展体制机制改革和政策创新，赋予科研人才和科学家更大人财物自主权和技术路线决定权。实施中关村“国际人才20条”出入境便利政策，创建8个国际人才社区，在科研条件、住房、交通、子女入学等方面提供服务，确保优秀人才引得进、留得住、用得好。

## 二、江苏：以强链壮群坚守实体经济

江苏制造业大省的定位非常鲜明，其制造业规模多年保持全国第一。统计数据显示，2023年1—11月江苏省规上工业增加值增长7.5%，高于全国3.2个百分点，位列东部经济强省（市）首位。江苏省构建现代化产业体系的特色之路体现为：以实体经济为重要抓手，以强链壮群推进制造强省建设；以“智改数转”为关键之举，打造数实融合强省；以产业创新为内驱动力，实现战略引领。

目前江苏省工业产业体系建设的总体情况可用“全、大、优、新、融、专”概括。①“全”：基本形成基础雄厚、门类齐全的工业体系，实现31个制造业大类全覆盖。②“大”：2023年江苏省制造业增加值占 GDP 比重达到 37.3%，居全国第一位，机械、电子、轻工、冶金、石化 5 个行业年营收超万亿元。③“优”：2021—2023 年连续 3 年制造业高质量发展指数位居全国第一；全国首批 45 个国家级先进制造业集群中江苏省占据 10 席，数量位居全国第一；16 个先进制造业集群规模占规上工业比重达 70% 左右，工业对 GDP 贡献超过 40%，位居全国第一，14 个制造业集群营收占规上制造业比重已达七成；集成电路、船舶海工、工程机械等多个细分领域产业链条完整，规模位居全国第一；晶硅光伏、风电装备、品牌服装等 7 条产业链达到国际中高端水平；13 个设区市全部入选国家先进制造业百强市[①]。④“新”：2023 年工业战略性新兴产业、高新技术产业产值占规上工业比重分别达到 41.3% 和 49.9%；全国 15% 的领跑技术分布在江苏，1/5 的高技术产品出口来自江苏制造。⑤“融”：“两化”融合发展水平连续 9 年居全国第一。⑥“专”：配套能力强的优势进一步凸显；2023 年新增国家级专精特新“小巨人”企业 795 家，总数达到 1504 家，数量跃升至全国第二位[②]。未来江苏省将聚焦“1650”产业发展体系[③]建设，实施重点产业链高质量发展行动和先进制造业集群强链补链延链行动，加快打造具有国际竞争力的先进制造业基地。

### （一）坚持以实体经济为重要抓手

坚守实体经济是江苏的“强省之要”。江苏省高位谋划强化政策引导，务实推动产业布局优化，坚持以先进制造业为骨干，以传统优势产业、战略性新兴产业、未来产业为重点着力，筑牢实体经济发展根基。

---

① 政府工作报告——2024 年 1 月 23 日在江苏省第十四届人民代表大会第二次会议上［N］. 新华日报，2024-01-29.

② 我省高质量构建自主可控、安全可靠、竞争力强的现代化产业体系实体经济稳步夯实 先进制造阔步争先［N］. 新华日报，2023-08-09.

③ 指江苏省 16 个先进制造业集群和 50 条重点产业链。

一是培育先进制造业集群和重点产业链。先进制造业是制造业中创新活力强、复杂程度高和成果转化多的领域。党的十九大以来，江苏省坚持把建设先进制造业集群和重点产业链作为筑牢实体经济发展根基的主要抓手，在全国率先出台集群培育的指导意见，省市联动推动政策资源和工作抓手向重点集聚，加快实现产业向中高端跃升。2018年在全国率先出台《关于加快培育先进制造业集群的指导意见》，提出13个先进制造业集群的发展重点，集中力量打造一批“拆不散、搬不走、压不垮”的产业航空母舰；2020年出台《江苏省“产业强链”三年行动计划》，确立了531产业链递进培育工程；2021年出台《江苏省“十四五”制造业高质量发展规划》，把集群培育和产业链发展战略进一步聚焦在16个先进制造业集群和50条重点产业链上，着力打造“1650”产业发展体系；2023年印发《加快建设制造强省行动方案》，明确提出江苏工业经济三大战略定位——成为制造强国重要支柱、先进制造战略重地、产业科技创新高地，聚焦“1650”产业发展体系建设，实施集群筑峰、创新强基、高端跃升等八大行动，着力提升产业链供应链韧性和安全水平，加快构建以先进制造业为骨干的现代化产业体系。

二是加速壮大战略性新兴产业、前瞻布局未来产业。在壮大战略性新兴产业方面，引导和支持具有增长潜力的战略性新兴产业建链，促进产业链、创新链、人才链、资金链“四链”融合，加快技术、行业、模式融合创新，推动战略性新兴产业释放市场潜力、成长为经济发展新动能。2023年2月，江苏省出台《关于推动战略性新兴产业融合集群发展的实施方案》，加快打造“51010”战略性新兴产业融合集群体系，包括5个具有国际竞争力的战略性新兴产业集群、10个国内领先的战略性新兴产业集群、10个引领突破的未来产业集群。设立首批 5 个试点示范集群，2023 年度投入 5 亿元专项资金支持集群发展，推动新兴产业规模持续壮大。2024 年 3 月，江苏省科学技术厅、江苏省发展改革委联合印发《加快科技创新引领未来产业发展“5 个 100”行动方案（2024—2026 年）》，在第三代半导体、通用人工智能、量子科技、合成生物、元宇宙等未来产业领域，着力实施“5 个 100”行动，努力开辟未来产业新赛道，加快发展新质生产力。

三是高层次推进传统产业升级。①大力实施传统产业焕新工程，开展淘汰落后、老旧更新、绿色转型、产品提档、布局优化五大行动，推动重点传统行业落后生产工艺装备基本出清、重点行业老旧装备全面更新。同时，滚动实施百项重点节能降碳示范工程，持续推进绿色制造体系建设，加强绿色工厂、绿色园区、绿色供应链企业等培育。②加快传统产业的改造升级。加大制造业企业技术改造资金支持力度，促进产业在国内有序转移。聚焦新能源汽车、光伏、稀土、超硬材料及制品、锂离子电池、风电装备、核电装备等优势产业，加快强链补链延链。③开展专项提升行动。鼓励原材料和消费品工业领域增品种提品质创品牌行动，推动传统产业向价值链高端攀升。支持重点企业开展服务型制造。

（二）以“智改数转”为关键之举

江苏省坚持把数字经济作为转型发展的关键增量，高起点推进数字江苏建设，打造数实融合强省，先后出台了《江苏省“十四五”数字经济发展规划》《江苏省关于全面提升江苏数字经济发展水平的指导意见》等政策文件。自 2022 年开始，江苏省每年安排省级财政资金 12 亿元，支持规上工业企业“智改数转”实现全覆盖。

一是大力推动制造业“智改数转网联”。推进制造业的智能化改造、数字化转型、网络化连接，是江苏打造数实融合强省的关键之举。

2021 年 12 月，江苏省人民政府印发《江苏省制造业智能化改造和数字化转型三年行动计划（2022—2024 年）》，聚焦 16 个先进制造业集群和重点产业链，重点从加强示范引领、坚持分类施策、突出区域特色、强化要素支撑 4 个方面发力，分类推进企业“智改数转”，率先建成全国制造业高质量发展示范区。①实施龙头骨干企业引领工程。对标世界智能制造领先水平，分行业分领域制定智能制造示范标准，支持行业龙头骨干企业开展集成应用创新。②实施中小企业“智改数转”推进工程。深入推行“智改数转”标准宣贯，编制 13 个集群中 40 条产业链“智改数转”指南，推广典型应用场景和案例 600 个以上，初步解决中小企业“不想转、不敢转、不愿转”难题。③构建“智改数转”推进体系。建设全省中小企业“智改数转”云服务平台，支持中小企业通过设备和业务上云、广泛应用“小快轻准”的软件系统，实施数字化单项应用改造。2023 年，江苏省新增国家智能制造示范工厂 20 家，新建省级智能制造示范工厂 112 家、示范车间 501 个，全国首批 300 家 5G 工厂中江苏有 97 家；在全球 132 家“灯塔工厂”（全球制造业数字化转型典范）中，江苏省共有 9 家工厂入围，数量居全国第一位；完成免费诊断规上工业企业覆盖率约 40%，累计实施“智改数转”改造项目约 3.7 万多个，苏州规上工业企业“智改数转”覆盖率甚至超过 98%；“两化”融合发展水平连续 8 年保持全国第一，全省企业经营管理、研发设计数字化水平显著提高。

二是加快数字产业化发展进程。江苏通过省市联动推动南京、无锡、苏州软件名城发展和工业软件自主创新，各地高标准建设一批国家和省级大数据、区块链、车联网等先导区，苏州加快建设国家新一代人工智能创新发展试验区。同时，深入实施数字经济核心产业加速行动，加快工业软件、信创关键技术突破与产业化应用，出台支持软件名城和名园建设的专项政策，支持国家区块链发展、先导区建设，争创国家数据安全创新应用先进示范区。此外，牵头推进智慧江苏建设。充分发挥好全省信息化发展领导小组作用，牵头推动经济社会数据资源整合治理，形成快速反应、精准高效、协同联动的现代化经济社会治理体系。

三是加强数字基础设施建设。一方面，适度超前布局，推进网络、算力等基础设施建设，为“网联”搭网络、供数据，推进5G、千兆光网、移动物联网在各类园区的深度覆盖。截至2023年11月底，江苏省5G基站达23.8万个，省内“千兆城市”数量已达10个①。另一方面，深度推广应用，为“网联”提供更多更优可“联”的平台，加快工业互联网规模化应用。实施“一集群一特色”“一链一平台”工程，梯度建设工业互联网平台。截至2023年底，累计培育国家级“双跨”平台5个、国家级特色专业型平台54个、省级工业互联网平台161个，培育“5G＋工业互联网”项目超900个，其中97个项目入选工业和信息化部《2023年5G工厂名录》。例如，徐工汉云工业互联网平台应用行业已涵盖12个门类行业，打造出20个行业子平台，服务企业7万余家，助力企业实现产业链上下游的高效对接与协同创新。

（三）以产业创新为内驱动力

落实“强省之要”，构建现代化产业体系，科技创新是战略引领。近年来，江苏省围绕推进高水平科技自立自强，加强关键核心技术突破，加速科技成果转化与产业化，着力加快打造具有全球影响力的产业科技创新中心，构建企业技术创新体系，赋能江苏构建现代化产业体系。一是实施关键核心技术攻坚工程。支持顶尖科学家牵头实施一

① 2023年11月底，江苏省5G基站达23.8万个，省内“千兆城市”数量已达10个［EB/OL］.（2023-12-15）［2024-01-27］.https://www.jiangsu.gov.cn/art/2023/12/15/art_60095_11099749.html.

批风险大、难度高、前景好的重大基础研究项目。二是加强重大科技平台培育建设。全力服务保障苏州实验室建设，支持紫金山实验室加快实施国家6G重大科技项目，支持太湖实验室、钟山实验室创建国家实验室（基地）。高标准建设国家生物药、第三代半导体、EDA技术创新中心，预研建设苏州材料科学综合研究设施、极地与极端环境模拟实验设施等。三是加快培育科技企业集群。加强对160家创新型领军企业集成支持，培育若干具有生态主导力和全球竞争力的世界一流科技领军企业。四是加强前沿科技布局。瞄准第三代半导体、通用人工智能、氢能和储能、深海深地空天、未来网络、元宇宙等前沿方向，编制前沿技术路线图和重大平台、战略人才、重大项目“一图三清单”。四是优化创新创业生态，完善覆盖企业成长全生命周期的科技创业孵化链条等。

苏州市工业门类齐全，已实现31个制造业大类全覆盖。规上及规下工业总产值超5万亿元，制造业增加值突破万亿元，规上工业企业总数超1.3万家，被誉为“全球工业大市”。有45家工业企业（集团）营收超百亿元，代表全球制造业智能制造最高水平的“灯塔工厂”有6家在苏州，数量居全国第一位。苏州市积极构建现代化产业体系，在推动产业创新集群建设和企业自主创新方面作出全面部署。一是系统谋划布局，推动产业创新集群建设。作为2022年苏州市委市政府的“一号文件”，《推进数字经济时代产业创新集群发展的指导意见》要求，全市以集群的形态组织创新、以数字的手段赋能创新。通过市域一体化部署，不断优化产业布局：在横向上，产业创新集群与创新区域“群区合一”；在纵向上，通过做深做精特色专业创新园区，实现产业创新要素高度集聚。目前苏州市形成了“三层结构”的产业创新集群体系，包括战略产业层级的四大“产业创新集群”、细分产业层级的25个“创新型产业集群”和细分行业的“专业特色创新园区”。二是聚焦企业创新主体，推动企业自主创新。苏州市科技创新综合实力连续多年位居全省第一，拥有国家新一代人工智能创新发展试验区、国家生物药技术创新中心、国家第三代半导体技术创新中心等高能级科创平台，依托这些平台载体，引聚一流科技领军人才和创新团队，赋能本地企业创新。同时，苏州市高度重视金融对企业成长的加速功能，支持企业通过资本市场做大做强，推动38家企业上市，数量居全国前列。

未来江苏省将从三个方面加强产业科技创新建设。一是强化创新体系建设。聚焦集群和产业链，以群链骨干企业为龙头，加强创新资源协同整合，持续建设企业技术中心、培育制造业创新中心、打造技术创新示范企业，着力形成“点—链—面”结合的技术创新体系。“点上”积极建设企业技术中心，形成国家、省、市三级培育梯队；“链上”注重培育建设国家制造业创新中心，布局建设省级创新中心；“面上”着重发挥典型标杆示范作用，鼓励争创省级以上技术创新示范企业。二是强化创新载体建设。推进重大科技基础设施建设，力争形成一批全国重点实验室方阵。布局建设一批中试和应用验证平台。聚焦“1650”产业发展体系，新建省级企业技术中心200家以上、制造业创新中心1家以上。建好先进技术成果长三角转化中心。三是强化关键核心技术攻关。

制定重点产业链高质量发展行动计划，支持链主企业承担国家攻关任务，突破一批重大标志性技术产品，如期完成国家下达的目标任务[①]。

## 三、广东：以现代农业产业园引领农业现代化

“十三五”期间，广东省委省政府将大力加强现代农业产业园建设作为推进广东农业现代化的主要抓手、推动广东现代农业高质量发展的重要载体、解决广东城乡融合发展的重要平台，实现了农业产业发展、企业壮大、品牌培育、农民增收，构建起国家级、省级、市级现代农业园区梯次发展格局，初步布局了“跨县集群、一县一园、一镇一业、一村一品”的全省现代农业发展模式，走出了一条广东特色的现代农业兴旺之路。高质量建设的现代农业产业园已成为广东省现代农业的样板，引领传统农业向现代农业加速转变，为广东谱写率先实现农业现代化新篇章。

截至 2022 年底，广东已累计建成 306 个现代农业产业园，包括 18 个国家级（数量居全国首位）、288 个省级、73 个市级现代农业产业园，国家级和省级现代农业产业园的数量居全国首位，省级现代农业产业园实现了主要农业县、主导产业和主要特色品种全覆盖；打造了 8 个全国农业现代化示范区、7 个国家级优势特色产业集群、65 个国家级农业产业强镇、157 个国家级“一村一品”示范村镇，集群化布局、专业化生产、全链化融合、绿色化发展的岭南现代农业发展格局正初具形态。

### （一）强化顶层设计，做好产业布局

在产业上，围绕粮食、生猪、家禽、水果、蔬菜、南药、茶叶、

① 付奇 . 聚焦“1650”产业体系 深入推进新型工业化［N］. 新华日报，2024-01-16（001）.

花卉、油茶、水产、橡胶、农产品冷链物流等优势产业带，建设一批跨县集群产业园。在类型上，建设一批特色产业园，支持建设成效好的省级产业园扩容提质增效，打造县域富民兴村强县产业；探索建设现代种业、现代装备、加工服务、数字农业、品牌培育等功能性产业园，提升主导产业整体效益。通过突出粮食、生猪、蔬菜、水产、家禽、水果等重要农产品产业园建设，保障了广东重要农产品的有效供给。在这个过程中，广东农产品生产区域特色越来越明显：茂名、湛江、肇庆、梅州、江门和河源 6 市生产了全省 58.3% 的稻谷，湛江生产了全省 90.4% 的菠萝，梅州生产了全省 80.8% 的柚子……农业产业集聚效应不断放大。

（二）三产融合发展，做强全产业链

2018 年以来，现代农业产业园一直是广东省农业现代化进行农村三产融合发展的主阵地。广东把推进工业升级的园区模式移植到农业发展中来，聚集生产、加工、科技、营销（品牌）等现代生产要素，大力发展二、三产业，有力推动农业全环节升级、全链条增值，形成农业高质量发展的“组合拳”，率先实现了从抓生产到抓链条、从抓产品到抓产业、从抓环节到抓体系的转变。例如，佛山市南海区的华穗耘谷现代农业产业园二期项目，在规划时就将产业链延伸向第三产业，规划了“农业科学研究 + 科普教育 + 农业”旅游区、传统耕读文化体验区、亲子游乐主题体验区、现代智慧农业展示区、兰花主题科普区等多样功能片区，以农业串联起旅游、教育产业。2022 年广东省现代农业产业园主导产业总产值达 3595 亿元，其中二、三产业产值超过一半[①]。

广东省通过建设现代农业产业园，对农业进行“强链”“补链”“延

① 打造高质量发展现代农业“广东样板”：306 个现代产业园撬动产值大跃升［EB/OL］.（2023-02-13）［2024-01-27］.https://rmh.pdnews.cn/Pc/ArtInfoApi/article?id=33918159.

链”，初步补齐了农业各产业加工、流通的短板，延伸现代农业产业链、提升现代农业价值链，每个产业园都形成三产融合发展的格局。①“强链”，即持续提升供给质量和效率。②“补链”，即大力发展农产品加工业。广东的现代农业产业园建设将农产品加工放在突出位置，要求跨县集群特色产业园必须提前落实不低于每园50亩标准的产业园建设用地，预制菜产业园加工区长远规划面积1000亩以上、短期规划面积200亩以上，作为产业园责任主体的县级政府必须安排至少50亩的建设用地或利用市场主体自有建设用地用于农产品加工物流区建设。特别是第二轮产业园的建设工作，在补齐产业短板上下功夫。针对广东多数产业加工不足、冷链物流配套不足、科技含量不高、品牌不够响等突出问题，把项目建设重点放在这些关键和薄弱环节上，解决一产向后端延伸不够、二产向两端拓展不足、三产向高端开发滞后等问题，推动产业转型升级大大地补齐了农业现代化的短板，延长了产业链，增加了产业价值。③“延链”，即加强农产品市场营销和品牌建设。农业产业园改变以销售初级农产品为主的生产经营模式，以二、三产业为引领延伸产业链，把产品做成精品、精品做成极品、极品做成独品，满足消费者高品质需求。同时，充分挖掘农业生态价值、休闲价值、文化价值，拓展农业发展功能，满足多元化、个性化、高端化需求。

广东省级菠萝跨县集群产业园的产业规划从一开始就布局好“一核两区一基地”(“一核”即产业园总部核心区、“两区”即菠萝精深加工区和三产融合示范区、“一基地”即菠萝标准化种植示范基地)，大力发展二、三产业，补上徐闻菠萝原先在加工和品牌上的短板，努力打造集科研、种植、加工、储藏冷鲜、物流于一体的全产业链，推动菠萝产业向产业链上下游和价值链中高端延伸，努力形成大产业、大区域、大品牌。①“强链”。广东菠萝跨县集群产业园（湛江垦区）常年种植菠萝约17万亩，约占雷州半岛菠萝面积和产量的1/3，拥有近20家菠萝种植及加工企业，年产菠萝鲜果42万吨以上，产业产值达21.1亿元。该产业园以“全国名特优新高品质农产品全程质量控制高质高效试点”的标准，建设2000亩菠萝标准化种植示范基地，灌溉保证率从50%提高到90%，实行高效节水灌溉的菠萝生长期缩短2～3个月，产量提高30%以上，产品质量监测合格率稳定在99%以上，优等果率从原来的30%提高到50%以上，实现菠萝产品从低端向中高端市场开拓。目前产业园已建成全国品种最齐全的菠萝种质资源圃，菠萝健康种苗覆盖率达到90%以上，优良品种种植面积逐年扩大，品种结构逐渐改善，自主繁育能力显著增强，良种供应能力不断提高。②“补链”。在广东菠萝跨县集群产业园（湛江垦区），菠萝全身上下都是宝：菠萝果肉可做水果罐头、果汁、冻干等休闲食品；菠萝茎叶、菠萝皮渣可综合利用，从中提取生物酶，进而生产菠萝纤维、超肽酶和饲料等高附加值产品，真正将菠萝价值“吃干榨净”。通过全产业链标准化生产，规范标准化生产技术，大面积示范推广标准化生产，实现技术标准统一、产品质量统一，机械化水平明显提升，新品种种植成本明显下降，实现全程质量管控、全环节品牌营销。③“延链”。广东菠萝跨县集群产业园（湛江垦区）通过挖掘农垦菠萝引种历史、知青下乡、农垦拓荒及侨乡文化等资源，利用雷州半岛旅游优势，全力打造集现代农业生产、人文、康养、旅游为一体的“友好—红星菠萝特色小镇”，为近千人提供了长期稳定的工作岗位，辐射带动周边经济发展，完善了园区生产队及周边村集体生活区基础设施，进一步提升职工群众的获得感、幸福感和安全感，开启菠萝产业多元化融合发展的乡村振兴模式。近年来，广东菠萝跨县集群产业园（湛江垦区）的知名品牌“红土金菠”菠萝销量、价格一直保持稳定上扬态势。特别是通过农业农旅、线上线下、国内国际积极运作，经济效益和社会效益明显提升，逐渐成为菠萝市场的高端代名词。

（三）联农带农，带动农民增收致富

广东省高度重视联农带农机制，让小农户参与到大市场的竞争，分享市场良性竞争带来的利益，促进了产业发展与农民增收的有机衔接。广东省明确省级财政15%的补助资金，用于鼓励引导农业新型经营主体联结带动农户，构建农户分享全产业链利益保障机制。通过“公司＋基地＋农户”和土地入股、资金入股、返聘务工等形式，让现代农业产业园成为农民增收致富的“聚宝盆”。把产业发展落到农民增收上来，推动乡村生活富裕——这是广东省建设现代农业产业园和推进农业现代化政策的“落脚点”[①]。目前辐射带动农户164.2万户参与农业产业园建设。2023年广东省农村居民人均可支配收入增长6.5%，城乡居民收入比缩小至2.36：1[②]。

① 建设现代农业产业园 谱写率先实现农业现代化新篇章——广东省“十三五”农业现代化发展回顾［EB/OL］.（2021-09-17）［2024-01-27］.http://www.ghs.moa.gov.cn/ghgl/202109/t20210917_6376768.htm.

② 政府工作报告——2024年1月23日在广东省第十四届人民代表大会第二次会议上［EB/OL］.（2024-01-27）［2024-01-27］.https://www.gd.gov.cn/xxts/content/post_4341269.html.

（四）专家团队进园区，科技赋能发展

现代农业产业园的全环节升级、全链条增值主要靠科技创新驱动——这是产业园发展的动力所在。在建设现代农业产业园的过程中，广东把科技推动摆在了重要位置，明确按照“依托大企业、依靠大科技、推进大融合、做好大服务、做强大品牌、打造大产业”的思路，建立产业园专家服务团队联系制度，推进农科教、产学研大联合大协作，使科技变成推动现代农业发展的新引擎。

具体包括：加强合作引人才，推动产业园与高校、科研机构建立长效稳定合作关系，创新“院地合作”“校地合作”模式，推动高校、科研机构组建科技服务团队，承担技术服务项目，开展科技攻关，每个产业园对接 3 ~ 4 个专家团队，吸引科技人才全方位提供科技服务；打造平台聚人才，建立广东省农业科技创新联盟，在产业园搭建科教服务平台，与科研院所共建产业研究院、研究中心、分布式服务站、产业学院等，为科研人员提供优良的科研环境；在产业园创建县级农业科技服务驿站，组建农技服务“轻骑兵”队伍，为产业园提供柔性人才支撑；培养工匠育人才，实施“乡村工匠”工程，开展乡村工匠专业人才职称评价。以新会陈皮现代产业园为例，产业园已与国内 30 多家科研院所、12 家省级以上科研教育单位设立合作平台，建成 1 个院士工作站、1 个博士后工作站、8 个陈皮相关研究院以及一批企业技术研发中心，产品创新能力得到持续提升①。

2023 年广东省政府工作报告明确提出，将继续强化农业科技和装备支撑，完善现代农业基础设施。每个产业园须将省级财政补助资金的 2.5% 用于科技研发与信息支撑，并与高等院校、科研机构建立合作

① 打造高质量发展现代农业“广东样板”：306 个现代产业园撬动产值大跃升［EB/OL］.（2023-02-13）［2024-01-27］.https://rmh.pdnews.cn/Pc/ArtInfoApi/article?id=33918159.

关系，组建科技服务团队，建立农业科技服务驿站。

（五）政策保障，高位推进

“十三五”期间，广东省委省政府通过加强现代农业产业园建设扎实推进广东农业现代化，取得了一些可复制、可推广、可借鉴的成功经验和有效做法。

一是坚持高位推进。2018 年 3 月，广东正式启动现代农业产业园区建设；2018—2020 年省财政共安排 75 亿元、撬动社会资本 300 多亿元扶持省级产业园；2021—2023 年省财政继续新增 75 亿元支持打造产业园 2.0 版。从 2018 年大力推进现代农业产业园建设以来，省政府主要领导亲自谋划、亲自部署、亲自推动，各市县落实“园长制”，由政府主要负责同志担任园长，形成省、市、县齐抓共管良好局面。

二是坚持政策引领。出台支持产业园建设 21 条政策措施，制定工作方案、建设指导意见、资金管理办法、建设指引、绩效评价、验收指导意见等规范性文件，形成支持现代农业产业园建设的“1+N”政策体系，明确产业园总体目标、建设任务，从用地保障、财政金融支持、税费减免、流通和品牌建设、基础设施、环境保护和科技与人才等方面，打出政策“组合拳”。

三是坚持改革创新。首先是创新省级财政投入方式。省级补助资金由过去层层下拨到市县财政部门，转为直接拨付到实施主体（企业）。其次是下放管理权限。实行“三个清单”管理，制定鼓励清单、允许清单和负面清单，由县政府确定项目立项和审批资金使用方案，企业设立专账（专户），自主开展园区建设和资金使用。最后是发挥市场配置资源作用。由牵头实施主体制定资金使用方案，鼓励支持各类主体投资，吸引大型企业和更多社会资本参与建设。与金融机构签署服务产业园战略合作协议，增加信贷资金支持产业园建设。财政资金撬动作用效果明显。截至 2022 年 4 月底，粤东、粤西、粤北地区 191 个省级产业园实际总投资 399 亿元，省级财政资金撬动地方、社会资金的比例为 1∶5.06，有力地推动了广东农业现代化的进展。

## 四、浙江：以数字经济为核心推动高质量发展

数字经济是浙江省高质量发展的关键力量和突出优势。浙江在全国率先作出大力发展信息经济的决策部署，成为“两化”深度融合国家示范区和国家信息经济示范区，入选首批国家数字经济创新发展试验区。以先进制造业为骨干，以科技创新为动力，以数字经济为核心，是浙江省现代化产业体系的特色。

### （一）以数字经济为核心

浙江省以数字技术与实体经济深度融合为主线，协同推进数字产业化和产业数字化，以数字技术产业化实现实体经济扩容，以产业数字化实现实体经济升级提质，赋能传统产业转型升级，培育新产业新业态新模式。截至 2023 年底，浙江 30.7% 的高新技术企业、27.1% 的科技型中小企业都属于数字经济领域，浙江数字经济增加值占 GDP 比重超过 50%、居全国各省区第一位。数字经济已成为浙江抢占产业新赛道、培育经济新增长点的最重要力量[①]。

一是加强顶层设计。浙江省历届省委省政府高度重视数字经济发展，自 2018 年以来陆续出台了《浙江省数字经济五年倍增计划》（2018 年）、《浙江省国家数字经济创新发展试验区建设工作方案》（2020 年）、《浙江省数字赋能促进新业态新模式发展行动计划（2020—2022

① 浙江数字经济发展取得积极成效——发展数字经济 推动创新提质［N］. 人民日报，2023-11-09（06）.

年）》（2020年）、《浙江省数字基础设施发展“十四五”规划》（2021年）、《加快推进产业数字化“三个全覆盖”实施方案（2022—2025年）》（2022年）等，加快推进“三区三中心”建设。同时，组织召开全省数字经济高质量发展大会，筹划成立专家咨询委员会。

二是做大做强数字产业。壮大数字经济基础产业：实施集成电路“强芯”行动，参与国家集成电路产业投资基金二期出资工作，推进杭州国家“芯火”双创基地、省级集成电路产业基地和中芯国际（宁波）、中电海康等重点平台、重大项目建设。实施软件产业创新能力提升行动和工业技术软件化行动，推进杭州国际软件名城建设。做强数字经济核心产业：推动云计算、大数据、物联网和人工智能等新兴产业创新发展，积极布局发展第三代半导体、类脑芯片、柔性电子、量子信息等未来产业，建设未来产业先导区，推进5G车联网应用示范、智慧健康养老产业、虚拟现实产业联盟创建等工作。数字经济核心产业增加值从2014年的2854亿元增加到2022年的8977亿元，年均增速13.6%，是同期GDP增速的两倍以上①。2023年浙江数字经济核心产业增加值达9867亿元，比上年增长10.1%，增速比GDP高4.1个百分点②。

三是以数实融合为主线。数实融合是“数字浙江”建设的重要内容，历届省委省政府高度重视数实融合发展。浙江早在2003年就明确提出数实融合的概念；2013年推进“四换三名”工程时，“机器换人”是数实融合非常核心的内容；2013年浙江成为全国唯一的“两化”深度融合国家示范区；2017年推进“企业上云”、智能制造新模式培育行动；2018年在全国率先提出打造“1+N”工业互联网平台体系，组

① 从“乌镇峰会”10年，看“数字浙江”20年［EB/OL］.（2023-11-15）［2024-01-28］. http://m.xinhuanet.com/2023-11/15/c_1129975966.htm.

② 2023年浙江经济总量首破八万亿，经营主体数量突破千万户［EB/OL］.（2024-01-23）［2024-01-28］. https://www.21jingji.com/article/20240123/herald/7e4ef86e977f25dbbd2725f45c70f44d.html.

建 supET 工业互联网平台，培育一批行业级、企业级工业互联网平台；2020 年开展企业“上云用数赋智”促进行动；2021 年推出“产业大脑 + 未来工厂”融合发展新范式，支撑数字产业化、产业数字化，加快工业、农业、服务业和信息业深度融合；2022 年提出推进产业数字化“三个全覆盖”[①]，数字技术赋能实体经济加速转型；2023 年提出以更大力度推进数字经济创新提质“一号发展工程”，其中数实融合是其核心任务，提出“以融提效”主攻方向、数字赋能跃升发展主线，八大攻坚行动的多项任务都与数实融合密切相关，数字经济在现代化产业体系建设中的作用更为凸显。截至 2023 年 11 月，浙江累计打造细分行业产业大脑 106 个、未来工厂 52 家、智能工厂（数字化车间）601 家[②]。

四是加快数字科技创新步伐。打造数字变革高地，科技创新是第一动力。浙江省依托杭州城西科创大走廊等主平台，建设“互联网 +”科创高地，打造数字科技创新中心，加强科技攻关、产品研发和广泛应用，为产业升级提供创新策源力。未来浙江省将高水平建设具有全球影响力的数字科技创新中心。具体而言，紧扣“315”重大创新体系，每年组织实施 200 项数字经济领域“双尖双领”科技攻关项目，突破形成 150 项以上重大创新成果。

（二）打造世界级先进制造业集群

一是推进品质化转型。深化“品牌 +”“标准化 +”，启动传统制造业标准化改造提升区域试点，持续推进“浙江制造”品牌培育工程、消费品工业“三品”专项行动。聚焦以集成电路、数字安防、网络通信等为主的十大标志性产业链，扎实推进制造业产业基础再造和产业

① 即百亿元以上产业集群工业互联网平台全覆盖、规上企业数字化改造全覆盖、重点细分行业中小企业数字化改造全覆盖。

② 因“数”而新，浙江跑出发展“加速度”[EB/OL].（2023-12-28）[2024-01-28].https://www.zjsjw.gov.cn/shizhengzhaibao/202312/t20231228_21377371.shtml.

链提升工程，加快重点产业链数字化、智能化、绿色化改造，打响浙江“品字标”，即代表制造业、服务业、农业、建筑工程、生态等领域高品质和先进性形象的公共品牌。目前浙江已形成数字安防、集成电路、智能电气等优势产业集群，将集中力量打造绿色石化、新能源汽车及零部件、智能物联、现代纺织与服装 4 个万亿级产业集群，集成电路、高端新材料、新能源装备、生物医药与医疗器械 4 个 5000 亿级产业集群，以及一批千亿级特色产业集群和一批百亿级“新星”产业群。2023 年浙江省全年规上工业增加值增长 6%，制造业投资增长 14.1%，产业集群核心区、协同区贡献了工业增量的九成、投资增量的八成，主导制定国际标准、国家标准 174 项。

二是启动实施“415X”先进制造业集群培育工程。浙江依托块状特色产业优势，加快先进制造业集群建设，加快创新链和产业链的融合。例如，2021 年 1 月发布《浙江省汽车产业高质量发展行动计划（2019—2022 年）》，深化新型工业化产业示范基地（先进制造业基地）建设，推动块状经济向先进制造业集群转型。2023 年，浙江以实施数字经济创新提质“一号发展工程”为牵引，启动实施“415X”先进制造业集群培育工程。“4”是指重点发展新一代信息技术、高端装备、现代消费与健康、绿色石化与新材料 4 个万亿级世界级先进产业群，“15”是指重点培育 15 个千亿级特色产业集群，“X”是指重点聚焦“互联网 +”、生命健康、新材料三大科创高地等前沿领域，重点培育若干高成长性百亿级“新星”产业群，使之成为特色产业集群后备军。通过实施先进制造业集群培育行动，做强做大数字安防、集成电路等 6 个千亿级特色产业集群，建成世界级新一代信息技术产业群。由省长担任“415X”集群的“总链长”，省领导担任 4 个万亿级和 4 个五千亿级集群的“链长”，龙头骨干企业担任“链主”，“415X”中的其他集群则由省经信厅负责建立相应的“链长＋链主”制，实现有效市场和有为政府精准融合。2023 年，“415X”产业集群营收贡献了全省规上工业营收的 70%，成效显著[①]。

三是首创集群“核心区＋协同区”的布局模式。浙江省优化全省产业布局，加强省级特色产业集群“核心区＋协同区”建设，着力打造“万亩千亿”新产业平台和专业化特色小镇，遴选了 35 个核心区、53 个协同区，发挥好集聚辐射带动作用。其中，“万亩千亿”新产业平台是指面向重量级未来产业、万亩空间左右、千亿元以上产出的产业平台，在地理上更集中、主导产业更聚焦更高端、管理体制更灵活，代表着浙江未来产业升级的方向。从 2019 年启动培育，2023 年浙江迎来首个通过验收命名的“万亩千亿”新产业平台——宁波前湾新区智能汽车产业平台。2022 年宁波前湾新区智能汽车产业平台全年实现主导产业产值超 1200 亿元，产业集聚度达 99%，汽车产业产值占全省的近 20%，新能源汽车产量占全省的 12%，平台产业规模、亩均效益、创新集聚全省领先。2022 年浙江培育的 27 个新产业平台新增固定资产投资超 1600 亿元，以占全省 2‰的土地面积贡献了全省 3% 的固定资产投资、9.7% 的工业总产值[②]。

（三）全面深化传统产业改造提升

浙江是我国最早探索传统制造业改造提升的省份。自 2017 年以来，浙江连续数年召开高规格的传统制造业改造提升大会、制造业高质量发展大会，持续推动传统产业高质量发展。2021 年 8 月，浙江被批准为全国首个传统制造业改造升级示范区。传统产业一直是浙江经济的基本盘，也是浙江“415X”先进制造业集群的基本盘。浙江在传统制造业改造提升方面的经验值得借鉴。

---

① 唐弢，岳德亮．透视共同富裕示范区浙江的经济和民生热词［EB/OL］．（2024-01-26）［2024-01-26］.https://www.sohu.com/a/754412270_257321.

② 郑亚丽，翁云骞，夏丹．我省迎来首个“万亩千亿”新产业平台［N］．浙江日报，2023-10-24（02）.

一是高规格组织保障，省、市、县三级联动。浙江省委省政府率先在全国作出全面开展传统制造业改造提升的决策部署，成立“浙江省工业转型升级领导小组”，每年召开全省工作推进会议部署推动。推进试点示范。先后印发《浙江省加快传统制造业改造提升行动计划（2018—2022年）》《关于深入推进实施传统制造业改造提升2.0版的实施意见》，在18个县（市、区）率先启动传统产业转型升级专项试点，从17个重点传统制造业中分三批遴选出48个分行业省级试点县（市、区），逐个出台17个传统制造业改造提升实施方案，明确改造提升路线图，并抓好年度推进。加大技术改造财政支持力度。2017—2022年浙江省财政每年安排18亿元，分别对杭州市萧山区等18个县（市、区）每年安排1亿元，由各地统筹用于包括振兴实体经济发展（传统产业改造），将技术改造列为激励政策考核的重要内容，确保18个振兴实体经济（传统产业改造）财政专项激励县（市）每年用地指标不少于1/3用于制造业项目，每年财政专项激励资金不少于1/3用于传统制造业改造提升。

二是开展智能化改造。从企业示范、生态构建、行业应用等方面着手，不断提升智能制造发展和应用水平。实施万企智能化技术改造诊断计划，通过数字化、网络化改造实现企业数据采集、数据互联互通，提高企业生产制造效率；推进企业制造过程、装备、产品智能化集成创新，逐个部署智能工厂、数字车间，形成“工业互联网平台+企业数字工厂”带动模式。首创“点线面”结合智能制造模式，成为工信部重点推广的八大模式之一，即“点”上鼓励企业针对关键生产工序和关键工艺环节开展“机器换人”，“线”上鼓励企业开展智能成套装备首台（套）的研制和系统集成，“面”上引导鼓励企业建设数字化车间/智能工厂[①]。

---

① 李湘．促进传统制造业改造提升，实现制造业高质量发展——浙江省传统制造业改造提升的经验［EB/OL］．（2022-06-26）［2024-01-30］.https://www.cinn.cn/dfgy/202206/t20220626_258255.shtml.

隶属于浙江省绍兴市的新昌县，在没有高校不通高铁、科技人才基础薄弱、区位条件不优、资源禀赋一般的条件下，通过专注创新、智能转型，走出了一条创新驱动、智能赋能的高质量发展之路，成为新时代县域科技创新的典范，创造了山区小县亦能大规模发展数字经济的奇迹。2022 年新昌技术创新指数位列全省第一，研发经费支出占 GDP 比重连续 8 年保持在 4% 以上，成功创建国家首批创新型县（市），蝉联“科技创新鼎”[①]；截至 2023 年 10 月，全县建有国家级企业技术中心 6 家、省级重点企业研究院 12 家[②]；截至 2024 年 1 月，新昌县累计有专精特新“小巨人”企业 16 家，累计有专精特新中小企业 90 家；新昌县规上工业企业 90% 以上实现了数字化制造[③]。“新昌模式”的内涵包括：政产学研深度融合协同的科技创新模式；传统制造业依托工业互联网，实现“数字化制造、平台化服务”的产业发展模式。

一是以产业需求为导向、科技创新为核心、产学研用为路径，推动创新链产业链资金链人才链深度融合。深化产学研用合作。组建技术攻关专家委员会，完善“企业出题”的技术创新需求发现机制，与浙江理工大学合作深化工程硕士“1+2”

① 浙江：县域科创的“新昌模式”［EB/OL］.（2023-04-13）［2024-01-29］.https://www.safea.gov.cn/dfkj/zj/zxdt/202304/t20230413_185546.html.

② 杨宏翔. 弘扬新昌企业家精神 推进科技创新塑造发展新优势［EB/OL］.（2023-10-25）［2024-01-29］.https://baijiahao.baidu.com/s?id=1780653789898976524&wfr=spider&for=pc.

③ 苏枫. 新昌：因创新而新［EB/OL］.（2024-01-20）［2024-01-29］.https://baijiahao.baidu.com/s?id=1788544323308293203&wfr=spider&for=pc.

联合培养机制；全县规上企业产学研合作覆盖率达95%，重点与浙江大学合作共建联合创新中心，力争在动物医药、智能制造等领域打造全国一流研发平台。打造现代化产业体系。创建智能纺机创新联合体，支持龙头企业发挥集成牵引优势，组织产业链上下游企业围绕行业发展需求开展联合研发和协同攻关，探索行业多主体全链条技术攻关“新昌经验”。滚动开展“专精特新”重大科技攻关项目“揭榜挂帅”，撬动企业研发投入3亿元。探索三位一体发展。实施柔性引才用才模式，政府主导在北京、杭州设立科创人才飞地，并支持企业设立海外研发中心11个、国内异地研发机构32个，已集聚博士以上高层次人才近1000名，企业R&D人员占比达11.3%、居全省第五位，“鲲鹏行动计划”人才实现零的突破。同时落实校企人才互聘共用计划，打造科创文旅综合体、科学家静思社区。二是数字化改革赋能轴承企业高质量发展，工业互联网助力企业降本增效，智能化改造调优产业结构。2021年以来，新昌县深入贯彻落实浙江省委关于数字化改革的重大决策部署，深入实施数字经济“一号工程”，立足浙江省轴承产业优势，以产业生态重构、新智造应用服务、共性技术开发与共享、产业治理方式重塑等为重点，以轴承工业互联网平台为支撑，瞄准产业链上的关键性问题，全力打造“轴承产业大脑”，在全领域、全行业、全环节深度应用，加快推进轴承行业智能化改造，推动工业全域提质增效。

新昌的实践表明，面对经济转型升级、高质量发展的新使命新担当，要坚持创新驱动，以科技力量推动产业升级、转变经济发展方式，向高端化、数字化、绿色化的产业攀登，才能为区域全面振兴积蓄新动能，打造新优势①。

三是发展服务型制造。实施服务型制造工程，着力提升工业设计赋值能力，培育服务型制造新业态新模式，加速传统产业迈向价值链中高端。截至2023年，已成功举办八届中国设计智造大奖赛，建立了全国首个服务型制造研究院。全面展开“传统产业设计再造”计划，每年组织100家传统产业制造企业启动创新再造升级，积极整合省内外工业设计产业生态链优势资源，根据制造企业特色和企业再造升级需求，进行产品创新设计。着力在服装、皮革、纺织面料、家纺、毛衫、袜业等行业打造国内领先的示范性创意设计产业园区。带动一批企业实施“差异化”战略进行转型升级，走“立足传统产业—工艺/产品升级—创新创意升级”的路径。

## 第二节　市域层面

### 一、合肥：创新引领构建现代化产业体系

近年来，合肥以创新引领现代化产业体系建设，围绕产业链部署创新链、围绕创新链布局产业链，推动制造业产业链与创新链无缝衔

① 打造“轴承产业大脑”浙江新昌以数字化改革服务企业降本增效［EB/OL］.（2022-10-11）［2024-01-29］. https://baijiahao.baidu.com/s?id=1746342517933330539&wfr=spider&for=pc.

接、深度融合发展，促进制造业质量变革、效率变革、动力变革，以创新引领、产业集聚、政策支持凸显“创新高地”效应。

一是以创新推动产业结构优化升级。合肥通过大规模招商引资引入龙头企业（如海尔、长虹、美的、格力、联宝、联合利华、太古可乐等）合资经营，逐步形成支柱型企业，初步改变合肥的产业结构。进一步利用产业投资平台，引入京东方、蔚来、大众、比亚迪、国轩等新能源汽车企业和长鑫存储等企业，向前沿产业迈进。同时，大力促进产学研结合以强力支撑产业创新，围绕产业链上下游关键核心技术进行攻关，促进创新链与产业链精准对接。此外，积极引导企业加大研发投入，依托国家级高新区、经开区等各类园区，推动产学研协同创新，实现了产业技术升级，进而推动了产业结构整体升级。在发展传统产业的同时，合肥还支持传统产业优化升级，加快新技术、新管理、新模式运用。大力推动互联网、大数据、人工智能和实体经济深度融合，以智能工厂、智慧园区建设为抓手，深化数字化技术集成创新应用，赋能企业工艺再造、流程再造，全面提升产品全生命周期管理水平，优化制造资源配置效率，推动先进制造业迈向价值链高端。

二是持续增强赋能制造业的创新实力。合肥坚持高水平科技自立自强，坚持以产业应用为导向，致力于建设全国性产业创新中心，打造具有国际竞争力和国际影响力的制造强市。同时，不断强化企业创新主体地位，促进各类创新要素向企业集聚。在创新供给端，合肥以综合性国家科学中心建设为引领，发挥国家实验室、大科学装置等策源优势，大力实施科技创新“栽树工程”，高标准打造科大硅谷、中国声谷等科创平台，引导高校、科研院所加大应用基础领域研究，与企业共同打造新型研发机构。在创新需求端，针对建立创新型企业培育体系，推进“创新型中小企业、专精特新企业、专精特新冠军企业、小巨人企业、单项冠军企业”五企共育，提供资金扶持、投融资支持、人才培训、政策咨询和对标诊断等服务。2023 年合肥全社会研发投入强度为 3.91%、居万亿城市第 7 位。世界知识产权组织发布的 2023 年“全球科技集群”，合肥居第 40 位、较上年提升 15 位。《自然》杂志发布的“全球科研城市”，合肥居第 13 位、前进 3 位[①]。

三是着力推动战略性新兴产业融合集群发展。培育战略性新兴产业是合肥建设现代化产业体系的关键抓手，合肥坚持把发展以先进制造业为主体的战略性新兴产业作为经济工作的重中之重。目前“芯屏汽合”[②]“急终生智”[③]已成为合肥产业地标。2023 年，合肥提出要形成“1122”产业发展格局[④]，同时提出打造“6+5+X”产业集群体系[⑤]，持续跟踪若干前沿技术方向、创建国家未来产业先导区。党的十八大以来，合肥战略性新兴产业产值年均增长 18.1%，占规上工业比重由 24.4% 提高到 56.2%，对工业增长贡献率由 30.5% 提高到 78%。集成电路、新型显示、人工智能 3 个产业入选首批国家战略性新兴产业集群发展工程，新能源汽车、先进光伏等产业蓬勃发展，合肥“大力培育发展战略性新兴产业”工作连续 5 年获国务院表彰激励、次数居全国城市首位[⑥]。

四是高度重视构建全方位政策体系推进产业创新。政策是合肥制

① 合肥市 2024 年政府工作报告［EB/OL］.（2024-01-17）［2024-01-17］.https://www.hefei.gov.cn/ssxw/ztzl/zt/jjhflh/jdlh/tjlh/109821308.html.

② 即集成电路产业、新型显示产业、新能源汽车和智能网联汽车产业、人工智能赋能制造业融合发展。

③ 即城市应急安全产业、智能终端产业、生物医药和大健康产业、智能语音及人工智能产业。

④ 即 1 个年营收万亿级的新能源汽车产业集群，1 个五千亿级的新一代信息技术产业集群，2 个三千亿级的先进光伏及新型储能、高端装备及新材料产业集群，2 个千亿级的生物医药、智能家电（居）产业集群。

⑤ 即新能源汽车、新一代信息技术、先进光伏及新型储能、生物医药、智能家电（居）、高端装备及新材料 6 大主导产业集群，量子信息、空天技术、聚变能源、下一代人工智能、合成生物 5 大先导产业集群，“X”代表要持续跟踪若干前沿技术方向。

⑥ 合肥积极培育壮大战新产业 布局未来产业［N］. 合肥日报，2023-12-20.

造业招商引资的“金字招牌”，是合肥激发企业持续创新的新动能。一方面，合肥围绕创新转型升级发展，坚持完善普惠发展政策，扶持产业发展。例如，合肥出台完备的政府投资基金政策体系、通过政府资本招商引进“芯屏汽合”“急终生智”等优势主导产业、战略性新兴产业，以此搭建起产业基础，再通过基金投资吸引产业链上下游企业落户形成产业集群。另一方面，合肥围绕提质增效突出重点，坚持健全特色专项政策，如中心城区优化工业布局、都市产业园标准化厂房等政策，在特定发展阶段下，有效弥补了普惠性政策的不足。

五是充分发挥国有资本的作用，推动产业高质量发展。合肥充分发挥国有资本的作用，推动产业的高质量发展，即聚焦产业发展定位，找到产业链的关键环节和重点企业，并通过国有资本的投资，吸引社会资本参与，共同培育发展产业项目。当项目成熟后，国有资本通过市场化方式退出，转而投资其他产业项目，以此不断扩展地方的产业链条。合肥招商引资的模式可以概括为“以投带引”，其基本路径可概括为：政府通过财政资金增资或国企战略重组整合打造国资平台，再推动国资平台探索以“管资本”为主的改革，通过直接投资或组建参与各类投资基金，带动社会资本服务于地方招商引资，形成产业培育合力。一方面，合肥注重强化资本运作，将合肥产投、合肥兴泰、合肥建投三大国资投资平台作为开展资本招商的“牵引器”和“主力军”，联合中信、招商等头部投资机构共同设立近千亿元的产业基金群，形成“引导性股权投资 + 社会化投资 + 天使投资 + 投资基金 + 基金管理”的多元化科技投融资体系，不断增强创新资本生成能力。另一方面，合肥主要通过投资并引入上市公司募投项目推动落地，围绕投资前期、中期、后期全链条打造“引进团队—国资引领—项目落地—股权退出—循环发展”闭环，推动城市经济发展与项目招引、产业培育共融共生、协同发展。

## 二、深圳：打造引领型现代化产业体系

作为我国最具市场活力的城市之一，深圳市始终走在改革开放的最前沿，经过四十多年的发展，深圳经济特区已经成为一座充满魅力、动力、活力和创新力的国际化创新型城市。2023 年深圳地区生产总值增长 6%，规上工业总产值、工业增加值连续 2 年实现全国城市“双第一”①。经过多年探索，深圳市在创新体制机制、政策协同发力、强化金融要素保障三方面形成有益经验。

一是大胆探索，不断创新体制机制。建设深圳经济特区是党中央作出的重大战略部署，是深圳迎来的重大历史性机遇。2019 年《中共中央 国务院关于支持深圳建设中国特色社会主义先行示范区的意见》明确提出了深圳市加快构建现代化产业体系的具体任务和目标。在过去的四年中，建设深圳先行示范区得到中央的强力支持，国家发展改革委、商务部出台《关于深圳建设中国特色社会主义先行示范区放宽市场准入若干特别措施的意见》，国家发展改革委、科技部批复大湾区综合性国家科学中心先行启动区建设方案，国家发展改革委批准深圳成为全国首个基础设施高质量发展试点城市。此外，教育部、证监会等部委也陆续出台支持深圳先行示范区建设政策文件。这些体制机制大胆创新为深圳市现代化产业体系构建打下坚实的制度基础，多项实践经验在全国推广应用。

二是高位推动，多项政策协同发力。深圳市长期坚持工业立市、富市、强市不动摇，把创新作为城市可持续发展的主导战略。作为全

① 2024 年深圳市政府工作报告［EB/OL］.（2024-01-31）［2024-03-04］.http://www.tzb.sz.gov.cn/xwzx/gzdt/content/post_1126753.html.

国综合改革示范的排头兵，深圳市把握提升现代产业体系竞争力的重要战略机遇，立足深圳实际，紧密围绕服务制造强国、制造强省建设战略，聚焦先进制造业，布局形成了“四大支柱产业[①]、七大战略性新兴产业[②]和五大未来产业[③]”架构的现代化产业体系，出台《深圳市人民政府关于发展壮大战略性新兴产业集群和培育发展未来产业的意见》《深圳市加快推动人工智能高质量发展高水平应用行动方案（2023—2024年）》《深圳市加快打造“新一代世界一流汽车城”三年行动计划（2023—2025年）》等一系列政策，分领域、分层次协同推进现代化产业高质量发展。

三是虚实结合，强化金融要素保障。深圳市金融科技起步较早、发展快、创新能力突出，在发布的最新一期全球金融中心指数中，深圳市金融科技中心排名位列全球第七[④]。《深圳市金融业高质量发展“十四五”规划》提出打造“全球金融科技中心”的发展目标，预示着深圳市金融科技发展将进入快车道。瞄准深圳市重点产业领域，深圳市金融科技企业在供应链金融、征信科技、资产管理、权证交易等领域创新项目层出不穷，有效促进了实体经济发展。据不完全统计，深圳市拥有超10万家科技型企业，针对这些科技型企业普遍存在的“风险高、需求急、抵质押物少”等特点，众多金融机构借助人工智能、大数据、隐私计算等各类新技术，创新金融服务模式，赋能企业发展。比如，中国银行深圳市分行从科技、投资、大数据三个视角，构建了覆盖30余项一级指标、100余项二级指标的“科技企业评估模型”，

① 即高新技术产业、物流业、金融业、文化产业。

② 即新一代信息技术、生物医药、数字经济、高端装备制造、新材料、海洋经济、绿色低碳。

③ 即6G、量子科技、深海产业、深空产业、氢能。

④ 曹媛.深圳金融科技产业全景梳理，如何竞逐“全球金融科技中心”[EB/OL].(2023-02-06)[2023-10-27].https://www.21jingji.com/article/20230205/herald/a2e4972a9ac50bacc65ee0d5430116b0.html.

为信贷服务提供了支撑。又如，深圳微众信用科技股份有限公司通过对海量数据、替代数据进行可靠、安全的计量，助力企业信用管理。

## 三、成都：以科技创新驱动现代化产业体系建设

成都是我国西部重要的国家中心城市，是成渝城市群中心城市之一，也是中国西部吸引外资最多的城市。作为四川省省会，成都市认真落实省委“四化同步、城乡融合、五区共兴”发展战略，发挥科技创新引领作用，赋能支柱产业迭代升级、新兴产业培育壮大、未来产业前瞻布局，加快构建具有智能化、绿色化、融合化特征和符合完整性、先进性、安全性要求的现代化产业体系。在明确战略定位、实施产业“建圈强链”行动、完善科技成果转移转化服务体系三方面进行了探索。

一是明确现代化产业体系的战略定位。围绕党的二十大报告关于推进科技创新和建设现代化产业体系的系统部署，以及四川省委十二届三次全会对深入推进新型工业化、加快建设现代化产业体系作出的安排部署，结合成都市资源禀赋、产业基础和区位优势，2023 年 7 月，《中共成都市委关于坚持科技创新引领加快建设现代化产业体系的决定》提出“到 2027 年，创新发展综合优势显著增强，科技成果本地转化能力有效提升，科技创新成为支撑产业高质量发展的关键引擎，初步形成具有较强竞争力的现代化产业体系”的总体目标和“平台建设、成果转化、产业发展、生态构建”四个方面的细分目标。该文件明确了构建现代化产业体系在成都市经济社会发展全局中的核心地位，指出了科技创新在现代化产业体系构建中的引领作用，成为成都市构建现代化产业体系的纲领性文件。

二是实施产业“建圈强链”行动。成都市一手抓传统优势产业转型升级，一手抓战略性新兴产业培育壮大和未来产业孵化。2023年《成都市产业建圈强链优化调整方案》正式印发，聚焦比较竞争优势，按照“优势产业高端化、传统产业新型化、新兴产业规模化”的思路，布局构建8个产业生态圈，主攻28条重点产业链。为推动落实，成都市进一步明确链长、重点产业链牵头市级部门、主要承载地和协同发展地的工作责任，聚焦“四链”融合，全新配套制定了一套确保“产业建圈”强链有力有效的“评估问效工作方案”。目前成都已形成电子信息、装备制造2个万亿级和航空航天、高端软件等8个千亿级特色优势产业集群。轨道交通装备、生物医药纳入国家战略性新兴产业集群发展工程，软件和信息服务、高端能源装备、电子信息先后入选国家先进制造业集群。被国务院评为“工业稳增长和转型升级成效明显城市”“大力培育发展战略性新兴产业、产业特色优势明显城市”。

三是完善成果转移转化服务体系。成都市科教资源丰富，拥有一批高水平大学和科研院所，发挥科技创新引领作用需要进一步向科技成果要发展。为此，成都市将科技成果转化作为科技创新工作“一号工程”，2023年出台《成都市进一步有力有效推动科技成果转化的若干政策措施》，围绕建设科技成果转化中试平台、打造成果转化服务生态集聚区、提升企业成果吸纳转化能力、建立西部（成都）科学城成果转化机制等10个方面，提出28条具体政策措施。根据成都市重大科技成果转化第二次联席会议公布的数据，2023年1—7月，技术合同登记成交额完成1037.46亿元，同比增长66.8%，发布电子信息、智能制造、新材料等领域科技成果1200余项，成功引进顶尖科技创新团队61个，在概念验证中心和中试平台建设方面取得了初步成效。

## 四、沈阳：构建具有地方特色优势的现代化产业体系

习近平总书记在新时代推动东北全面振兴座谈会上强调，加快构建具有东北特色优势的现代化产业体系[①]。作为全国重要的老工业城市和首批产业转型升级示范区，沈阳通过强化产业链供应链体系建设来提高自主可控水平，通过加强数实融合、数智赋能推进新型工业化，坚持立足本地产业基础发展新兴产业和布局未来产业，坚持全面激活科技创新动能。

一是强化产业链供应链体系建设，提高自主可控水平。近年来，沈阳以规划升级、规模扩大、项目落地、链主培育、断点突破、链式招商、园区建设、四链融合等 8 项重点工作为突破口，深入推进 8 大重点产业链[②]发展。聚焦 8 条重点产业链，沈阳提出建立“链长 + 链主”工作推进体系。通过精准引导、靶向扶持，培育出一批具有强链补链延链能力的头部企业，发挥它们在牵引产业链向价值链中高端攀升的龙头作用。2023 年，沈阳制定出台《沈阳市维护产业安全实施方案》，鼓励头部企业协同上下游企业提高配套集成能力和共生发展能力，围绕重点产业集群，支持沈鼓集团、特变电工、三一重型、新松机器人、东软医疗、沈阳机床、拓荆科技、芯源微、沈飞民机、中航发燃气轮机等 10 个头部企业打造“整零共同体”建设示范。同时，沈阳多措并举打通产业链断点堵点。2023 年初，沈阳发布《2023 年沈阳市重点产业链关键核心技术攻关重大科技专项实施方案》，提出每条

---

① 牢牢把握东北的重要使命 奋力谱写东北全面振兴新篇章［N］. 人民日报，2023-09-10（01）.

② 即高端装备、集成电路、航空、食品、汽车及零部件、生物医药及医疗装备、新一代信息技术、新能源及节能环保产业链。

重点产业链组织 2～3 家产业龙头企业（科技龙头企业）分别牵头实施 1 项“卡脖子”技术攻关项目。2023 年 6 户企业成功获评国家链主企业，突破产业链断点堵点 49 个，8 条重点产业链规模突破 8000 亿元，高端装备、汽车、食品、新一代信息技术 4 个产业集群规模突破千亿元，特高压电工装备产业集群获评国家级中小企业特色产业集群。

二是以“智改数转”为抓手，推进“数实”融合发展。沈阳以“数字底座”为支撑，深入推进上“云”、用“数”、赋“智”，推动制造业向“智造业”转型。作为全球工业互联网大会永久会址和承办单位，沈阳以全球工业互联网大会为重要平台和载体，充分发挥其对产业的支撑作用，推动制造业与数字产业“双向奔赴”。目前，沈阳的 5G 基站已实现重点区域、重点场所全覆盖；工业互联网标识解析二级节点数量达到 14 个，数量位居东北第一；拥有 9 个国家级工业互联网平台、21 个省级工业互联网平台，涉及能源、输配电、食品等多个领域；沈阳人工智能计算中心算力扩容至 300P，被纳入全国人工智能算力战略体系，进入全国第一梯队，居东北地区首位；“星火·链网”超级节点（沈阳）成为东北地区最大的网络通信枢纽节点。以数字赋能为牵引，沈阳推动北方重工、沈阳机床、沈鼓集团等地方优势传统制造企业迈向“高智绿”。目前工业互联网已在石油化工、汽车零部件、工程机械等领域大显身手，纵贯研发设计、加工制造、物流销售等环节。聚焦数字化场景应用，2023 年沈阳出台《沈阳市支持产业数字化试点示范项目管理实施细则（试行）》，推进“评估贯标—数字化车间—智能工厂—灯塔工厂”制造业企业全生命周期实施数字化、网络化、智能化改造，积极培育优秀数字化应用场景和智能升级项目，并在东北地区率先出台“灯塔工厂”支持政策，鼓励企业参评“灯塔工厂”、智能工厂、数字化车间及“两化”融合管理体系贯标试点。目前，已建立涵盖 18 大类、60 小类的数字化转型应用场景分类标准，每年滚动实施涵盖100个智能升级项目、100个数字化应用场景项目的“双百工程”；全市拥有智能工厂45个、数字化车间73个，重点企业数字化研发设计工具普及率和关键工序数控化率分别达80%、68.2%①。2023年，沈阳以“数字生态”为重点，组建了沈阳数字产业发展公司，国内首个制造业数字化转型创新中心揭牌，沈阳成功获批第一批国家中小企业数字化转型试点城市。

三是因地制宜发展新兴产业和布局未来产业。沈阳拥有中科院沈阳自动化研究所、中科院沈阳计算所等中科院驻沈研究所，设有全断面掘进机国家重点实验室、机器人学国家重点实验室等国家级专业技术平台。结合创新资源和产业优势，沈阳培育壮大新能源、机器人等新兴产业，打造“北方储能之都”“中国最大的机器人产业化基地”等城市名片。同时，瞄准无人驾驶、人形机器人等重点方向，布局一批前沿性未来产业。目前，以新松为代表的机器人产业链条已基本形成，上下游配套企业超过500家，能够提供工业、协作、移动、特种、服务五大类近百种机器人产品，已搭建起国内领先的产品线。2023年底，沈阳制定了最新的机器人产业发展计划，提出到2025年，全市机器人整机年产量达到15000台套，机器人产业产值力争突破200亿元，规模以上机器人企业数量突破50家。这一系列成果离不开政策的持续发力和科研院所的技术支撑。

四是全面提升科技创新能力，增强转型发展新动能。围绕20个重点产业创新方向，沈阳持续优化创新空间布局。目前加速形成了“一城一园三区多组团”科创空间格局，特别是聚焦打造科技创新策源地、新旧动能转换发动机、新质生产力发展示范区，推动浑南科技城建设初现形象；围绕先进材料、智能制造、信息技术、生命健康、数字文创和新能源等

① 沈阳 向建设全国先进制造业基地目标迈进［N］. 人民日报，2024-03-06（11）.

“5+1”主导产业，规划建设“一谷七园”，累计投资近300亿元；支持辽宁材料实验室建立以错位布局、多学科融合、分阶段研发、全过程“下蛋”为核心的研发范式，组建6个颠覆性技术研究所；支持辽河实验室与航空、集成电路装备等领域重点企业共建联合实验室，促进产学研深度融合。同时，完善科技创新平台支持政策。以“以奖代补”方式，对新获批的国家级平台给予最高500万元奖励，对绩效评价结果优秀的科技创新平台给予最高100万元奖励，通过科技政策的积极引导，不断提升优势领域重点高校院所和企业创建各类创新平台的积极性。目前沈阳拥有市级以上科技创新平台1690个，其中国家重点实验室等国家级创新平台79个，初步形成以辽宁实验室为龙头，以全国重点实验室为引领，省市级重点实验室、技术创新中心、临床医学研究中心为支撑的科技创新平台体系。出台“绩效导向、动态调整、梯度培育”的科技创新平台管理制度，组织各级各类平台向高端装备、航空、集成电路等重点产业开放共享，促进创新要素向企业聚集，推动产业链中下游、大中小企业融通创新。“卡脖子”技术攻坚取得重大突破，围绕航空、集成电路和生物医药等重点产业链组织实施104项关键核心技术攻关项目。自主研发的超大型盾构机主轴承实现产业化应用，“太行110”重型燃气轮机等创新成果实现了国产首台套、替代进口的重大突破。科技型企业规模持续发展壮大[①]。截至2023年底，全市雏鹰、瞪羚、独角兽企业达到2055家，高新技术企业达到5052家，科技型企业突破2.2万家，数量居东北各城市首位；连续三年入围全球创新指数“科技集群”百强榜单，连续五年进入国家创新型城市前20强[②]。

---

① 关于加速推进建立东北国创中心的建议（第0557号）的答复［EB/OL］.（2024-04-10）［2024-05-11］.https://kjj.shenyang.gov.cn/zwgk/fdzdgknr/jyta/202404/t20240410_4628718.html.

② 2023年沈阳市国民经济和社会发展统计公报［EB/OL］.（2024-04-11）［2024-05-11］.https://www.shenyang.gov.cn/zwgk/fdzdgknr/tjxx/tjgb/202404/t20240415_4630416.html.

# 第六章

# 我国现代化产业体系建设：挑战与政策建议

产业是经济之本，是生产力变革的具体表现。从党的二十大报告部署“建设现代化产业体系”到二十届中央财经委员会第一次会议研究加快建设现代化产业体系问题，再到2023年中央经济会议将“以科技创新引领现代化产业体系建设”作为首要任务、提出发展新质生产力，都传递出对产业体系进行系统性重塑，推动产业体系向高质量、高效率、可持续方向发展的鲜明信号。不容忽视的是，目前我国现代化产业体系建设面临的风险与挑战也在增多。我们要深刻洞悉现代化产业体系建设面临的内外部风险与挑战，积极探索应对之路、破解之道。

## 第一节　现代化产业体系建设的主要挑战

当今世界正经历百年未有之大变局。作为现代化建设的一项长期任务和当前经济工作的一项紧迫任务，现代化产业体系建设在大变局下进入战略机遇和风险挑战并存的时期。因此，围绕科技制高点的激烈竞争，做好思想准备和工作准备，有效应对和化解各类风险，力争抢占先机、赢得主动，是现代化产业体系建设面临的主要挑战。

### 一、外部风险与挑战

进入21世纪，世界多极化趋势愈加明显并日益向纵深发展，新兴市场国家和发展中国家在国际事务和全球治理中的话语权和影响力不断提升。在和平与发展的时代主题下，国家竞争的内核从地缘政治、军备竞赛、防止战争转向确保产业安全、共享发展收益。然而，伴随着全球范围的发展动能不足和复苏乏力，各个国家和地区之间的分化加剧，国际环境的复杂性和不稳定性不确定性明显增加。民粹主义、单边主义、保护主义、霸权主义的相互强化，不仅侵蚀国际关系的根基，而且使得我国现代化产业体系构建面临日趋严峻的外部风险与挑战。

（一）国际生产体系调整与全球产业链重塑考验

20 世纪 90 年代以来，信息科技革命以及相对宽松的全球贸易环境政策为国际分工深化提供了有利条件。离岸外包成为国际生产活动的主流范式，并逐步形成以跨国公司为主导、全球产业链为载体的全球生产网络，并通过产业内分工、价值链切片等多种方式使全球产业发生大规模的空间转移和重组，推动国际产业分布格局和国家内部产业空间组织发生巨大变化。2008 年国际金融危机爆发后，全球经济进入增速放缓、格局分化、规则重构的深度调整期。为了维护自身在国际产业链和价值链中的优势地位，一些发达国家相继通过制定实施再工业化战略引导制造业回流，并借由保持技术领先、延长供应链等措施维持产业体系的安全可控，产业布局从效率优先转向保安全和防风险。在地缘政治冲突升级、通胀压力持续增大等多重危机的叠加影响下，全球产业链供应链扩张势头放缓，全球生产网络呈现区域化、近岸化、本土化收敛特征，世界经济发展失衡加剧。

中国是全球最大的制造业国家和唯一拥有联合国产业分类目录中所有工业门类的国家，也是全球最大的中间品和资本品进口国。在深度参与国际分工体系、主动融入全球生产网络的过程中，中国与其他国家形成了上下游交互、供需两侧交织、产学研交融的复杂分工格局。贸易摩擦升级以及国际循环局部性梗阻，不仅对以比较优势和规模报酬递增为基础的国际生产体系形成巨大的外生性冲击，而且对全球产业链供应链的开放协作造成重创，使得中国在供应链、需求链、技术链等方面均面临严峻的“卡链”“断链”风险。虽然面对部分环节的短暂性停顿，中国依靠制度优势、数字技术优势、物流基础优势和社会组织优势维系了供应链的运转畅通并恢复了产业链的正常循环，但其中暴露出的产业链供应链的独立性、自主性、稳定性、安全性、效率性和竞争力等问题仍不容忽视。

（二）西方技术霸权与产业转型“低端锁定”困局

纵观历史，每一次工业革命都是通过主导型技术的突破性发展及应用，引发新兴产业出现、产业结构调整和产业体系重塑。当前，新一轮科技革命和产业变革突飞猛进，在推动世界产业分工格局深度变革的同时，也带来全球价值链的结构性调整。在科技革命和产业变革加速演进的过程中，大数据、物联网、区块链、人工智能等逐步渗透到产业链供应链的各个环节，从根本上改变了原有的研发方式、生产方式、服务方式和产业组织形态。从竞争的角度来看，新科技革命对抢占科技制高点提出迫切需求。谁能率先取得关键技术的突破，谁就能抓住产业变革的机遇，谁就能占据发展的优势。为了在新一轮全球化中掌握主动权，世界主要国家纷纷围绕数字化、网络化、智能化、新材料等新技术新产业领域进行战略部署，推动各国资源禀赋优势和产业分工格局深度调整。

虽然中国是全球价值链下的制造大国，但却在国际分工中长期处于中低端。西方发达国家的产业国际梯度转移和技术扩散虽然在一定程度上推动了中国制造业的规模扩张和转型升级，但是在从市场主导的技术竞争到国家控制的技术霸权的转向下，少数西方发达国家利用市场优势和先进技术对中国价值链升级进行阻截，并通过其垄断地位建立不对称的价值链治理方式。这些遏制、围堵和打压的做法大大妨碍了中国制造业在全球范围内获得高端要素，加剧了中国制造业产能向东南亚、南亚国家转移的风险，给中国推动技术进步、产业链升级和供应链稳定带来巨大挑战。西方技术霸权下高端回流和中低端分流的“双向挤压”使得中国科技和产业发展可能面临“低端锁定”困局。

（三）国际经贸规则重构与地缘政治博弈增强

随着发展中国家的整体崛起，大国竞争格局发生明显变化。以美国为代表的一些发达国家大行单边主义和保护主义，试图利用其在国际分工体系中的地位和优势构建国际经贸新规则。随着经贸谈判的重点从“边境”规则逐步转向“边境内”规则，经贸谈判的内容从传统贸易扩展到服务贸易、数字贸易。发达国家和发展中国家之间的利益分化和竞争博弈日益加剧，全球经济发展前景充满极大的不确定性。

规则博弈是当前大国博弈的重要内容，国家实力与利益分化加速了发达国家和新兴国家在贸易投资规则制定和发展方向上的重大分歧。随着中国经济实力和综合国力的提升，发达国家纷纷将中国视为战略竞争对手，通过有意识的对抗阻碍中国发展。非市场经济地位、竞争中立、产业补贴、市场及制度壁垒等问题成为中国与发达国家博弈的核心。在全球从“经济之争”转向“规则之争”“制度之争”的过程中，中国对外贸易特别是机电产品、纺织服装等出口占比较高的产业将受到严峻挑战，对外依赖度较高的产业特别是替代性弱以及关键零部件完全依靠进口的高端制造业也将面临直接威胁。新经贸规则中关于原产地、知识产权保护以及高科技管制等方面的规定可能迫使中国一些加工制造企业转移到国外生产，导致产业链上下游企业也跟随迁出，并破坏整个产业链和创新生态。一些西方发达国家对中国实行的技术封锁和严格的投资审查将使得中国企业技术学习成本显著增加。此外，国际经济贸易投资放缓，通胀仍处高位，发达国家货币政策紧缩效应持续显现，国际金融市场波动加剧。上述风险的多重累加将进一步放大现代化产业体系建设的不确定性和不稳定性，使得现代化产业体系建设面临较大的外部风险。

## 二、内部风险与挑战

我国拥有强大的产业规模优势和世界上最完整的产业体系，三次产业结构及各产业内部结构都呈现明显的高级化趋势，产业数字化和数字产业化不断为产业发展变革注入全新动力。但从构建现代化产业体系的要求来看，仍面临一定的内部风险与挑战。

### （一）“三重压力”增大产业体系现代化难度

受国际形势复杂多变、国际大宗商品价格大幅上涨等因素影响，我国经济发展仍面临需求收缩、供给冲击、预期转弱“三重压力”。宏观杠杆率和债务压力持续攀升、生产要素供给拐点出现和供给成本上升、传统增长动能减弱和全要素生产率以及人力资本新动能尚未成形等因素将导致“三重压力”在一定时期内持续存在。尽管2023年以来经济社会运行态势良好，“三重压力”得到缓解，但经济增长速度放缓、经济下行压力增大已是不争的事实，这势必在供给端和需求端给产业体系现代化水平的提升带来压力。

一方面，内需增长动力不足、外需增长不断回落将放缓化解和淘汰落后产能的进度，并挤占部分新增高质量产能空间；另一方面，生产领域成本上升向消费品领域传导将增加供需失衡、资源错配和结构扭曲风险。此外，资产价格预期转弱将导致市场主体风险偏好下降，使得投资趋于保守、消费日益谨慎。而部分房地产企业尤其是民营房企风险或进一步暴露、地方债偿付风险加大、高风险中小金融机构经营风险增多等可能引发资产价格大幅波动。

（二）现行产业体系的结构性矛盾持续激化

现行产业体系的结构性失衡是伴随着我国经济发展长期存在的“老大难”问题。门类齐全、独立完整、规模巨大是我国产业体系向现代化发展的基础条件，但我国现行产业体系大而不强、全而不优的问题仍然存在，产业发展总体质量、综合效益和核心竞争力与世界先进水平和现代化强国建设目标相比还有较大差距。虽然部分产业处于全球领先地位，但大部分产业长期处于全球价值链中低端，产业链供应链风险隐患不容忽视。

就三次产业而言，当前农业生产经营规模小、产业化程度低、生产成本居高不下、科技投入严重不足、产品技术含量低、高度依赖农业化学品，致使农民种粮收益有限、农业国际竞争力较弱，并伴有严重的安全隐患。制造业结构虽然出现良好转型升级态势，但传统规模优势逐渐减弱，技术优势和效率优势尚未形成，中低端产品产能过剩与高端产品市场竞争力较弱并存，大而不强的局面并未发生根本性扭转，且正在面临发达国家和发展中国家“双重挤压”困境。生产环节的结构性矛盾不仅抑制了国内市场消费潜力的释放，更导致了国内消费市场与国外生产能力的结合，反而产生了高端市场的进口替代。服务业整体发展水平不高，对第一、第二产业的支撑力不足，特别是真正服务于生产的现代服务业发展尚不充分，服务制造业转型升级的能力有限。值得注意的是，金融业在快速扩张过程中虽然集中了大量资金，但这些资金大多留在金融系统内部空转，未能流向实体经济，反而对其他产业的发展产生了挤出效应，加剧了服务业“脱实向虚”的倾向。由此可见，我国现行产业体系正处于转型升级的关键时期，产业低端化、碎片化、空心化、同质化问题突出，长期积累下来的大量产能过剩与有效供给不足并存的结构性矛盾十分突出。

现代化产业体系的构建对产业基础领域支撑能力、产业链供应链控制能力以及数字经济与实体经济融合能力提出了更高挑战。在规模扩张阶段，我国产业发展旨在缩小与发达国家的差距，而忽视了在产业基础领域的深耕，致使当前核心基础零部件元器件、先进基础工艺、关键基础材料、产业技术基础以及基础软件等配套领域的能力严重不足，难以在全球价值链重塑中获得竞争新优势。当前，全球产业分工格局面临重大变化调整。然而，在工业方面，一些关键核心技术、关键原材料供给受制于人的情况尚未得到根本性改变。再加上原始创新能力相对不足、在国际标准化组织中不具备较高话语权，使得我国现行产业体系应对全球产业链供应链冲击和风险的能力有待增强。此外，虽然大部分企业有意愿积极加速数字化转型以激发发展新动能，但多数仍停留在信息化初级阶段，企业通过数字化智能化精准对接市场、优化资源配置、降低运营风险的步伐须进一步加快。

### （三）核心技术和关键原材料制约风险凸显

现代化产业体系构建涵盖了从基础研究、应用研究到创新成果转化以及产业化的全过程。改革开放以来，我国一些产业通过引进成熟技术快速形成生产能力，却忽视了产业创新基础能力建设，没有形成内生的技术创新机制。由于基础科学研究短板突出、底层技术体系和产业知识体系基础不牢，缺乏重大原始性和关键核心技术，因此我国在工业母机、高端芯片、基础软硬件、开发平台、基本算法、基础元器件、基础材料等领域的一些制约问题仍然难以突破，一些核心元器件、控制技术、关键材料严重依赖国外。在国际局势急剧变化叠加技术发展面临外部遏制、封锁和极限施压的严峻背景下，我国过去长期依赖的“技术引进—消化吸收—再创新”的路径受到了较大阻碍，产业先行者的生态壁垒和专利高墙大大增加了后发赶超者在技术层面“弯道超车”的难度。

基础科学研究的短板和一些核心关键技术的制约风险与过去一段时间以来产业技术体系建设缺乏总体规划和顶层设计密切相关。一方面，行业关键共性技术研发缺乏长期稳定支持，产学研结合的体制机制、组织形式不适应产业技术重大创新的需要且缺少产业技术层面的战略合作，未能充分发挥创新网络的合作优势。另一方面，由于缺乏在水平结构和技术相关结构上系统性、整体性的技术创新与集成创新，产业技术体系的系统集成与协同创新不足。如果西方发达国家对相关技术和产品采取“时断时供”的制裁策略，将大大破坏自主技术创新和国产替代进程，从而延缓甚至破坏我国现代化产业体系建设。

（四）创新链和产业链高层次互动能力不足

现代化产业体系建设对科技创新提出了新的要求。然而，科技领域体制机制改革尚存在许多薄弱环节和短板，成为阻滞创新链和产业链更高层次互动的系统性制度性障碍。

首先，科技成果转化不力不顺不畅问题依然存在。当前，我国企业在部分科创领域正逐步逼近世界科技前沿，对经济高质量发展和现代化产业体系建设具有显著的带动和引领作用。但我国开展创新活动的企业占比低于欧盟平均水平，且创新的投入强度与制造强国相比存在一定差距。受成果转化链条各主体激励不均衡、转化机构专业化程度不足、转化配套政策跟进相对滞后、创新主体供需脱节问题突出等影响，大部分研发投入未能全部转化为创新产出，创新主体活力尚未得到充分释放。

其次，科技创新链条、科技创新平台和科技创新生态尚未构建完成。虽然有少数企业通过颠覆式科技创新和发展范式创新实现重大突破，但受经济利益引导和创新投入效果滞后性影响，仍有大量企业着眼于改进创新、集成创新、引进消化创新和商业模式创新等表层创新和实用创新。科技创新链条、科技创新平台和科技创新生态的缺位不仅抑制了企业创新的内生动力，也降低了企业家对创新必要性的认知，同时还使得能够体现综合国力和国际竞争力的高精尖产品和装备创新供给不足。

最后，创新要素配置存在政策导向偏差。在中国既有的选择性产业政策框架下，科技创新的政策思路往往更加注重规模扩张和项目落地，政策手段偏向“一刀切”，对本地比较优势和区域分工协作、创新要素集聚以及产业附加值和产出效率提高的认识不足。有些城市和地区过早“去工业化”限制了工业发展空间，使得创新链缺少必要的当地产业支撑。有些政策服从于短期宏观调控目标，长远谋划不足，预见性和前瞻性较差，致使部分新兴产业快速扩张甚至出现产能过剩。有些政策在企业选择上“扶大限小”，抑制了正常的市场竞争和产业竞争力的提升。有些政策涉及领域分散泛化，政策内容烦琐复杂，管理手段偏多而创新工具不足，反而对市场微观主体的创新活动形成了束缚。

## 第二节　现代化产业体系建设的政策建议

为建设实体经济、科技创新、现代金融、人力资源协同发展的产业体系和构建市场机制有效、微观主体有活力、宏观调控有度的经济体制，提升产业链供应链韧性和安全水平，必须坚持问题导向和系统观念，着力破除制约现代化产业体系建设的主要矛盾和问题，不断以科技创新、产业创新和制度创新推进现代化产业体系建设。

## 一、以实体经济为支撑，夯实现代化产业体系的物质根基

实体经济是经济社会发展的立身之本、财富之源。加快建设以实体经济为支撑的现代化产业体系，是实现量的合理增长和质的有效提升的物质技术基础，也是推动我国进入现代经济增长轨道的主导力量，更是应对经济领域的各类风险挑战，助力我国在国际竞争中赢得主动的重要根基。在百年变局的复杂形势和我国经济“三重压力”背景下，相关政策应围绕增强经济发展内生动力和质量优势适时靠前发力，更加有效支持实体经济发展，稳定实体经济预期和信心。

### （一）从战略高度梯度推进农业农村现代化

“三农”工作是全面建设社会主义现代化国家的重中之重。推进农业农村现代化，必须立足国情农情、产业特性和地域特征，将先进技术、现代装备和管理理念引入农业，将基础设施、基本公共服务向农村延伸覆盖，以农业现代化和农村现代化的一体式推进及农业质量效益和竞争力的全面提升为社会主义现代化建设提供有力支撑。

一是夯实农业农村现代化的物质基础，提升重要农产品供给保障水平。深入实施国家粮食安全战略和重要农产品保障战略，稳定粮食播种面积、加强耕地保护与质量建设；强化生产、储备、流通产业链供应链建设，构建科学合理的重要农产品保障机制，保障重要农产品的有效供给；优化农业生产布局，加强粮食生产功能区、重要农产品生产保护区以及特色农产品优势区建设，在服务国家重大战略的基础上推进重点区域农业发展；增强农业防灾减灾能力，提升重要农产品

市场调控能力，稳定国际农产品供应链，提升农业抗风险能力。

二是深入推进农业科技创新，以创新提升农牧渔业发展水平。推进创新驱动发展，开展农业关键核心技术攻关，加强农业战略科技力量建设，促进科技与产业深度融合，全力强化现代农业科技支撑；加强种质资源保护、育种创新攻关、种业基地建设和种业市场管理，推进种业振兴；加强农机装备薄弱环节研发，推进农业机械全程全面发展，全面提高农机装备研发应用能力；健全现代农业经营体系，培育壮大新型农业经营主体，健全专业化社会化服务体系。

三是构建现代乡村产业体系，提升农业产业链供应链现代化水平。以带动农民就业增收为导向，把就业机会和产业链增值收益留给农民；优化乡村产业布局，形成特色鲜明、类型丰富、协同发展的乡村产业体系；大力建设现代农业产业园区和农业现代化示范区，推进乡村产业园区融合化发展；积极发展乡村休闲旅游业、乡村新型服务业、农村电子商务等乡村新产业新业态；支持各类人才投身乡村产业发展，制定分区域、差异化创业创新扶持政策，推动农村创业创新。

### （二）以智能制造为主攻方向推进新型工业化

制造业是实体经济的主体，是产业链供应链的核心载体，也是我国现代化产业体系的核心内容。当前，新一代信息通信、生物、新材料、新能源等技术不断突破，并与先进制造技术加速融合。站在信息化和工业化两个历史进程的重要交汇点，引导要素资源向制造业特别是先进制造业集聚发力，推动制造业从规模扩张向质量提升的战略转变，加速制造业企业形态、生产方式、业务模式和就业方式的数字化转型，是新发展阶段制造业高端化、智能化、绿色化发展的必由之路。

一是以产业数字化和数字产业化赋能传统产业改造升级。传统产业是我国制造业的主体，具有较强的国际竞争力，是建设现代化产业体系的基底。要引导和支持量大面广的传统行业通过结构性调整和技术改造，将发展重心转向高附加值的产业领域或产业链环节，提高传统产业先进产能比例；支持企业通过质量提升和标准建设整合产业和市场资源，推动自主品牌从区域性品牌向全国性和国际性品牌跃升；推动企业依靠新一代信息技术和产业融合向制造业服务化转型，并通过全生命周期管理、融资租赁等拓展业务领域和增值空间；鼓励企业通过组织形态调整和商业模式创新构建开放交互、共同发展的平台生态，依托平台集聚资源优势和网络效应；利用节能减排、技术改造、绿色信贷等政策措施加快绿色化改造，提高资源能源利用效率。

二是大力推进先进制造业高质量集群式发展。先进制造业是推动产业迈向中高端、提升产业链供应链韧性和安全水平的重要抓手，是形成协同创新、人才集聚、降本增效等规模效应和竞争优势的基本保障。通过数字技术全方位、全角度、全链条赋能制造业发展，提升企业智能化生产、个性化定制、网络化协同、服务化延伸、数字化管理能力，增强制造业数字化竞争力；在战略性新兴产业领域拓展延伸产业链供应链，加速打造一批具有比较优势和国际竞争力的产业集群，使之成为经济增长的新动力和新引擎；加快关键共性技术、前沿引领技术以及颠覆性技术的合力突破，强化重大科技创新的落地迭代，积极抢占未来产业发展先机和产业变革制高点。

三是持续推进制造业绿色低碳发展。将生态优先、节约集约、绿色发展作为制造业调整优化转型升级的根本遵循，加快绿色低碳技术突破和应用，从源头上优化资源能源配置并提升资源能源利用水平，积极挖掘制造业节能减排潜能，保障碳达峰碳中和目标的顺利实现；加强对重点行业重点领域节能降碳的技术推广和统计监测，严格监督相关产业资源能源利用效率和循环经济发展水平，以绿色制造新产品新模式新业态推进重点产业技术减排和低碳发展；深度挖掘数字资源价值，深化产品设计、生产制造、上下游供应链管理以及使用和回收等各个环节全生命周期的数字化应用；释放绿色制造工艺革新和数字化智能化转型深度融合的倍增效应。持续改善制造业能源结构，提高多领域清洁能源使用比重，加大对新能源产业科技创新和产业升级的支持力度；提升低碳技术、低碳材料的覆盖水平和应用场景，健全有利于绿色低碳循环发展的生产体系、流通体系和消费体系，因地制宜推进制造业绿色升级。

（三）以生产性服务业为重点构建服务业新体系

生产性服务业是与制造业、农业直接相关的配套服务业，贯穿于生产制造的全部过程和各个阶段、价值链的诸多增值环节，是一二三产业加速融合的引擎和介质。生产性服务业成为主导产业并占较大比重，是现代化产业体系的重要特征。促进研发、金融、物流、农村电商、信息技术等现代服务业繁荣发展、做大做强，推进现代服务业同先进制造业、现代农业深度融合，尤其是推动生产性服务业向专业化和价值链高端延伸，强化生产性服务业对先进制造业集群的支撑服务，大力发展知识密集型生产性服务业，全面提升服务型制造能力，是构建服务业新体系的目标要求。

一是把握服务业数字化转型新机遇，创新生产性服务业产品和业态。加强生产性服务业基础设施建设，打牢生产性服务业发展基础。用新一代信息技术、计算机技术、数字技术、人工智能技术改造传统生产性服务业，提高生产性服务业的全要素生产率；创新生产性服务产品，增强服务产品功能，开发数字内容、数据托管产品，构建以技术推广、管理咨询等为主要内容的综合性服务平台，丰富生产性服务业态，增强服务性资源品质，提高服务性资源配置效率，降低生产制造和社会交易成本，形成全生命周期的高新技术生产服务产业链、价值链。

二是围绕先进制造业生产模式优化生产性服务业结构。生产性服务业的发展水平决定着产业结构、生产规模和生产效率，对制造强国建设具有至关重要的作用。在现代先进制造业生产模式的基础上，重点发展产品研发、生产设计、信息通信、现代物流、电子商务、电子软件、人力资源培训等细分行业，强化信息技术和数字技术对生产性服务发展方向的引领，实现规模化、集约化，推动服务产品的价值增值；围绕产品设计、生产、消费过程所需，运用数字技术、云计算技术、工业互联网、物联网开发多元服务产品；建设形式多样的创新载体，发掘并培养一批生产性服务领域的创新型企业、独角兽企业，打造生产性服务领域的国际著名品牌或顶级品牌方阵，提高生产性服务产品供给质量，增强生产性服务产品的有效供给，构建具有全球领先水平的高端生产性服务业体系。

三是促进生产性服务业的专业化集聚，推动生产性服务业集群式发展。鼓励支持生产性服务企业依托孵化器、创新科技园区，与高等院校、研究机构、政府机关、风投企业开展实质性合作，建立合作联盟。在国家经济技术开发区、国家高新技术开发区、创新型产业集聚区、高新技术特色产业基地、创新型科技创新园等，有针对性地发展特色生产性服务行业，创立特定地域、特定环境的生产性服务品牌；推动生产性服务业嵌入地区创新体系，鼓励生产性服务企业与先进制造企业协作，实现生产与服务的协同创新，建成设备先进、设施完善、服务水平一流的生产性服务业产业集群，推动生产性服务业向专业化和价值链高端延伸。

## 二、以“四链”[①]为主线，推进现代化产业体系的深度融合

站在新的历史方位建设现代化产业体系，我们必须有两个认识：一是短期来看，少数西方发达国家在产业链供应链创新链中的“链主”地位难以改变；二是长期来看，我国在升级创新链、补齐产业链短板、保障供应链安全方面具有强大潜力。因此，以产业链供应链韧性和安全为基础，提升产业链供应链现代化水平，推进制造业质量变革、效率变革、动力变革，是面对国际环境变化和国际产业链供应链发展趋势的重要举措，也是建设现代化产业体系的必然要求。

### （一）以产业链供应链韧性构筑现代化产业体系的安全屏障

提升产业链供应链现代化水平的根本目的在于应对全球频发的极端事件和地缘政治因素的影响，以及推动产业链供应链深度融合和协同响应。在自主可控、安全高效的原则下“补链延链升链强链”，是保障产业体系发展与产业链供应链安全、形成产业链供应链竞争新优势的重要一环。

一是补齐产业链供应链短板弱项。针对产业链基础能力薄弱、安全性稳定性有待提升的现状，充分发挥新型举国体制优势和国内超大规模市场优势，特别支持龙头企业、专精特新企业带动上下游配套企业围绕关系国家安全的领域和产业链供应链薄弱环节进行技术攻关，全力打通从科技攻关、成果转化到新技术推广的产业链生态环境；聚焦基础领域、细分领域的自主创新，尽快缩小产业基础能力、系统集成能力与国际领先水平的差距，为国内企业参与国际竞争并提升全球

① 即创新链、产业链、资金链、人才链。

价值链位势提供源头支撑。

二是加快推进传统产业链转型升级。发挥传统产业链在稳增长稳就业中的基础作用，通过针对性的产业政策安排和财政货币政策支持，推动传统产业链向高端化、智能化、绿色化转型升级，重塑传统产业链在国际合作和竞争中的新优势，推动数字技术与实体经济深度融合，加速传统产业链与新兴产业链的协同发展，以新技术新业态新模式改造提升传统产业链，实现传统产业链再造和价值链提升。

三是延展优势产业链供应链网络。以国内国际双循环为依托，以优势产业为主导，以“链主”企业、重大项目、产业集群等为引领，持续发挥相关产业领域在强化核心技术优势、链接先进制造业与现代服务业、整合国内外资源要素等方面的积极作用，在分工完善、布局优化、优势互补的前提下对优势产业链供应链进行横向延展和纵向拉伸，形成稳定韧性、畅通高效、开放合作的产业链供应链网络结构；健全利益分配机制和资源调配机制，推动产业链供应链各个环节的衔接融合和开放共享，加速推动优势产业链提质增效并形成国际竞争优势。

四是加速培育战略性新兴产业链。抓住全球产业结构和布局调整新机遇，立足体制机制和产业配套优势，围绕前沿技术和产业变革领域谋划布局，创造条件孵化并加快培育引领未来发展的高技术产业和战略性新兴产业链；以创新链产业链深度融合为导向，以培育主体、搭建场景为主线，以正向激励、治理创新为突破，因地制宜找准战略性新兴产业链发展赛道，探索各具特色、动态调整的培育路径。

### （二）以产业链创新链交互铸造现代化产业体系的动力引擎

充分发挥创新链对产业链的驱动作用和产业链对创新链的引领作用，加快推动产业链创新链深度融合，围绕产业链部署创新链，围绕创新链布局产业链，形成以具有自主可控性、数字化、智能化、绿色化为特征的产业链供应链现代化体系，促进“中国制造”向“中国智造”转变，是抓住新一代技术革命和产业变革历史机遇、应对全球产业链重构、提升我国全球价值链地位的重要举措。

一是加强前沿科技布局，以科技自立自强为引领打造创新链。营造鼓励创新、开放包容的创新环境，加强对前沿科技基础研究和探索性创新的支持力度，在良性竞争中形成一批未来科技创新和产业发展的制高点；围绕影响国民经济循环畅通的产业链供应链短板弱项和断点堵点布局创新链，用系统性思维对国家重大科技创新项目进行全力攻关。推动国家科研机构、高水平研究型大学以及科技领军企业按照产业需求形成创新团队和合作平台，加速发展新质生产力，以科技供给能力持续强化产业链供应链安全稳定。

二是加强企业科技创新主体地位，以资源整合、技术融通带动创新链。充分发挥企业在整合集聚创新资源、推进产学研高效协同中的主导作用，引导企业在基础、核心以及前瞻领域提前布局，找准企业创新驱动、降本增效、提质挖潜的发力点；鼓励具有生态主导力、核心竞争力、市场开拓力的行业龙头企业发挥“头雁”领航作用，牵头形成任务导向的创新联合体，共同开展共性技术研发、科技成果转化以及科技资源共享服务；发挥中小企业在前沿技术、适应新市场需求以及专业化发展等方面的优势，培育一批专精特新“小巨人”企业和制造业单项冠军企业，提高关键零部件等中间产品技术水平和自给率；推动国家、省部级重点实验室和国家工程技术研究中心等高水平科技创新平台与相关领域领军企业和掌握关键核心技术的专精特新企业进行对接协作，联合开展重大科研项目的攻关与科技成果的转移转化。

三是加强跨域跨界合作，聚焦前沿产业领域提前部署设计。深化体制机制改革，完善全国性知识产权市场，加强知识产权保护。搭建关键共性技术平台，创新平台管理体制和运行机制，破除跨行业跨领域高端创新要素流动和使用的“硬约束”，持续优化产业创新生态环境；充分发挥数据作为高端要素在创新链产业链深度对接中的核心作用，建立多渠道全方位产业协同创新平台和跨域创新集群，以全新应用示范场景在更大领域实现创新链、产业链、资金链、价值链高效循环。

（三）以资金链人才链对接确保现代化产业体系的畅通无阻

资金链是服务于基础研究、产业化、产品生产以及终端服务等产业链各环节全过程的资金流动和运作链条，人才链是贯穿选拔、培养、评价、使用、保障各环节全过程的人才流动和价值创造链条。资金链和人才链通过将不同环节的资金和人才要素精准对接，引导生产要素在各环节合理流动，是提升资源配置效率和质量，实现更加畅通无阻的经济循环的重要保障。

一是以金融为纽带确保资金链支持供应链产业链稳定循环和优化升级。在有效控制风险的前提下，聚焦关键核心技术攻关、科技成果转化、科技型和创新型中小企业和高新技术企业发展等重点领域，深化金融供给侧结构性改革，综合运用信贷、债券等工具，支持相关企业提高融资能力和流动性管理水平，提升产业链整体金融服务质量。依托核心企业构建上下游一体化、数字化、智能化信息系统以及信用评估和风险管理系统，动态把握产业链供应链畅通情况，加强金融机构与实体企业的紧密联系。增强银行业金融机构服务承担国家重大科技创新任务企业的能力，提升多层次资本市场直接融资功能，发挥保险和融资担保机构风险分担作用，增强国际产业链企业金融服务水平。

二是以人才和创新资源为依托为产业链供应链提供强大智力支撑。我们要进一步加快“教育—科技—人才”一体化的步伐。构建“高精尖缺”和“卡脖子”技术人才以及基础研究人才培养机制，推进科教融合与产教融合，加强基础学科、新兴学科、交叉学科建设，借助国家实验室、国家科研机构、高水平研究型大学、科技领军企业，培养和引进具有国际视野和前沿能力的高层次人才和创新团队，造就一批具有世界影响力的顶尖科技人才和高素质技能人才，支撑世界重要人才中心和创新高地建设。畅通人才进入产业链供应链的渠道，充分释放科技创新潜力、激发创新活力，将人才优势转化为技术优势、产业优势、发展优势和竞争优势。

三是促进资金链人才链与产业链创新链深度融合。加强顶层设计，建立以创新链产业链协同为导向的中央统筹机制，强化人才、知识、技术、资金、数据等创新要素的配套支撑。加速形成产业链集群化发展，以产业集群枢纽链接产业链、创新链、资金链和人才链，支持核心企业打造现代产业链链长。着眼全球价值链高端布局重大战略和前沿技术，聚焦科技创新中心高精尖产业链创新的堵点、难点，围绕共性关键技术和“卡脖子”技术开展协同攻关和成果转移转化，提升技术原创力和成果转化力，积极培育新业态新模式。在普惠性政策保障的基础上，围绕重点产业领域、重大功能平台发展需求精准施策，促进产业链创新链和资金链人才链的耦合匹配和精准对接。

## 三、以科技创新为引领，加快现代化产业体系的建设步伐

以科技创新引领现代化产业体系建设，是2023年中央经济工作会议明确的2024年工作重点之一。随着全球经济一体化加速，科技创新在稳增长、调结构、惠民生方面的重要作用日益凸显，已成为助力我国经济提质增效的重要手段。根据国家统计局发布的《中华人民共和国2023年

国民经济和社会发展统计公报》，2023 年我国研发经费投入总量突破 3.3 万亿元，稳居世界第二位，延续了较快的增长势头。其中，我国在农业科技、海洋科技、氢能、生物医药和人工智能等领域的科技创新已走在世界前列。构建现代化产业体系，必须牢牢把握新一轮科技革命和产业变革的演进和发展方向，充分发挥科技创新对产业的基础性、引领性作用，紧跟技术创新前沿、掌握研发主动权，为产业体系持续赋能。

### （一）以颠覆性技术和前沿技术催生新产业新模式新动能

习近平总书记指出，科技创新能够催生新产业、新模式、新动能，是发展新质生产力的核心要素。必须加强科技创新特别是原创性、颠覆性科技创新，加快实现高水平科技自立自强，打好关键核心技术攻坚战，使原创性、颠覆性科技创新成果竞相涌现，培育发展新质生产力的新动能[①]。与一般意义上的科技创新不同，构成新质生产力发展动能的科技创新具有革命性突破和颠覆性创新的特征，在产业层面体现为：以新的科学发现、新的生产技术、新的生产工具、新的生产要素以及新的产品结构和用途为特征的“新制造”“新农业”，以高附加值生产性服务业为代表的“新服务”，以及以数字化、网络化、智能化、融合化为代表的“新业态”。这些都成为现代化产业体系中最活跃和最具创新性的组成部分。构建现代化产业体系，形成强有力的新质生产力，要以科技创新推动产业创新，特别是以颠覆性技术和前沿技术催生新产业新模式新动能。颠覆性技术被称为“改变游戏规则”“重塑未来格局”的革命性力量，能突破现有技术轨道而转向新的技术轨道，以革命性方式改变经济发展的形态，形成强有力的新质生产力。前沿技术则是各技术领域最先进甚至是“从 0 到 1”的技术，如以材料的结

① 加快发展新质生产力 扎实推进高质量发展［N］. 人民日报，2024-02-02（01）.

构功能复合化、功能材料智能化、材料与器件集成化为特征的材料新技术开发，形成了中国经济增长的关键。加强对前沿技术的探索与开发，并形成颠覆性技术，是进一步落实高水平科技自立自强的重大举措。我们要进一步加强产学研、大中小、国企民企协同的创新联合体建设，进一步加强用户与制造商的协同创新，鼓励各类企业加强对前沿技术、颠覆性技术的发展，使这两类技术成为企业科技创新的重点。要进一步鼓励“科技—产业—金融”的一体化发展，鼓励创业投资和股权投资更进一步关注前沿技术、颠覆性技术，提升供给侧的发展质量，持续带动经济增长。

（二）布局战略性新兴产业和未来产业

习近平总书记强调，整合科技创新资源，引领发展战略性新兴产业和未来产业，加快形成新质生产力[①]。新质生产力，指在当代科技进步条件下，新兴产业特别是战略性新兴产业、未来产业所产生的具有新的性质、新的属性的利用自然、改造自然的能力，它既有已经成为战略性新兴产业生长出的新枝，也有未来产业萌发的新芽，是经济发展的新动能（陈劲，2024）。战略性新兴产业和未来产业是新一轮科技革命和产业变革的主要方向，是加快“造新链”、形成新质生产力的关键所在。我们要深刻把握全球变革趋势和场景革命机遇，聚焦未来科学探索、高质量发展和人民生命健康等重大使命型场景需求，尽快从顶层设计、发展模式和体制机制等维度形成体系化布局，加快发展壮大新一代移动通信、人工智能、生物技术、新材料、高端装备等战略性新兴产业。同时，秉承国际视野、立足国际竞争、强化战略思维，基于国家或区域资源禀赋，进一步加大对未来产业的谋划与布局。要

① 牢牢把握在国家发展大局中的战略定位 奋力开创黑龙江高质量发展新局面［N］. 人民日报，2023-09-09（01）.

积极发挥市属全国重点实验室、科研院所、高校、中小科技型企业在原创性、颠覆性技术创新方面的作用，进一步发挥大企业在产业创新的核心作用。

（三）发挥国有企业的支撑引领作用

国有企业特别是科技型国资央企是补齐我国产业关键核心短板的“主力军”、强化产业优势供给的“顶梁柱”、抢先布局产业前沿的“排头兵”。当前，面对外部环境巨变带来的新挑战和终端特色需求应用场景不断涌现带来的新赛道新机遇，加快推进我国产业现代化，需要以打造现代新国企、推进国民共进协同共创为突破口，紧紧围绕科技自立自强的使命和建设现代化产业体系、推进高质量发展的战略需求，进一步加强央国企在应对外部风险冲击上的保障作用、在提升产业链供应链安全韧性水平上的骨干作用、在国家现代化产业体系建设中的支撑引领作用。特别是要发挥新国企作为新型举国体制的有力主体优势，加快从“市场驱动为主”的后发追赶创新范式向“创新引领超越追赶”的新型创新范式跃迁。在此基础上，以现代新国企为牵引，打造高能级创新联合体和产业贯通联合体，整合推进基础研究、核心技术供给与应用迭代产业的生态建设，优化重构我国产业多元主体间的协同关系，加快从“政府主导、企业参与”向“政府引导支持、科技型央国企领军企业牵头主导、产学研深度融合、大中小企业融通”的产业发展新模式转变，多措并举推进产业创新战略、技术体系和产业生态现代化，推动国有企业在建设现代化产业体系、构建新发展格局中发挥更大作用。

一是积极开展技术联合攻关。积极引导激励由创新型国资央企与民营科技领军企业牵头主导，推动创新链产业链资金链人才链“四链”深度融合，加快推进产业补链、强链、延链，强化国企核心竞争力、增强核心功能。要紧盯产业核心技术和关键原材料短板领域，集中力量开展核心技术攻关，逆势而上补短板，打造理性追赶新动能；要持续强化产业优势技术供给，厚基础、铸强项；要抢先布局产业前沿技术和颠覆性技术，顺势而为锻长板，培育前瞻引领新优势，充分发挥国有企业在现代化产业体系建设中科技创新、产业控制和安全支撑的重要作用。尤其是激励科技型央国企争当原创技术策源地和现代产业链链长，牵头打造本土企业主导、具有全球竞争力的开放型创新生态。

二是构建高能级创新联合体。科技型央国企作为国家战略科技力量的重要组成部分，承担着支撑科技自立自强的使命，具有科技强国建设的领军地位。在推动产业跨越式发展的进程中，需要充分发挥其带头作用，加速产业共性技术攻关与制约产业发展的关键核心技术突破。通过牵头构建专攻产业发展共性问题与关键核心问题的国家级创新联合体，整合国内科研机构和高水平研究型大学等科技力量，以国家或区域科技创新中心为载体，在带动各个地区产业实现特色发展的同时，打造支撑高水平科技自立自强的产业共性技术与原始创新供给体系。要注重发挥高能级创新联合体在促进与产业发展相关的大科学装置与创新公地建设过程中的引领作用，为产业内创新要素交互提供国家级平台。

三是鼓励大中小企业深度融通。体系化创新能力是产业实现跨越式发展的基础。激活体系化创新活力的关键在于通过有组织的创新模式，推进科技型央国企主导的产学研用多元主体深度融合、大中小企业深度融通生态。在平衡自由探索与应用需求两种创新导向的基础上，打通不同制度逻辑间的壁垒，形成快速产业化的通道。科技领军企业具备对科技创新全链条的深刻理解和产业辐射能力，能够有效融通产业链上的中小企业，形成更加灵活的合作协同机制，释放创新体系活力，推动资源自由流通的市场化机制走深走实。同时，树立科技型央国企领军企业在推动产学研深度融合中的主导地位，引导其向战略性重要领域集中，是加强国有经济主导和战略支撑作用、提升创新效能的必要举措。（尹西明，张贝贝，陈劲，李政，2023）

## 四、以体制机制创新为驱动，保障现代化产业体系的健康发展

进一步健全新型举国体制，加快宏观统筹与进一步发挥市场在配置资源方面的作用，深化传统要素市场化配置改革，加快新要素市场化配置改革，完善数字经济治理体系，以体制机制创新为驱动，形成有利于新质生产力的新型生产关系，保障现代化产业体系健康发展。

### （一）深化传统要素市场化配置改革，激发现代化产业体系发展活力

完善要素市场化配置既是建立统一开放、竞争有序市场体系的内在要求，也是坚持和完善社会主义基本经济制度、加快完善社会主义市场经济体制的重要内容。破除阻碍要素自由流动的体制机制障碍，提高要素配置效率，是激发全社会创造力和市场活力、推动现代化产业体系高效公平的坚实制度基础。

一是推进土地要素市场化配置，为现代化产业体系建设提供充足发展空间。建立健全城乡统一的建设用地市场，扩大国有土地有偿使用范围，严把产业准入关和土地供应关，切实将土地配置给具有先进生产力的产业和主体，深化产业用地市场化配置改革，在符合国土空间规划和用途管制要求前提下，创新产业用地政策和使用方式，推动不同产业用地类型合理转换，探索增加混合产业用地供给，灵活开展“点状供地”等实践；引导各类市场主体参与盘活存量建设用地，推动工业用地提容增效，完善城乡建设用地增减挂钩政策，主动探索

适应新兴产业发展趋势的土地政策，为现代化产业体系提供土地要素保障。

二是引导劳动力要素合理畅通有序流动，为现代化产业体系建设提供人力资源供给。深化户籍制度改革，促进有能力的农业转移人口有序实现市民化，以新型城镇化为现代化产业体系建设提供强大动能；畅通劳动力和人才社会性流动渠道，建立现代化产业体系人力资源储备蓄水池，为后续可能出现的劳动力结构性短缺提供支持；完善技术技能评价制度，在最大程度上提升劳动力职业技能，提高劳动力供需匹配质量；加大人才特别是“高精尖缺”国际人才引进力度，全面助力产业数字化转型升级以及核心技术和关键原材料突破的需要。

三是推进资本要素市场化配置，引导更多资源汇集到现代化产业体系关键领域。健全多层次资本市场体系，鼓励符合条件的企业上市和并购重组，加大股债融资、并购重组、REITs 等产品创新和制度供给，强化大宗商品期货价格影响力，加大政策性担保基金对中小科技企业融资增信支持力度，助力打造战略性新兴产业集群，支持传统产业转型升级，推进产业智能化、绿色化、融合化发展；鼓励创业投资机构加强与科研院所合作，在原创孵化、技术加速、项目投资等方面形成合力，促进成果产业化；发挥保险保障作用，创新发展绿色金融、供应链金融。

### （二）加快新要素市场化配置改革，以新质生产力释放现代化产业体系新动能

技术、数据、信息、知识等新生产要素是未来经济发展的核心推动力。整合各类科技创新资源，引领发展战略性新兴产业和未来产业，加快形成新质生产力，将推动现代化产业体系走向更加高效、智能、可持续和具有竞争力的新时代。

一方面，加快发展技术要素市场，推动科技创新资源高效配置。健全职务科技成果产权制度，深化科技成果使用权、处置权和收益权改革，加强知识产权保护和产权激励；着眼于新质生产力发展对原创思想、重大发明、关键技术工艺、颠覆性创新、杰出人才等方面的新需求，完善科技创新资源配置方式，建立以科技创新质量、贡献、绩效为导向的分类评价体系，扩大有效科技供给；鼓励技术转移机构和技术经理人全程参与发明披露、评估、对接谈判，面向市场开展科技成果专业化评价活动；积极探索通过天使投资、创业投资、知识产权证券化、科技保险等方式推动科技成果资本化，促进技术要素与资本要素融合发展。

另一方面，加快培育数据要素市场，释放数据资源在现代化产业体系中的价值潜能。聚焦数据要素市场化配置改革，着力破除制约数据要素进入市场流通的政策瓶颈，以将数据作为生产要素参与分配为抓手，健全数据要素市场规则，充分发挥数据要素在融通创新、提升全要素生产率中的倍增作用；统筹构建大数据中心体系，持续优化数据中心建设布局，打造大数据生态体系，推进大数据产业生态规模化、集聚化、服务化发展，促进数据要素高价值转化；推动现代化产业体系全流程数字化转型，培育数据驱动的新模式新生态，实现数据价值的再创造与再提升。

### （三）完善数字经济治理体系，为现代化产业体系数实融合提供制度保障

数字技术与实体经济深度融合，需要产业数字化和数字产业化相向而行。要实现产业数字化转型，持续释放数字技术对现代化产业体系以及经济发展的放大、叠加、倍增作用，需要加快补齐短板弱项，完善数字经济治理体系，提高数字经济治理水平，走出一条数字经济

高质量发展的中国道路。

一是适当超前布局数字基础设施。数据要素基本特性与数字经济迅猛发展对数字基础设施高质量发展提出了新的要求。网络设施、算力设施、数据流通设施和数据安全设施的体系化布局和规模化发展与生产、分配、流通、消费和社会服务管理的各个环节紧密结合，在提升数据汇集、处理、流通、应用、运营、安全保障能力的同时，为激发产业链各环节潜能、推动产业基础高级化升级、拓宽现代化产业体系的应用场景和运营模式、加速三次产业数字化改造和全方位转型提供重要支撑。

二是充分发挥数据要素赋能资源优化配置的基础作用。释放数据要素降低信息成本和创新成本、提高存量要素配置效率、加速各类要素有效使用和供需市场动态平衡的优势潜能。通过数据要素赋能创新资源配置推进新旧动能转换，推动传统产业转型升级和战略性新兴产业加快培育的互融匹配以及产业链上中下游企业的互联互通，为经济绿色低碳、可持续、高质量发展夯实创新根基。

三是协同推进产业数字化和数字产业化。加快产业数字化转型进程，将数字赋能从单一领域或环节扩展到生产、加工、销售、物流等产业运营各环节，纵深推进全领域全生命周期数字化转型，以数字化重塑产业发展新模式新格局。聚焦国民经济战略前沿，培育壮大新兴数字产业，加快构建具有国际竞争力的先进数字产业集群，以数字技术和数据要素的价值发挥加速推动新质生产力发展，以多元协同、自主可控、开放包容的数字生态保障中国数实融合的发展韧性。

四是共建全球数字命运共同体。积极防范化解数字领域的全球性风险，主动参与并积极推动建设全球数字治理体系，倡导构建基于信任的多边数字合作框架；加快数字经济的国际化融合进程，全面深化数字经济领域的国际合作和创新发展，推动数字经济的全球普惠和利益共享；提升以中国为代表的新兴经济体和发展中国家在全球数字治理中的话语权，形成各方基本认可、规则体系基本对接的全球数字治理新体系，共同应对数字贸易壁垒、网络数据共享等带来的风险挑战，构建合作共赢的全球数字经济新格局。

## 五、以产业政策体系为导向，强化现代化产业建设的政策保障

加快建设现代化产业体系离不开产业政策的支持。顶层设计下的产业政策作为外生引导力量，与产业自身逐步形成的内生发展动力一起，共同推动中国产业规模不断壮大、产业体系不断完善、产业结构不断优化。产业政策要根据产业发展周期进行动态调整。在新发展阶段，建议产业政策从以下方面发力：

### （一）强化创新驱动政策

构建具有完整性、先进性、安全性的现代化产业体系，离不开创新政策与制度的持续支持。国内外成功经验表明，现代化产业创新政策需形成体系化、连续性的合力，而非“零敲碎打”。首先，创新政策需要体现使命驱动的内涵，真正做到通过创新政策引导产业实现面向中国式现代化这一愿景的发展。其次，创新政策需要统筹规划产业供给端与需求端，打通创新政策传导的链条。此外，创新政策体系的构建目的，应着眼于创新活动统筹、创新环境营造与创新活动风险承担上。机制创新方面，进一步发挥中央相关部门的重要作用，统一布局重点产业现代化创新政策的制定与实施，以重大产业工程为依托，实现战略性创新资源的跨部门协调，保障政策的连贯性、一致性与协同性，释放现代化产业体系潜能。

（二）产业政策向普惠化和功能性转型

随着我国经济高质量发展的内外部形势变化，支撑传统产业政策实施的基础条件发生了重大变化，产业政策体系转型已十分迫切。当下，要实现产业政策支撑高质量发展的政策目标，需加快实现传统产业政策的转型。产业政策必须提供公平竞争市场环境、营造全员参与创新氛围、稳固产业链供应链合作机制。一是由选择性产业政策逐步转变为功能性产业政策。在明确选择性产业政策适用领域和边界的前提下，政府通过维护公平竞争、降低交易成本、放宽产业准入，形成更有助于市场运行和竞争机制发挥作用的制度环境，加强产业政策与竞争政策的协同。二是由差异化产业政策逐步转变为普惠化产业政策。政府的职能和行为更多聚焦到为产业创新发展提供普惠的制度环境，逐步减少针对少数目标产业、目标企业和目标技术的补贴。

（三）聚焦产业链供应链韧性和安全进行产业政策设计

一国的产业链供应链竞争优势可分为核心竞争优势和配套竞争优势。核心竞争优势表现为对关键环节、关键链条的自主可控能力；配套竞争优势表现为对次要环节、配套链条的影响力及其对核心竞争优势的支撑能力。目前全球竞争焦点在于关键环节、关键链条的自主可控能力，而我国现代化产业体系建设面临的根本挑战正是部分关键链条上的关键环节受制于人。因此，在产业政策设计时，应首先识别产业链供应链节点和链条的性质，聚焦关键链条上的关键环节，进而采取针对性政策措施。要发挥社会主义制度优势、新型举国体制优势、超大规模市场优势，整合产业链供应链的上下游力量，推动创新链产业链协同发展，协同破解关键领域和核心环节的“卡脖子”问题。

# 参考文献


［1］钞小静，廉园梅，罗鎏锴．数字经济推动现代化产业体系建设的理论逻辑及实现路径［J］．治理现代化研究，2022，38（4）：29-38.

［2］陈昌曙．产业研究论纲［J］．自然辩证法研究，1994（11）：48-54.

［3］陈劲，朱子钦．未来产业：引领创新的战略布局［M］．北京：机械工业出版社，2022.

［4］陈劲，朱子钦．以新技术、新产业驱动新质生产力［J］. 经济，2024（1）：22-24.

［5］陈劲．发展未来产业是形成新质生产力的关键［N］．学习时报，2024-01-08（07）.

［6］崔冰，张原，何颖．欧盟及德国中小企业创新政策对中国的启示［EB/OL］.（2023-05-09）［2023-10-27］.https：//www.thepaper.cn/newsDetail_forward_23010217.

［7］邓洲．探索现代化产业体系建设路径［N］．经济日报，2024-03-28.

［8］董保同．创新驱动科技赋能，构建现代化产业体系［J］．社会主义论坛，2020（9）：13-14.

［9］董兰军．日本生物技术产业创新发展分析［J］．高科技与产业

化，2021，27（10）：46-48.

［10］杜传忠.我国现代化产业体系的特征及建设路径［J］.人民论坛，2022（24）：22-25.

［11］符永康.未来的企业：中国企业高质量发展之道［M］.北京：中国人民大学出版社，2022.

［12］付姓.建设现代化产业体系的重要支撑点［J］.农村经营管理，2023（1）：12.

［13］郭威.以实体经济为着力点建设现代化产业体系［J］.理论导报，2022（12）：36-37.

［14］韩平，时昭昀.基于CiteSpace的中国现代产业体系与现代化产业体系研究综述［J］.对外经贸，2023（7）：19-25.

［15］韩文秀.加快建设现代化产业体系的基本要求和重点任务［N］.人民日报，2023-06-01（09）.

［16］洪群联.把握现代化产业体系要素及特征［N］.经济日报，2023-08-14（001）.

［17］洪银兴.贯彻新发展理念的中国式现代化新道路［J］.经济学家，2022，1（11）：5-12.

［18］黄汉权.构建现代化产业体系是建设现代化经济体系的重头戏［J］.经济研究参考，2017（63）：3-5.

［19］黄群慧，贺俊.赶超后期的产业发展模式与产业政策范式［J］.经济学动态，2023（8）：3-18.

［20］黄群慧."十四五"时期深化中国工业化进程的重大挑战与战略选择［J］.中共中央党校（国家行政学院）学报，2020，24(2)：5-16.

［21］江鸿，贺俊."十四五"时期中国企业主体创新发展的问题及对策［J］.宏观经济研究，2021（12）：105-115.

［22］金观平 . 传统产业“简单退出”不可取［N］. 经济日报，2023-5-11（01）.

［23］韩国科技创新体制机制的发展与启示［EB/OL］.（2019-7-29）［2023-10-27］.https：//zrzy.hebei.gov.cn/heb/gongk/gkml/kjxx/gjjl/201563793209259.html.

［24］李娅，侯建翔 . 现代化产业体系：从政策概念到理论建构［J］. 云南社会科学，2023（5）：83-90.

［25］林善浪 . 建设现代化产业体系的核心任务和重要路径［J］. 学术前沿，2023（3）：24-40.

［26］刘慧琼 . 如何理解建设现代化产业体系［N］. 深圳特区报，2022-12-20（B02）.

［27］刘勇 . 新时代传统产业转型升级：动力、路径与政策［J］. 学习与探索，2018（11）：102-109.

［28］刘志彪 . 理解现代化产业体系：战略地位、建设内容、主要挑战与对策［J］. 福建论坛（人文社会科学版），2023（5）：5-14.

［29］路风 . 走向自主创新：寻求中国力量的源泉［M］. 北京：中国人民大学出版社，2019.

［30］吕越，陈帅，盛斌 . 嵌入全球价值链会导致中国制造的“低端锁定”吗？［J］. 管理世界，2018（8）：11-29.

［31］曲永义 . 新质生产力：构建现代化产业体系的强劲动能［N］. 中国社会科学报，2024-04-30.

［32］沈华，王晓明，潘教峰 . 我国发展未来产业的机遇、挑战与对策建议［J］. 中国科学院院刊，2021，36（5）：565-572.

［33］沈立 . 近 30 年全球主要产业分布格局演变——基于全球 755 个样本城市的研究［J］. 河南社会科学，2021（7）：39-51.

［34］史青．中国永远是发展中国家大家庭的一员［N］．人民日报，2023-04-12（15）．

［35］孙智君，安睿哲，常懿心．中国特色现代化产业体系构成要素研究——中共二十大报告精神学习阐释［J］．金融经济学研究，2023，38（1）：3-17.

［36］唐海燕．全球价值链分工、新发展格局与对外经济发展方式新转变［J］．华东师范大学学报（哲学社会科学版），2021（5）：212-225.

［37］田正．日本成为世界第二大经济体后的科学技术政策演变［J］．日本文论，2020（2）：26-47+199.

［38］王冬，马梦阳，张静，等．中国加快建设现代化产业体系，日韩德的经验教训值得借鉴［N］．环球时报，2023-3-11.

［39］王小广．建设现代化产业体系：基本思路和主攻方向［J］．国家治理，2023（7）：43-47.

［40］王贻芳．中国重大科技基础设施的现状和未来发展［EB/OL］．（2022-06-24）［2023-10-27］.http：//www.npc.gov.cn/npc/c2/c30834/202206/t20220624_318278.html.

［41］王云鹏．现代化产业体系的理论构筑与实践策略［J］．江苏社会科学，2023（4）：122-131.

［42］吴金希．建设现代化产业体系的战略意义和主要着力点［J］．国家治理，2023（6）：60-65.

［43］徐金海，夏杰长．加快建设以实体经济为支撑的现代化产业体系［J］．改革，2023（8）：14-25.

［44］徐梅．日本制造业强大的原因及镜鉴［J］．人民论坛，2021（5）．

［45］徐宪平．加速构建创新生态体系［J］．中国经济评论，2021（1）：25-28.

［46］许召元，许振凌，刘凡．现代化产业体系建设的主要方向与重点任务［J］．改革，2023（8）：1-13.

［47］闫坤，田正．经济泡沫破灭后日本产业政策的徘徊与重构［EB/OL］．（2023-07-26）［2023-10-27］.http：//ijs.cssn.cn/xsyj/bkwz/202307/t20230726_5670671.shtml.

［48］杨丹辉，渠慎宁．百年未有之大变局下全球价值链重构及国际生产体系调整方向［J］．经济纵横，2021（3）：61-71.

［49］尹西明，张贝贝，陈劲，等．加快国企创新体系建设 深入推进产业现代化［N］．经济参考报，2023-12-07.

［50］袁立科，孙福全．德国建设世界科技强国的经验及启示［J］．科技中国，2021（5）：24-28.

［51］原帅，何洁，贺飞．世界主要国家近十年科技研发投入产出对比分析［J］．科技导报，2020，38（19）：58-67.

［52］张百茵，张原．日本未来产业发展经验及其对中国的启示［EB/OL］．（2022-12-13）［2023-10-27］.https：//www.thepaper.cn/newsDetail_forward_21146121.

［53］张辉．我国产业现代化发展的结构性问题与应对策略［J］．人民论坛·学术前沿，2023（5）：6-14.

［54］张慧智，赵丹．贸易逆差、新增长动力与韩国经济模式探索［J］．当代韩国，2023（3）：52-62.

［55］张军，石烁．现代化产业体系的内涵、阐释和实践方针——兼论上海的探索实践［J］．新金融，2023（3）：4-9.

［56］张依依．全国政协委员、中国工程院院士钱锋：加快建设现

代化产业体系是“必修课”不是“选择题”[N].中国电子报，2023-03-10（01）.

[57] 张于喆，郑腾飞，盛如旭.论现代化产业体系的核心要义[J].开放导报，2023（4）：7-16.

[58] 赵岩.战后日本产业现代化建设对我国的经验借鉴[N].经济参考报，2019-3-27.

[59] 郑素丽，赵雪娇，张建侠.突出战略引领着力快速追赶——构建高水平国家质量基础设施之韩国经验[N].中国质量报，2023-4-28.

[60] 郑栅洁. 加快建设以实体经济为支撑的现代化产业体系[J].中国产经，2023（13）：38-45.

[61] 中国社会科学院财经战略研究院课题组.促进制造业与服务业高效融合[N].经济日报，2022-01-04.

[62] 钟廷勇，黄亦博，孙芳城.数字普惠金融与绿色技术创新：红利还是鸿沟[J].金融经济学研究，2022，37（3）：131-145.

[63] 周明生，周珺.建设制造强国背景下先进制造业技术与产业发展现状与创新路径[J].科技导报，2023，41（5）：69-77.